O Cinema Errante

Coleção Estudos
Dirigida por J. Guinsburg

Equipe de realização – Edição de Texto: Adriano Carvalho Araujo e Sousa; Revisão: Patrícia Pereira; Sobrecapa: Sergio Kon; Produção: Ricardo W. Neves, Raquel Fernandes Abranches, Sergio Kon e Luiz Henrique Soares.

Luiz Nazario

O Cinema Errante

CIP-Brasil. Catalogação-na-Fonte
Sindicato Nacional dos Editores de Livros, RJ

N248c

Nazario, Luiz, 1957-
    O cinema errante / Luiz Nazario. – São Paulo: Perspectiva, 2013.
    il.   (Estudos ; 309)

    Inclui bibliografia
    ISBN 978-85-273-0968-4

    1. Nazario, Luiz, 1957- 2. Cinema. 3. Cinema - História e crítica. I. Título. II. Série.

12-8301.   CDD: 791.43
                    CDU: 791

12.11.12   21.11.12   040695

Direitos reservados à
EDITORA PERSPECTIVA S.A.

Av. Brigadeiro Luís Antônio, 3025
01401-000 São Paulo SP Brasil
Telefax: (011) 3885-8388
www.editoraperspectiva.com.br

2013

Sumário

Nota... IX

1. Alberto Cavalcanti: O Brasileiro Errante............ 1
2. David Perlov: Estrangeiro em Todo Lugar.......... 41
3. Glauber Rocha: Criptojudeu Acorrentado......... 111

Bibliografia....................................... 217

Nota

Sem domicílio certo, vagueando sem destino, o errante é aquele que erra. Mas errar tem dois sentidos: o de perambular pelo mundo como nômade, espalhando-se em várias direções; e o de se enganar, cometendo desacertos, falhando em suas opções. Os dois sentidos confluem em algum ponto. É difícil acertar quando se abandona a casa paterna, quando se esquece a língua materna, quando se perde a ilusão de segurança que a vida fincada há gerações no mesmo lugar proporciona. Mas se os desacertos de um enraizado inserem-se na ordem das coisas, os de um vagamundo são marcos do percurso de quem se privou, ou foi privado, da vida burguesa. A obra dos cineastas errantes, que escolheram o exílio como estilo de vida, não tem uma clara identidade nacional nem uma posição muito cômoda nas enciclopédias especializadas, divididas em cinematografias nacionais que destacam seus diretores mais representativos. Cineastas cosmopolitas que não pertencem a um único país, Alberto Cavalcanti, David Perlov e Glauber Rocha afastaram-se da cidade natal, do público natural, do cenário cultural das origens. Mas esse autoexílio doloroso e desejado também lhes permitiu criar uma obra falada em várias línguas, que extravasou o cinema nacional para alcançar um lugar incerto, mas único, na história do cinema mundial.

1. Alberto Cavalcanti: O Brasileiro Errante[1]

> *Stendhal dizia que o povo leria seus livros depois de cem anos da sua morte. E eu digo a mesma coisa: o povo brasileiro verá meus filmes depois de cem anos de minha morte.*
>
> ALBERTO CAVALCANTI[2]

Nascido no Rio de Janeiro, de uma família de antiga linhagem italiana, o cineasta Alberto Cavalcanti (1897-1982) era filho de um militar positivista. Ainda criança, ouvia fascinado as histórias contadas pelo marechal Cândido Rondon, amigo de seu pai, sobre suas expedições entre os índios do Amazonas. Chegou a conhecer Euclides da Cunha, amigo de seu tio Alberto Rangel, autor de *Inferno Verde*.

Quando Cavalcanti entrou no Colégio Militar, o pai adoeceu gravemente, ficou paralítico e quase cego, tendo de vender sua pequena biblioteca para sustentar a família; imperturbável, contudo, ele continuou a dar aulas particulares. Nessa época, Cavalcanti apaixonou-se pelo cinema: "Os dramas dinamarqueses interpretados por Asta Nielsen e as comédias de Max Linder tanto me impressionaram, que nunca esqueci. Somente aquelas imagens simples e silenciosas, acompanhadas de uma música de fundo, pareciam tornar para mim, por um segundo, realidade"[3].

---

1 Versão revista e ampliada do ensaio com o mesmo título publicado em L. Nascimento; L. Nazario (orgs.), *Estudos Judaicos*, p. 79-105.
2 Apud S. Caldieri, *Alberto Cavalcanti: O Cineasta do Mundo*, p. 14.
3 L. Pellizzari; C. Valentinetti, *Alberto Cavalcanti*, p. 14.

Quando a homossexualidade de Cavalcanti manifestou-se no meio tradicional em que ele havia nascido, ela assumiu socialmente a forma de uma contestação da autoridade. Extrovertido, ele se voltou desde cedo para as artes, o que já o transformava, para os seus, num rebelde. Foi expulso da escola de Direito ao ser pego imitando um de seus professores, o Doutor Nerval de Gouveia, ginecologista que o havia posto no mundo. Causava ainda preocupação ao pai militar a ambígua amizade que seu filho mantinha com o escritor Roberto Gomes, que iniciou o jovem na literatura, na frequentação das peças da Companhia Francesa de Réjane e Féraudy, e nos bailes do Catete e do Itamarati. Para tentar afastar essa influência, em 1914 a família enviou o filho transviado para Genebra. Mas ali, Cavalcanti tornou-se amigo do arquiteto Fernand Dorier. Depois de obter, em 1917, seu diploma de Graduação em Arquitetura na Escola Superior de Artes de Genebra, partiu para Paris.

Durante a viagem de navio, Cavalcanti teve, acompanhando companheiros de bordo, sua primeira – e insatisfatória – experiência sexual, com uma prostituta, na Ilha da Madeira[4]. Só voltou a um bordel muito mais tarde, quando a empresa Philips convidou intelectuais ingleses (Cavalcanti, entre eles) para conhecer Paris em todos os seus aspectos, até os mais sórdidos: o jovem arquiteto ficou horrorizado com o que viu[5]. Outra experiência inusitada deu-se quando Cavalcanti foi levado ao casamento de uma princesa russa que nem conhecia. Mostrou-se tão à vontade na festa que acordou na manhã seguinte no leito dos nubentes, numa original "lua de mel a três"[6].

Em Paris, Cavalcanti frequentou as aulas da École des Beaux-Arts e matriculou-se na Sorbonne, onde seguiu o curso de estética de Victor Basch (que assinava, com orgulho, "Basch, Judeu" e que foi, mais tarde, assassinado pela milícia de Vichy). As lições de estética desse professor severo e exigente tiveram muita influência na sua futura carreira. Em Vendea, Cavalcanti travou conhecimento com os irmãos Martel, estudantes de arte que se iniciavam na escultura e que se transformariam, anos

---

4   H. Borba Filho, Uma Vida, em L. Pellizzari; C. Valentinetti, op. cit., p. 84.
5   Idem, ibidem.
6   Idem, p. 89.

depois, nos maiores escultores da França, autores do monumento a Claude Debussy. Também travou amizade com o escultor Vigoureux. Depois de apenas um ano de aulas, conseguiu um contrato de dois anos no escritório do arquiteto Alfred Agache, responsável por um projeto urbano para o Rio de Janeiro, que incluía a Cinelândia e o Aeroporto Santos Dumont[7].

Cavalcanti acompanhava o cinema com grande interesse. Adorava o cinema italiano – os filmes de Gabriele D'Annunzio e da diva Lyda Borelli – e a escola sueca, especialmente os filmes de Victor Sjöström. Em 1919, assistiu a *Rose France* (Rosa França, 1918), de Marcel L'Herbier, e, entusiasmado, escreveu ao diretor uma carta analisando o filme e manifestando sua vontade de trabalhar a seu lado. Em 1921, deixou o escritório de Agache e retornou ao Rio de Janeiro como representante da casa de decoração Compagnie des Arts Français. Mas o projeto de manter uma loja tão sofisticada no Rio de Janeiro foi um fracasso. Através de um amigo da família, o cônsul Dario Freire, Cavalcanti obteve um emprego no Consulado Brasileiro em Liverpool, para onde foi – desta vez, acompanhado dos pais.

O pai faleceu durante a viagem e o caixão foi levado de barco sobre o gelado rio Mersey para o velório em Liverpool. Já decidido a entrar no mundo do cinema, Cavalcanti contou com a benevolência e generosidade do cônsul, que o encarregou de cuidar de suas filhas em Paris, assegurando-lhe o salário de um ano. Em Paris, a primeira coisa que fez foi visitar a casa de Auguste Comte e Clotilde de Vaux, e o cemitério de Père Lachaise. Em seguida, encontrou-se com L'Herbier na Companhia Cinégraphic. Cavalcanti foi imediatamente acolhido no seio da "primeira *avant-garde*" (a escola eclética do "impressionismo francês", segundo Henri Langlois, o fundador da Cinemateca Francesa), da qual participavam, além de L'Herbier, Antonin Artaud, Luis Buñuel, René Clair, Salvador Dalí, Louis Delluc, Germaine Dullac, Carl Dreyer, Jean Epstein, Abel Gance, Ferdinand Léger, Man Ray, Jean Renoir e Jean Vigo.

Como membro ativo da *avant-garde*, Cavalcanti encontrou pessoalmente diversos mitos: considerou Paul Valéry e Maurice

---

7 L. Pellizzari; C. Valentinetti, op. cit., p. 16.

Ravel ásperos e temperamentais; James Joyce, decepcionante; Serguêi Diághilev, encantador. Ficou impressionado com o estado de Vaslav Nijinsky. Na esperança de que seu marido recuperasse a razão, a senhora Nijinsky conduzia pela mão o louco e flácido ex-bailarino aos lugares que ele havia frequentado. Mas ele a nada reagia. Certa vez, num camarim, ao ver um ator maquilando-se antes do espetáculo, Nijinsky teria feito um enorme esforço para tentar reviver o passado, logo desistindo, e deixando-se novamente arrastar pela mulher. Cavalcanti fez amizade com o compositor Georges Auric, com quem trabalharia mais tarde, e com a dançarina Isadora Duncan. Acompanhando as filmagens de L'Herbier, ficou surpreso com sua direção improvisada – mais tarde, na Alemanha, conheceria outros métodos de trabalho, em estúdios que valorizavam o planejamento e a disciplina.

Cavalcanti assinou os figurinos de *El Dorado* (1921), de L'Herbier, estrelado por Eve Francis, amante e musa de Paul Claudel; a cenografia de *Réssurrection* (Ressurreição, 1923), de L'Herbier, que ficou inacabado, mas permitiu a Cavalcanti tornar-se amigo da estrela Emy Lienn. Depois, trabalhou como cenógrafo em *L'Inondation* (A Inundação, 1923), de Delluc, novamente estrelado por Eve Francis. Voltou a trabalhar com L'Herbier em *L'Inhumaine* (A Inumana, 1923). Para esse filme, desenhou o maravilhoso laboratório em estilo *art déco* e coordenou o trabalho de uma equipe de cenógrafos que incluía Claude Autant-Lara, Mallet-Stevens, o pintor Fernand Léger e o decorador Pierre Charneau, de grande renome na época. O filme foi um sucesso graças à sua extraordinária plasticidade e à música de Darius Milhaud, ex-secretário de Claudel quando este foi embaixador no Brasil.

L'Herbier levou Cavalcanti para assistir às filmagens de *Le Marchand de plaisirs* (O Mercador dos Prazeres, 1923), de Jaque-Catelain, e este o convidou para fazer a direção de arte do sensacional *La Galerie des monstres* (A Galeria dos Monstros, 1924), filmado na Espanha, onde Cavalcanti deixou-se contaminar pela arte de El Greco. Trabalhou ainda nos cenários de *The Little People* (As Pessoas Pequenas, 1925), de George Pearson; e de *Feu Mathias Pascal* (Falecido Mathias Pascal, 1926), de L'Herbier, com base na novela de Luigi Pirandello. Mais tarde, o escritor declararia a Cavalcanti, num encontro casual durante uma viagem de trem, que havia detestado o filme, mas apreciado seus "ambientes". Para esses filmes mudos, o jovem diretor de arte compôs ora cenários geométricos e quase abstratos, ora cenários carregados de *páthos* realista, demonstrando grande versatilidade.

Depois de editar o célebre documentário *Voyage au Congo* (Viagem ao Congo, 1926), de Marc Allégret, realizado em colaboração com o escritor André Gide, Cavalcanti passou finalmente à direção. As filmagens de *Feu Mathias Pascal* transcorridas na Itália foram-lhe tão prazerosas que ele quis dirigir uma nova adaptação de Pirandello. Contudo, a produtora, a russa Sacex, faliu. Cavalcanti optou então por *Le Train sans yeux* (O Trem sem Olhos, 1926), uma adaptação do romance de Delluc, que foi rodada na Côte d'Azur e num velho hangar de zepelins em Berlim.

Cavalcanti filmou, em seguida, *Rien que les heures* (Nada Além das Horas, 1926), produzido pela Néo Filmes, com Catherine Hessling, ex-modelo do pintor Auguste Renoir, que se casara com o filho dele, o cineasta Jean Renoir. Esse caleidoscópio impressionista sobre os excluídos da cidade luz utilizava recursos do cinema experimental: sem trama, o filme era um "docudrama" poético sobre um dia na vida de pobres, marginais e prostitutas de cais de porto. Cavalcanti transformou a cidade de Paris na verdadeira protagonista do filme, ideia que inspiraria (ou coincidiria com a inspiração de) outros cineastas de vanguarda em obras do mesmo estilo, como *Berlin: Die Sinfonie der Großstadt* (Berlim: Sinfonia de uma Cidade, 1927), de Walter Ruttmann; *Tchelovek s Kino-apparátom* (Um Homem com uma Câmera, 1929), de Dziga Vertov; e *São Paulo, Sinfonia da Metrópole* (1929), de Adalberto Kemeny e Rudolf Rex Lustig – "sinfonias urbanas" que anunciavam a era das massas.

Entre os admiradores de *Rien que les heures* estaria o jovem Akira Kurosawa, que o teria listado entre os cem filmes que mais o impressionaram na adolescência. Mesmo nesse experimento vanguardista, Cavalcanti enuncia sua preocupação com os desvalidos: uma velha bêbada anda a esmo na periferia de Paris, onde os ratos passeiam à vontade pelas ruas; uma lojista é assaltada brutalmente; um burguês come com tranquilidade seu bife sem perceber a sobreposição de imagens dos abatedouros em seu prato; uma prostituta encontra um marinheiro que a olha com grande apetite, mirando depois o interior do quarto e a cama que os espera; a velha que andava a esmo cai por fim à beira do cais. Tais imagens transcendem a mera justaposição de "objetos" tão recorrente no cinema abstrato. Esse experimentalismo tingido de preocupações sociais e também de pulsões sexuais apontava para um novo realismo dentro do formalismo das vanguardas.

Cavalcanti continuou a dirigir Hessling numa série de curtas, médias e longas-metragens. No surrealista *En Rade* (1927), Hessling interpreta uma garçonete maltratada pela mãe e importunada por trabalhadores das docas que frequentavam o bar. Ela se relaciona timidamente com Jean, filho de uma lavadeira que sonha com uma vida melhor. Um beijo de Jean assusta a garota. Ela rejeita o pretendente que, desconsolado, comete suicídio, afogando-se no mar. O filme foi aclamado pela crítica mundial.

Em 1928, Cavalcanti foi ao festival de música de Baden-Baden, na Alemanha, numa viagem de carro, em companhia de Gide, Allégret e da Condessa Polignac. Em Baden-Baden, encontrou-se com os compositores Kurt Weill, Paul Hindemith e Milhaud. Este último compôs uma trilha para o curta-metragem *La P'tite Lilie* (A Pequena Lilie), que os distribuidores franceses consideraram demasiado refinada: a versão sonora do filme nunca foi lançada. Também conheceu o compositor Maurice Jaubert, com quem colaborou e viveu uma grande amizade, só interrompida com a morte do músico na guerra, em 1940.

Cavalcanti teve ainda a oportunidade de conversar longamente com Georges Méliès em sua tenda de jornais e brinquedos na estação de Montparnasse. E, enquanto Cavalcanti dirigia Hessling em *Yvette* (1928), um drama baseado no conto homônimo de Guy de Maupassant, acompanhava, durante seus intervalos nos estúdios Billancourt, o cineasta Carl Dreyer rodando *La Passion de Jeanne D'Arc* (A Paixão de Joana D'Arc, 1928): ficou impressionado, sobretudo, com a figura de Rennée Falconetti. A atriz chegava pela manhã com os cabelos tosquiados e Dreyer a mandava vestir o uniforme de soldado da santa e esperar, ajoelhada, horas a fio, até ser chamada para sua cena. Nessas condições, ela acabava representando num estado de histeria alucinante. Depois dessa dolorosa experiência com o cinema, Falconetti jamais aceitou fazer outro filme. Andou desaparecida por décadas, vindo a morrer, quase anonimamente e muito pobre, em Buenos Aires[8]. Entre outros grandes atores do passado relegados a trabalhar como figurantes, Cavalcanti recordava-se de ter se encontrado com Gibson Gowland, o protagonista de *Greed* (Ouro e Maldição, 1924), de Erich Von Stroheim.

Os críticos não se entusiasmavam com os filmes de Cavalcanti. O grande historiador do cinema, Paul Rotha, acusava o brasileiro de comprazer-se com os "detritos e imundícies"; seus filmes seriam "atravancados por resíduos, e cheios de tristeza"[9]. Mas algumas realizações de Cavalcanti, dessa fase muda, tornaram-se clássicas. É o caso de *Le Capitaine fracasse* (O Capitão Tornado, França, 1929), baseado no popular romance de Théophile Gautier[10].

O falido e entediado Barão de Sygognac (Pierre Blanchar) abriga em seu vasto, frio e esvaziado castelo uma companhia de teatro ambulante. Apresentado aos seus integrantes, ele se apaixona, num *coup de foudre*, por Isabelle (Lien Deyers), que sempre representava a "ingênua". Convidado a juntar-se ao grupo pelo velho ator Blazius, que se apieda do nobre solitário a desperdiçar sua juventude no abandono, ele recusa. Depois, ao saber que o grupo se dirige a Paris, arrisca juntar o útil ao agradável: além de desfrutar da companhia da amada, tentará obter uma audiência com o rei Luiz XIII, na esperança de sanar sua delicada situação financeira.

Envolvido nos espetáculos da trupe como Capitão Tornado, nome que ele mesmo se dá, acaba tendo de lutar nos bastidores para resgatar Isabelle, assediada a todo o momento por um duque sedutor (Charles Boyer), que não hesita diante de nenhum crime para tê-la em seus braços. Mas os apaixonados triunfarão sobre o maldoso, movidos pelo intenso desejo

---

8 S. Caldieri, op. cit., p. 37.
9 Apud L. Pellizzari; C. Valentinetti, op. cit., p. 23.
10 P.R. de Almeida, O Capitão Fracasso (1929), *Revista de Cinema Contracampo*, n. 71; disponível em <http://www.contracampo.com.br/71/capitaofracasso.htm>; acesso em: 24 abr. 2011.

de verem juntos "as torres de nosso castelo", expressão que adquire, nos lábios do barão, eróticas ressonâncias. Recentemente redescoberto e restaurado, o filme surpreendeu a crítica por sua espetacular cenografia, seus ousados movimentos de câmera, suas engenhosas cenas de ação. A bela sequência de abertura, com o plano geral do castelo, sucedido por planos cada vez mais próximos da torre e um *travelling* que nos faz transpor vastos salões até o cômodo onde se encontra o melancólico barão será retomada, entre outros, por Orson Welles, na abertura de *Citizen Kane* (Cidadão Kane, 1941).

Le Capitaine fracasse está pontilhado de momentos de beleza e bravura, proporcionados pelo alto sentido que Cavalcanti tinha do espaço e da cena, como quando o duque ferido é rodeado pela criadagem carregando castiçais, a formar uma moldura barroca para seu andar combalido; ou quando a cigana Chiquita penetra no castelo onde Isabelle encontra-se sequestrada, deslizando o corpo com o jogo de suas pernas enganchadas numa corda que ela estende entre uma árvore e a janela do cativeiro. Cavalcanti desejava sonorizar parcialmente o filme, mas os produtores recusaram. Também seu curta-metragem seguinte, *La Jalousie du Barbouillé* (O Ciúme do Emporcalhado, 1929), baseado na peça de Molière, foi lançado mudo.

No ano de 1929, a baronesa de Maidrox criou o primeiro festival de cinema, reunindo, em seu castelo Valaison, em Las Sarras, na Suíça, trinta ilustres convidados. Com Léon Moussinac, Jean-Georges Auriol e Jeannine Boussounouse, Cavalcanti integrou a delegação francesa desse Congresso Internacional do Cinema Independente e pôde trocar experiências com Len Lye, Béla Balázs e Serguêi Eisenstein.

A amizade com Jean Renoir e Hessling levou Cavalcanti à realização do curta-metragem *La P'tite Lilie* (1929), uma fábula trágica em estilo surrealista, ilustrando uma canção popular de Gravel e Benesch sobre uma prostituta às voltas com seu proxeneta, um padre e um policial. No filme, a alegre costureirinha Lilie (Catherine Hessling) prostitui-se aos dezesseis anos, depois de conhecer, num baile, um gigolô que a desencaminha da vida honesta. Mais tarde, revoltada com sua exploração pelo gordo cafetão, Lilie foge em disparada. É alcançada por ele, contudo, no fim da estrada que leva ao cais do porto, sendo ali selvagemente esfaqueada pelas costas. O assassino limpa o facão, para com ele cortar uma fruta, que fica a saborear aos pés da morta, enquanto o policial que chega, acompanhado de um curioso, apenas comenta: "Que belo cadáver!" De repente, a alma de Lilie sobe aos céus. Em outro curta, *Le Petit Chaperon Rouge* (1929), paródia do conto de fadas de Chapeuzinho Vermelho, Hessling vê-se às voltas com o Lobo Mau. E em *Vouz verrez la semaine prochaine* (Vereis na Próxima Semana, 1929), Cavalcanti satirizou os anúncios publicitários da época.

Jean Renoir separou-se, contudo, de Hessling, para casar-se com Dido Freire, uma das filhas do cônsul brasileiro que haviam sido confiadas a Cavalcanti. Hessling permaneceu amiga de Cavalcanti por toda a vida, mas Renoir distanciou-se dele, ressentido e enciumado por não ter o amigo se afastado de sua ex-esposa. Depois da longa convivência, Renoir não citou o cineasta brasileiro sequer uma vez em sua autobiografia *Ma vie, mes films* (Minha Vida, Meus Filmes, 1974).

Os filmes seguintes de Cavalcanti foram *Toute sa vie* (Toda Sua Vida, 1930) e *A Canção do Berço* (1931), este realizado em Portugal. Com o fim do cinema mudo, a *avant-garde* dissolveu-se: o sonoro impôs novos padrões de produção, tornando o filme um produto cada vez mais industrial. Depois de editar *Le Pays du scalp* (O País do Escalpo, 1931), Cavalcanti foi contratado pelos estúdios de Joinville para realizar uma série de comédias comerciais: *Dans une île perdue* (Numa Ilha Perdida, 1931), *Les Vacances du diable* (As Férias do Diabo, 1931), *À mi-chemin du ciel* (A Meio Caminho do Céu, 1931), *Le Truc du brésilien* (O Truque do Brasileiro, 1932), *Coralie et cie.* (Coralie e Companhia, 1933), *Le Mari garçon* (O Marido Menino, 1933); e os curtas-metragens *En Lisant le journal* (Lendo o Jornal, 1932), *Le Jour du frotteur* (O Dia do Faxineiro, 1932), *Nous ne ferons jamais le cinéma* (Jamais Trabalharemos no Cinema, 1932), *Revue montmartroise* (Revista de Montmartre, 1932), *Tour de chant* (Cantoria, 1932), *Plaisirs défendus* (Prazeres Proibidos, 1933).

Cavalcanti confessou que as comédias de puro entretenimento o fizeram sentir que estava se enclausurando num gênero. Embora alguns críticos tenham considerado *Plaisirs défendus* brilhante, ele não desejava ver sua criatividade limitada ao *vaudeville*. Decidiu, então, continuar sua carreira errante, sempre aberta a novos desafios. Partiu para a Inglaterra em 1933, onde substituiu o documentarista Robert Flaherty no cargo de instrutor do grupo de cineastas que produziam documentários no General Post Office (GPO), o Departamento Britânico de Correios e Telégrafos, cuja unidade de cinema era dirigida pelo escocês John Grierson.

O primeiro filme que Cavalcanti dirigiu para o GPO foi o curta-metragem *Pett and Pott: A Fairy Story of the Suburbs* (Pett e Pott: Um Conto de Fadas dos Subúrbios, 1934), um falso conto moral com o objetivo de promover o uso do telefone. Para Ruy Gardnier, o filme está entre os mais interessantes do diretor:

> Em trinta e três minutos, vemos uma obra francamente experimental [...] porque procedeu à insana experiência de gravar todo o som do filme para em seguida associar-lhe as imagens. [Este] pequeno teatrinho de comportamentos sociais, com dimensões extraordinárias e de tom folgadamente expressionista [...] mostra em paralelo os destinos de duas famílias [...]. O Sr. e a Sra. Pett rodeados de crianças, num ambiente iluminado, decidem utilizar o dinheirinho sobrando da economia familiar para comprar um aparelho telefônico. Em paralelo, o Sr. e a Sra. Pott vivem num ambiente escurecido, sem filhos, com um gato, num clima um pouco *vampe*. A Sra. Pott, preguiçosa que é, prefere contratar uma empregada [...]. O que acaba só lhe dando mais trabalho: ao passo que basta a Sra. Pett ligar para o açougue ou para a mercearia e fazer seu pedido que há alguém para entregar as mercadorias em casa, a Sra. Pott deve se deslocar e subir penosamente escadas infinitas – tornadas cada vez mais angustiantes e cansativas pelos ângulos de Cavalcanti e pelo uso da montagem [...]. Até acontecer o pior: há uma quadrilha de ladrões de residência da qual faz parte o namoradinho da empregada da família Pott, que utiliza o contato para assaltar a casa [...]. Onde está o telefone numa hora dessas? Na casa ao lado, naturalmente[11].

O expressionismo que o crítico identificou no filme, definido por Cavalcanti como "surrealista com tendência ao realismo", deve-se aos ângulos insólitos de câmera, aos cenários estilizados e à atuação sempre exagerada e caricata da fabulosa

---

11 Pett and Pott (1934), *Revista de Cinema Contracampo*, n. 71, disponível em < http://www.contracampo.com.br/71/pettandpott.htm>. Acesso em: 24 abr. 2011.

dançarina e atriz expressionista Valeska Gert, no papel da insuportável empregada. O próprio Cavalcanti interpretou, nessa fábula moderna, o agente teatral J. Leviticus, que faz testes com dançarinas na sala contígua aos escritórios de Pett e Pott.

As revolucionárias ideias de Cavalcanti sobre o som no cinema chamaram a atenção de Grierson. Veterano do cinema mudo, Cavalcanti considerava o diálogo um mero acessório do filme. Em cinco segundos, dizia ele, podia-se mostrar uma "solidão" na tela: bastava o apito de um trem e o latido de um cachorro para que o público a imaginasse[12]. O diretor da GPO contratou-o como engenheiro de som para a produção de *Song of Ceylon* (Canção do Ceilão, 1934), de Basil Wright, onde não foi creditado; e *Night Mail* (Correio Noturno, 1936), de Wright e Harry Watt. Os dois filmes tornaram-se clássicos do cinema documentário. Realizado para explicar aos empregados dos correios como era feita a viagem de cargas à Escócia, *Night Mail* transcende a mensagem pelo elaborado trabalho de som feito por Cavalcanti, que fundiu com perfeita sincronia os versos do poeta inglês W.H. Auden e a música de Benjamin Britten às imagens de Watt e Wright: o trem atravessa o país ao ritmo dos versos que imitam as cadências da locomotiva.

Cavalcanti também foi produtor na GPO, produzindo ou co-produzindo BBC: *The Voice of Britain* (BBC: A Voz da Inglaterra, 1935), que entrevistava personalidades da cultura inglesa, como os escritores George Bernard Shaw, G.K. Chesterton, H.G. Wells e J.B. Priestley; *North Sea* (Mar do Norte, 1938), de Watt, sobre as dificuldades enfrentadas por pescadores durante uma tempestade no Mar do Norte, ressaltando o trabalho do pessoal em terra, que por meio do rádio consegue fazer com que os trabalhadores cheguem com segurança à praia. Carl Dreyer fora escalado para dirigir o filme e chegou a escrever um roteiro com Cavalcanti, mas o trabalho foi rejeitado pelos produtores. O filme foi então entregue a Watt, que escreveu novo roteiro e o dirigiu.

Cavalcanti também produziu na GPO algumas animações coloridas de grandes pioneiros: *Colour Box* (Caixa de Cor, 1935), *Rainbow Dance* (Dança do Arco-íris, 1936) e *Trade*

---

12 Apud S. Caldieri, op. cit., p. 60.

Tattoo (Tatuagem de Comércio, 1937), de Len Lye, precursor da "pintura sobre película"; *The Tocher* (1938) e *The* HPO *– Heavenly Post Office* (Correio Divino, 1938), de Lotte Reiniger, que se celebrizou por suas animações de figuras de papel recortadas, em maravilhosos teatros de sombras transpostos para a tela; e *Love on the Wing* (1938), de Norman McLaren, que levou a técnica de pintura sobre película à perfeição. Se, nestes filmes, por um lado a propaganda vulgariza a arte dos animadores, por outro as animações dos artistas sofisticam a propaganda. Nenhum experimentalismo é rejeitado e a liberdade de criação parece ser total. No final de *Love on the Wing*, por exemplo, McLaren sugeriu algumas imagens pornográficas: uma chave tremendo de desejo de entrar numa fechadura, uma boca louca para morder uma maçã... Uma ousadia na época e nesse gênero de filmes[13].

Como diretor, Cavalcanti realizou, na GPO, uma série de documentários experimentais que transcenderam, por suas qualidades cinemáticas, os objetivos institucionais, revelando as realidades sociais por trás das propagandas encomendadas: *The Glorious Sixth of June/New Rates* (O Glorioso Seis de Junho/Novas Taxas, 1934), uma encenação humorística sobre redução das taxas dos correios; SOS *Radio Service* (1934); *Coal Face/Coalface* (Cara de Carvão, 1935); *Message from Geneva* (Mensagem de Genebra, 1936); *Line to Tschierva Hut* (Caminho para a Cabana Tschierva, 1937); *We Live in Two Worlds* (Vivemos em Dois Mundos, 1937), onde o escritor J.B. Priestley fala sobre comércio internacional e comunicações como forças benignas; *Who Writes to Switzerland?* (Quem Escreve para a Suíça?, 1937); *Four Barriers* (Quatro Barreiras, 1938); *A Midsummer Day's Work* (Um Dia de Trabalho em Pleno Verão, 1939), sobre a instalação de cabos telefônicos subterrâneos; *Men of the Alps* (Homens dos Alpes, 1939).

Com sua iluminação influenciada pelo cinema expressionista alemão e sua edição inspirada no cinema mudo soviético, *Coal Face* permanece o mais célebre documentário que Cavalcanti dirigiu na GPO. O filme contou com a colaboração do poeta W.H. Auden, destacando o importante papel do carvão

---

13 Cf. o DVD *The* GPO *Story*.

na economia britânica e, ao mesmo tempo, os perigos enfrentados pelos mineiros, sob as condições precárias de trabalho nas minas. É antológica a marcha subterrânea dos mineiros acompanhada por um coro, com as sombras de seus corpos alongadas nas paredes da galeria, e os grandes planos de seus rostos, mãos e pés a criar um balé audiovisual[14].

Em 1937, Cavalcanti fez uma incursão na Itália fascista, participando do Congresso Internacional de Música, em Florença, sob a coordenação de Ugo Ogetti. Respondendo ao convite do dignitário fascista Roberto Farinacci, o cineasta foi até Cremone para apresentar a comunicação "Cinema e Propaganda". Viajando em companhia de Milhaud, Cavalcanti não se limitou, contudo, às visitas oficiais: quis encontrar representantes da oposição, e esteve com os intelectuais judeus Sandro de Feo, Francesco Pasinetti e Giacomo de Benedette, entre outros. Seus laços com a revista *Bianco e Nero* foram reforçados. Retornando pela Suíça, aí rodou, em 1938, um pioneiro filme em cores, o curta-metragem *Alice in Switzerland* (Alice na Suíça), que estreou apenas em 1942.

Com a guerra, a GPO passou à Crownfilm Unit, ramificação do Ministério da Informação, encarregado de propaganda de guerra e instrução para a população civil, que Cavalcanti dirigiu em seus inícios. Quando Londres começou a ser bombardeada pelos alemães, ele convocou os cinegrafistas Humphrey Jennings, Pat Jackson e Watt para filmar os acontecimentos: "A História está sendo feita nas ruas", observou. Os documentários que resultaram dessas jornadas – *The First Days* (Os Primeiros Dias, 1939), de Jackson, Jennings e Watt, sobre a preparação dos ingleses para os bombardeios aéreos; *Squadron 992* (Esquadra 992, 1939), de Watt, mostrando o treinamento dos pilotos da Real Força Aérea Britânica (RAF); e *Men of the Lightships* (Homens dos Barcos-Faróis, 1940), de David MacDonald, sobre navios-iluminadores, por séculos considerados neutros em guerra e agora tratados como alvos pelos nazistas, filme que teve sua versão americana editada por Alfred Hitchcock – estão entre os melhores produzidos sobre a guerra.

---

14 Cf. os DVDs *The General Post Office Film Unit Collection, v. 1 – Addressing The Nation*; e *30s Britain, v. 1 – GPO Classic Collection*.

A realização da antologia *Film and Reality* (Filme e Realidade, 1939-1942) causou o rompimento de Cavalcanti com Grierson e sua "queda" na GPO. O filme descrevia o desenvolvimento do documentário desde sua criação como linguagem cinematográfica através de segmentos de 59 filmes de diversos autores, dentre os quais: os Irmãos Lumière, Tom Mix, Eisenstein, William Dieterle, Méliès, Renoir, Allégret, Flaherty, Cavalcanti, Ruttmann, Watt, Jean Benoît-Lévy e Vigo. Organizado de forma não cronológica, o documentário fornecia exemplos da teoria e da prática do realismo no cinema. Contudo, para Grierson e seus partidários, a escolha eclética dos trechos não teria feito justiça ao Movimento Documentarista Britânico. Vaidades feridas de lado a lado, não restou outra opção a Cavalcanti senão demitir-se da GPO.

Passando a trabalhar nos Ealing Studios a convite de Michael Balcon, Cavalcanti continuou engajado na realização de filmes antifascistas e antinazistas, com destaque para *Yellow Caesar* (César Amarelo, 1940), *Young Veteran* (Jovem Veterano, 1940) e *Went the Day Well?* (48 Horas, 1942). *Yellow Caesar* é uma sátira política dirigida contra o ditador italiano Benito Mussolini e seu regime fascista, com imagens do *Duce* remontadas e trucadas a partir de cinejornais. Segundo a crítica, que elogiou muito esse trabalho engajado e experimental, ao modificar o sentido do material de origem, a montagem criativa de Cavalcanti transformou as imagens de arquivo e suas intenções "realistas" numa fantasia à maneira de *The Great Dictator* (O Grande Ditador, 1940), de Charles Chaplin.

Com roteiro do escritor Graham Greene, adaptado de um conto seu publicado na revista *Collier's*, *Went the Day Well?* foi talvez o único filme rodado na Grã-Bretanha, durante a guerra, que considerou a hipótese da ocupação nazista do país. Nessa impressionante propaganda sobre a defesa inglesa contra espiões e sabotadores, torna-se difícil, a princípio, distinguir os soldados ingleses dos paraquedistas alemães disfarçados de soldados britânicos que invadem a pequena cidade do interior. Quando os habitantes tomam ciência da traição, lutam contra o inimigo com a ajuda de um caçador.

Com "um toque hitchcockiano", como notou Sergio Caldieri, o filme mostra uma típica cidadezinha inglesa sendo ocupada pelo inimigo, com a ajuda de um colaboracionista local, e transformada num campo de concentração. Mas os moradores, impedidos de se comunicarem com o resto do país, detidos em suas casas e na igreja, submetidos a chamadas e a toques de recolher, começam a resistir, fazendo uso de todas as armas de que dispõem.

As primeiras tentativas ingênuas – escrever mensagens nas cascas dos ovos embalados para viagem, colocar papéis com pedidos de socorro nos bolsos de visitantes – fracassam. Logo eles percebem que é preciso usar de violência. A telefonista joga sal nos olhos de um nazista e o golpeia até a morte com seu machado de cortar lenha. Depois, corre para a mesa de telefone para alertar a cidade vizinha, mas as operadoras mostram-se preguiçosas ("A velha pode esperar") e, quando finalmente elas conectam a chamada, a mulher já havia sido morta, a golpes de baioneta.

Um menino obtém uma arma que havia escondido da polícia local. Avistado por um nazista, é baleado na perna, mas consegue arrastar-se até a casa de um vizinho. No clímax do filme, a solteirona que estava enamorada do cavalheiro que se revela colaboracionista, ao descobrir a verdadeira identidade dele, caminha em sua direção com uma arma escondida e desfere vários tiros sobre o duplo traidor (amoroso e político): ele cai da escada em direção à câmera, numa tomada inusitada.

Levando para casa crianças ameaçadas de serem fuziladas como punição pela fuga de um prisioneiro, uma dama impede que elas sejam apanhadas. Quando um nazista joga pela janela uma granada no quarto, a senhora não hesita em recolher o artefato, saindo para o corredor e salvando as crianças, mas morrendo na explosão. Enquanto esperam a chegada dos soldados ingleses alertados, duas jovens resistem atirando nos ocupantes: "Temos que manter o placar", diz uma delas, animada.

Pela violência que perpassa o filme, o crítico David Cairns leu-o quase como uma "traição" ao esforço de guerra, escorado numa declaração posterior de Cavalcanti de que *Went the Day Well?* poderia servir hoje como propaganda pacifista: "nessa idílica cidade inglesa em que todo mundo é tão bom e afável, quando chega a guerra todos se tornam monstros absolutos"[15].

---

15 Apud D. Cairns, Cruzando a Fronteira, *Revista de Cinema Contracampo*, n. 71, disponível em <http://www.contracampo.com.br/71/cruzandoafronteira.htm>. Acesso em: 24 abr. 2011.

Na época em que foi realizado, o filme certamente serviu para *educar* os ingleses sobre a natureza do inimigo que enfrentavam, mostrando, sem adocicar a realidade, que não era possível vencer o exército nazista com gestos ingênuos, mantendo a complacência e evitando a autodefesa. O governo britânico reconheceu a contribuição de Cavalcanti, oferecendo-lhe a nacionalidade inglesa. Mas o diretor a recusou: preferia permanecer brasileiro.

Cavalcanti produziu, nessa época, *The Big Blockade* (O Grande Bloqueio, 1942) e *The Foreman Went to France* (Querer é Poder, 1942), de Charles Frend. Nos Ealing Studios, onde Cavalcanti exercia as funções de diretor de arte, produtor e diretor, ele pôde realizar alguns filmes notáveis, que se tornaram verdadeiros clássicos do cinema inglês.

O primeiro deles foi *Champagne Charlie* (1944), que narra a ascensão de um cantor do teatro burlesco londrino no século XIX, com números de palco celebrando as virtudes do álcool contra a cruzada moralista que pregava o fechamento dos cabarés. Champagne Charlie era o apelido do popular cantor George Leybourne, nascido Joe Saunders, na cidade mineira de Leybourne. Cavalcanti reconstitui a Londres dos anos de 1860 focando a trama na rivalidade entre Champagne Charlie e outro cantor, conhecido como The Great Vance, que só se aliam contra os proprietários de teatros que prejudicavam suas carreiras.

Durante o cerco de Leningrado, em pleno inverno, Ivan Montague levou à URSS, entre outros filmes ingleses, a comédia de Cavalcanti. Ao voltar, trouxe uma mensagem de Eisenstein para o diretor: "Diga a Cavalcanti que se ele não refizer um filme como *Champagne Charlie* onde se canta, dança, come, bebe, para nos mostrar dentro da situação onde nos encontramos nesse inverno, não falarei mais com ele"[16]. O colega russo protestara por estar a URSS faminta, enquanto os personagens do filme bebiam e comiam à farta, dançando alegremente. Contudo, esse era justamente o objetivo do filme: fazer o público esquecer, por instantes, as misérias da guerra.

Em 1945, Cavalcanti perdeu a mãe. Ao mesmo tempo, garantiu seu lugar na história do cinema com o fantástico

---

16 Apud S. Caldieri, op. cit., p. 88.

filme em episódios *Dead of Night* (Na Solidão da Noite, 1945), composto de seis segmentos: "The Linking Story" (A História de Ligação) e "The Hearse Driver" (O Motorista do Carro Fúnebre), de Basil Dearden; "The Haunted Mirror" (O Espelho Assombrado), de Robert Hamer; "The Golfing Story" (A História do Jogo de Golfe), de Charles Crichton; "Christmas Party" (Festa de Natal) e The Ventriloquist's Dummy (O Boneco do Ventríloquo), de Cavalcanti.

O filme tem a estrutura de um pesadelo. Confinado num chalé, um grupo de pessoas compartilha histórias sinistras enquanto uma personagem tem certeza de já ter estado naquele lugar, onde teria matado um dos presentes... No impressionante segmento "Christmas Party", uma garotinha encontra, durante uma festa natalina, o fantasma de uma criança assassinada por sua irmã. No melhor de todos os episódios, "The Ventriloquist's Dummy", o boneco Hugo adquire vida própria e pretende mudar de dono, levando seu manipulador à loucura. No papel do ventríloquo, Michael Redgrave oferece uma performance espetacular com sua máscara facial capaz de expressar, em segundos, uma enorme gama de emoções, contrastando e rivalizando com a máscara estática e sinistra de Hugo, que arrasa moralmente seu dono com a constante ameaça de trocar de "parceiro".

Essa trama foi percebida, por alguns críticos, como metáfora sutil para um doentio triângulo homossexual entre o boneco traiçoeiro e dois ventríloquos rivais, uma interpretação ousada, mas não descartável. Numa época em que os filmes de terror ainda apresentavam finais felizes, Cavalcanti também ousou criar um clímax assustador, com desfecho desprovido de esperança[17], antecipando, como notou Gilberto Silva Jr., a série de TV dos anos de 1960, *Além da Imaginação*[18].

No final da guerra, Cavalcanti viajou para a França, onde escreveu um diário da libertação de Paris, que teria sido publicado num jornal da época, mas que nunca foi encontrado. Visitou a Holanda e a Bélgica. E demorou-se na Itália, onde comprou uma vila em Anacapri, que se tornou seu local de

---

17 Cf. D. Cairns, op. cit.
18 Alberto Cavalcanti nos Estúdios Ealing: Quatro Filmes, *Revista de Cinema Contracampo*, n. 71, disponível em <http://www.contracampo.com.br/71/cavalcantiealing.htm>. Acesso em: 26 abr. 2011.

descanso, de encontros culturais e amorosos. Em Roma, costumava frequentar o Caffé Greco.

De volta à Inglaterra, Cavalcanti produziu *The Captive Heart* (O Coração Cativo, 1946), cujo resultado não aprovou. Realizou em seguida *The Life and Adventures of Nicholas Nickleby* (A Vida e as Aventuras de Nicholas Nickleby, 1947), baseado na obra de Charles Dickens, produzido com cuidadosa cenografia de época e inegável apuro técnico. Já afastado da Ealing, dirigiu mais três filmes na Inglaterra: *They Made Me a Fugitive* (Nas Garras da Fatalidade, 1947); *The First Gentleman/Affairs of a Rogue* (O Príncipe Regente, 1947); e *For them that Trespass* (O Transgressor, 1948).

They Made Me a Fugitive é um puro *noir* britânico, com a colaboração de um dos maiores iluminadores da época, o tcheco Otto Heller. O roteiro foi baseado no romance *A Convict has Escaped* (Um Convicto Escapou), de Jackson Budd, mas guarda do original apenas a premissa principal: o condenado que foge da prisão. No imediato pós-guerra, Clem Morgan (Trevor Howard), ex-piloto da RAF, sem emprego ao retornar à vida civil, associa-se a marginais que exploram o mercado negro. Sob a fachada de uma funerária, a organização criminosa trafica cigarros, bebidas e drogas dentro de caixões. Ao recusar participar do tráfico, Morgan é atraiçoado pelo sádico chefe do bando, Narcy, que o entrega à polícia logo em seu primeiro "trabalho", quando o carro em que fugia acidenta-se após matar um policial. Injustamente acusado desse crime, Morgan é condenado a quinze anos de reclusão no isolado presídio de Dartmoor. Quando Narcy "rouba" Sally, a jovem namorada de Morgan, a ex-garota do bandido, ressentida, incita Clem a escapar da prisão para tirar essa história a limpo. Conseguindo fugir, Morgan vaga por Londres à procura de Narcy, com a intenção de vingar-se dele. Uma mulher (Fenshaw) o ajuda a esconder-se da polícia, mas com segundas intenções. Já Sally, que continua apaixonada por ele, tenta ajudá-lo, mas é por isso espancada por Narcy. Finalmente, Morgan fica cara a cara com Narcy e seu bando, enfrentando-os sozinho num armazém abandonado.

De produção modesta, mas brilhantemente encenado, o filme faz um retrato sombrio do imediato pós-guerra na

Inglaterra. Os ambientes pobres, os bares infectos, o submundo das docas, nada escapa ao olhar de documentarista de Cavalcanti. Personagens de moral corrupta dominam a cena. Uma idosa vestida em elegante traje de luto revela ser a veterana líder da gangue. Uma triste senhora de classe média acolhe o fugitivo, fornece-lhe banho, comida e até uma arma, na esperança sórdida de que ele liquide seu marido beberrão: em sua obtusidade, ela pensa que ao fugitivo condenado mais um crime não fará diferença. O fugitivo insiste que só matou alguns nazistas durante a guerra, recusando-se a matar um inocente. Ele parte deixando sobre a mesa a arma que a senhora lhe deu. Então ela a recolhe com cuidado para preservar as impressões digitais; depois, descarrega-a no cônjuge, que rola escada abaixo. Com isso, mais um cadáver é jogado às costas do fugitivo.

Nessa atmosfera sombria, que se torna expressionista graças aos planos inclinados e *closes* de personagens com olhos constantemente esbugalhados, Cavalcanti experimenta efeitos visuais herdados da *avant-garde*: quando Narcy espanca Sally, o pavor da garota é cristalizado num grande plano de seu rosto, com os fotogramas arranhados, como se o filme envelhecesse subitamente. A brutalidade de Narcy é acentuada pela câmera, que gira loucamente enquanto o criminoso pisoteia a mocinha. Ele também manda seu capanga espancar outra mulher com um cinto enorme, enfeitado com ásperos medalhões metálicos.

No clímax, o fugitivo enfrenta Narcy e seu bando num depósito de caixões, onde os quadros na parede evocam a morte. Aí, a luta corpo-a-corpo é levada até o telhado do prédio, de onde o vilão, ao despencar, mergulha no vazio até cair de cabeça na calçada de pedra. Nesse momento, a câmera nos dá a visão subjetiva da dolorosa queda. E nem morrendo com o rosto esfolado o vilão liberta o herói marcado, antecedendo, em alguns anos, o final de outro *noir* mais famoso: *Strangers on a Train* (Pacto Sinistro, 1951), de Hitchcock.

Frustrado seu projeto de adaptar *Sparkenbroke*, de Charles Morgan, para a Rank, em 1949, Cavalcanti aceitou o convite de Assis Chateaubriand, então embaixador do Brasil em Londres, e de Pietro Maria Bardi, para ministrar uma série de dez conferências sobre cinema no Museu de Arte de São Paulo – Masp, recém criado por Ciccillo Matarazzo e Yolanda

Penteado. O curso foi realizado com a coordenação dos responsáveis pelo setor de cinema do museu: Marcos Margulies e Tito Batini. Segundo Jacó Guinsburg, é quase certo que o crítico de cinema Carlos Ortiz estivesse por trás do convite. Aproveitando a oportunidade, o empresário Franco Zampari, que fundara com sucesso o Teatro Brasileiro de Comédia (TBC) e que agora pretendia criar, com Matarazzo, Adolfo Celi e Ruggero Jacobbi, um estúdio de cinema nos moldes dos de Hollywood, convidou Cavalcanti para ser o diretor geral de produção da Vera Cruz.

Cavalcanti retornava ao Brasil pela primeira vez em 36 anos, excetuando uma breve estada a passeio no Rio de Janeiro. Empolgado com a tarefa e com o contrato de quatro anos, ele se desfez de seu apartamento em Londres, fechou sua casa em Anacapri e convidou para trabalhar com ele, na criação da Vera Cruz, o fotógrafo inglês Chick Fowle; o editor iugoslavo Oswald Haftenricher; o engenheiro de som dinamarquês Eric Rassmussen; o assistente de som inglês Michael Stoll; o ator e diretor argentino Tom Payne; o editor inglês John Waterhouse; o maquiador inglês Jerry Fletcher, entre outros excelentes técnicos. Com a competente equipe internacional que conseguiu montar, Cavalcanti deu vida à Companhia Cinematográfica Vera Cruz, em São Bernardo do Campo, inaugurada em 4 de novembro de 1949 e também produziu os dois primeiros filmes da companhia: *Caiçara* (1950), de Celi, e *Terra é Sempre Terra* (1951), de Payne.

Em *Caiçara*, uma filha de leprosos, Marina, vive num orfanato, até ser retirada por Zé Amaro, viúvo construtor de barcos que a desposa. A vida de casada, em Ilhabela, logo entedia a jovem, decepcionada com o marido beberrão, que permite que ela seja cobiçada pelos homens do lugar. O único conforto de Marina é o menino Chico, filho da falecida esposa de seu marido. A avó do menino, Sinhá Felicidade, adepta da bruxaria, odeia o genro, que ela afirma ter matado sua filha, e oferece seus conselhos a Marina. A situação piora quando Marina passa a ser assediada por Manoel, sócio do marido. É quando chega à ilha o marinheiro Alberto, que se apaixona por Marina e é por ela correspondido. Zé Amaro percebe, entrementes, o interesse de Manoel pela esposa e acaba por surrá-lo. Manoel jura vingança. Quando Zé Amaro e Manoel vão testar um novo barco, Manoel lança Zé Amaro no mar agitado, afogando-o. Mais tarde, ocorre outra tragédia envolvendo Chico e Manoel. Mas Marina fica livre para amar Alberto. O filme teve sua produção decidida antes de Cavalcanti juntar-se aos fundadores da Vera Cruz. Celi sugerira essa história e pretendia dirigir o filme, mas como não tinha experiência em cinema, Cavalcanti foi convidado para supervisionar as filmagens.

Terra é Sempre Terra (1951), de Payne, inicia-se com os seguintes letreiros: "Uma geração vai-se, outra vem, mas a terra é sempre terra" (*Ec*, 1,4). O capataz Tonico dirige despoticamente uma fazenda de café abandonada. Violento e sovina, ele maltrata a jovem esposa e se interessa apenas por dinheiro. Como rouba a colheita, a dona da plantação manda o filho, jogador e mulherengo, cuidar da fazenda. Mas a caminho o jovem perde no jogo o pagamento dos peões. Tonico propõe comprar a plantação, saldando as dívidas do jovem patrão. Realiza o negócio, mas, durante uma festa, descobre que a esposa foi engravidada pelo jovem e não resiste ao golpe: sofre um ataque cardíaco. Depois do enterro, a viúva de Tonico muda-se para a Casa Grande, para ali ter seu filho. A terra seguirá pertencendo à família.

Cavalcanti produziu ainda o primeiro de uma série de documentários da Vera Cruz sobre folclore e cultura brasileira: *Painel* (1951), de Victor Lima Barreto, inspirado no painel *Tiradentes*, de Cândido Portinari, e *Santuário* (1952), do mesmo diretor, inspirado nos doze profetas de Aleijadinho em Congonhas do Campo. Também escreveu o roteiro, preparou a produção e iniciou as filmagens de *Ângela* (1951), de Payne e Abílio Pereira de Almeida. Em suas produções, o cineasta lançou diversos atores que se tornaram ícones do cinema nacional: Mário Sérgio, Alberto Ruschel, Eliane Lage, Marisa Prado, Colé.

Porém, a Vera Cruz foi mal administrada por Zampari, cuja experiência limitava-se à manutenção, bem mais fácil, de um teatro. Quando o empresário quis colocar o irmão, militar da Marinha italiana, como gerente da companhia, Cavalcanti protestou: ele também tinha um irmão almirante da Marinha e jamais o chamaria para trabalhar em cinema. A desorganização financeira e o nepotismo imperavam. No estúdio, faltava lápis, mas o cão Duque que só participara de um filme, sendo empregado como "animador de festas" que fazia piruetas, ganhava um salário superior ao da grande atriz negra Ruth de Souza, que brilhava no Teatro Experimental do Negro[19]. A Vera Cruz financiava o TBC enquanto sua produção era boicotada pelas grandes distribuidoras e pela Kodak, que não fornecia as películas, obrigando Cavalcanti a comprá-las, sem garantia de qualidade, na Argentina. Depois de conseguir montar, a duras penas, em apenas um ano, uma infraestrutura de grande cinema, sem o devido respaldo administrativo, Cavalcanti foi sumariamente demitido por Zampari.

O rompimento desencadeou uma campanha de difamação sem precedentes contra Cavalcanti, a quem Abílio Pereira de Almeida chegou a chamar de "bicha histérica"[20]. Tendo desmontado sua vida na Europa, Cavalcanti decidiu persistir em sua missão no Brasil. Desistiu de filmar *O Escravo da Noite*, biografia de Noel Rosa, para realizar, na Cinematográfica Maristela, *Simão, o Caolho* (1952), comédia ambientada nos bairros populares de São Paulo entre 1942 e 1950. Simão é um corretor de negócios caolho, que espera recuperar seu olho perdido. Para tanto, submete-se às experiências de um amigo, metido a inventor. O novo olho que ele obtém dota-o de poderes especiais, como a invisibilidade. Simão torna-se milionário com corridas de cavalo, envolve-se com magnatas do mercado de carne e decide entrar na política, candidatando-se a presidente da República. O filme desenrola-se dentro de uma narrativa às bordas do surrealismo. A melhor sequência é a do sonho de Simão, na qual ele perde seu olho, que cai ao chão rolando como bola de gude até um galinheiro, onde uma galinha cisca o precioso órgão, para desespero do proprietário.

Segundo Máximo Barro, para provar aos brasileiros que sabia dirigir filmes, Cavalcanti aceitou trabalhar sob condições que não conhecera nem em seu início de carreira como assistente de L'Herbier, e realizou a comédia mais brilhante do cinema brasileiro. Precisando de apoio para a criação de sua companhia, Cavalcanti foi mostrar *Simão, o Caolho* ao presidente Getúlio Vargas, que teria rido à larga com a sequência em que estudantes revoltados pregam a revolução até que, ao ouvirem um bate estacas, fogem acovardados pelo que imaginam

---

19 S. Caldieri, op. cit., p. 65.
20 L. Pellizzari; C. Valentinetti, op. cit., p. 46.

ser a repressão. Virando-se para o Ministro da Fazenda, Vargas teria dito: "Empreste o dinheiro que pedirem!"[21]. Assim teria nascido a Kino Filmes, com a aquisição da Maristela, no final de 1952, por Cavalcanti e um grupo de empresários. Cavalcanti era o diretor-geral da nova empresa. Ali ele realizou *O Canto do Mar* (1953).

A trama inspirada em *En rade* detém-se numa família de pescadores. O velho pai, bêbado e desequilibrado, está ameaçado de ser entregue ao hospício pela mãe, uma lavadeira de caráter inflexível. O adolescente Raimundo trabalha para ajudar no sustento da casa enquanto a irmã mais velha vive à toa, desejando seguir seu destino de prostituta. O irmão pequeno adoece e morre sem assistência. A mãe não chora para que o anjinho não entre no céu com chuva. Planejando embarcar para o sul com a namorada, Raimundo assalta o armazém onde ela trabalha para comprar duas passagens. Mas a namorada foge com um caminhoneiro, sem despedir-se de Raimundo e da própria família. A mãe de Raimundo descobre as duas passagens na trouxa do filho e pensa que a segunda era para seu marido. Ela então leva o coitado ao desespero dizendo-lhe que o filho partiu no barco que acabara de zarpar, que ele fora abandonado para sempre. O louco se lança ao mar numa canoa tentando alcançar a embarcação, e morre na tentativa. Mas Raimundo desistira da viagem ao saber da traição da namorada. Só teme agora ser preso como assaltante. Contudo, o proprietário do armazém aceitou a promessa da mãe de devolver o dinheiro aos poucos. No final, todos os sonhos se desfazem, e mesmo a mãe parece sucumbir ao saber que a segunda passagem era para a namorada do filho: ela causara injustamente a morte do marido.

Ao mostrar um Brasil miserável, Cavalcanti passou a ser considerado um comunista pelas autoridades brasileiras. Quando *O Canto do Mar* foi exibido em Cannes, em 1954, Vinicius de Moraes, então adido cultural do Brasil na França, tentou influenciar os jurados para que o filme *não* fosse

---

21 G. Vargas apud Ficha Técnica de *Simão, o Caolho*, disponível em < http://www.cinemateca.gov.br/cgi-bin/wxis.exe/iah/?IsisScript=iah/iah.xis&base=FILMOGRAFIA&lang=p&nextAction=lnk&exprSearch=ID=017225&format=detailed.pft#1>. Acesso em: 4 dez. 2011.

premiado. Tal proposta indignou o crítico comunista francês Georges Sadoul. Paradoxalmente, críticos comunistas brasileiros, como Alex Vianny, Walter da Silveira e Ely Azeredo, avaliaram *O Canto do Mar* como um fracasso, uma anedota medíocre, um filme folclórico. Desagradando comunistas e anticomunistas, o filme teria sido elogiado à época, segundo Caldieri, apenas por Jean-Paul Sartre. Não encontramos, em nossas pesquisas, esse elogio.

Provavelmente, o tom fatalista da apresentação de personagens presos ao seu "destino", a uma situação sem saída, desagradou os comunistas brasileiros. Como observou Luciana Corrêa de Araújo, o fatalismo da trama era reforçado por imagens recorrentes de redemoinhos, gaiolas e grades. Num misto de ficção e documentário, à maneira de *La terra trema: episodio del mare* (A Terra Treme: Episódio do Mar, 1948), de Luchino Visconti, Cavalcanti retratou o Nordeste com olhar de esteta e visão de antropólogo[22]. Os que atacavam *O Canto do Mar* por seu caráter "folclórico" reduziam seu drama social. Os que nele só enxergavam "miséria" descartavam seu esteticismo.

Em seguida, Cavalcanti dirigiu a comédia *Mulher de Verdade* (1954). Num confronto com a polícia, Bamba (Colé), um malandro, tem seu crânio fraturado. No hospital, apaixona-se pela enfermeira Amélia (Inezita Barroso, em seu primeiro papel no cinema), e planeja casar-se com ela após cumprir sua pena na prisão. Depois de um último golpe, Bamba muda de vida e realiza seu sonho. Contudo, a enfermeira precisa esconder seu matrimônio com Bamba para não infringir o regulamento do hospital. Sofrendo de perda de memória recente, talvez devido aos seus inusitados horários de trabalho, consegue casar-se com outro rapaz e levar, sem que seu marido descubra, uma vida dupla. Quando Bamba salva a própria esposa de um incêndio, uma festa é organizada para homenageá-lo e a ocasião ameaça revelar a bigamia de Amélia. Essa deliciosa comédia sobre uma mulher que se esquece de tudo, inclusive de que já é casada, permitindo casar-se com outro homem, foi supostamente inspirada na célebre canção *Amélia*, de Ataulfo Alves e Mário Lago. Contudo, Cavalcanti celebra o oposto do

---

22 L. Araújo, O Canto do Mar, *Revista de Cinema Contracampo*, n. 71, disponível em <http://www.contracampo.com.br/71/cantodomar.htm>. Acesso em: 24 abr. 2011.

que prega a canção, reacionária e conformista, que faz o elogio da mulher-objeto, fiel e obediente ao marido, como um cão ao seu dono. O longa-metragem possui uma impagável sequência musical com um grupo de amigos travestidos, que antecipa, em mais de uma década, a "nova sensibilidade" da contracultura que se manifestará no cinema marginal. Os letreiros finais citam com refinada ironia a famosa frase de Madame de Staël que parodia, num sentido crítico e feminista, o conteúdo machista da canção que motivou Cavalcanti: "É por isto que uma mulher de verdade, Madame de Staël, disse: 'Eu não queria ser homem para não ter de casar com uma mulher'"[23].

Cavalcanti também começou a produzir na Kino Filmes, sem conseguir concluir a maior parte de suas produções por falta de recursos. Ficaram apenas em projeto os filmes assim previstos: *Doutor Vital Brasil* (1952) e *Anchieta* (1953), com o ator Sérgio Cardoso; *As Cartas* (1953), com roteiro seu e de Isaac Gondim Filho; *As Doutoras* (1953), com roteiro de Aníbal Machado, a partir da obra de França Jr.; *Nega Fulô* (1953), com Ruth de Souza, que acabou sendo realizado como um especial da TV Record, em 1954; *A Retirada da Laguna* (1953), com José Lewgoy. Cavalcanti conseguiu finalizar apenas dois documentários: *Volta Redonda* (1952), de Waterhouse, sobre a Usina Siderúrgica de Volta Redonda; e *São Paulo em Festa* (1954), de Lima Barreto, sobre as comemorações dos quatrocentos anos da cidade de São Paulo.

A despeito de suas qualidades, as produções da Kino Filmes fracassaram nas bilheterias. Sem ter como continuar pagando as contas da empresa, Cavalcanti a devolveu aos antigos proprietários em 1954. Com o fim da companhia, ele foi trabalhar como diretor na TV e no teatro. E ainda teve tempo de publicar o importante livro *Filme e Realidade*, uma das melhores introduções à história do cinema já escritas, reunindo a experiência pessoal que acumulara a reflexões acuradas sobre a linguagem e a técnica do cinema.

Cavalcanti foi, nessa época, convidado pelo presidente Vargas a elaborar o projeto do Instituto Nacional do Cinema (INC) para, em seguida, presidi-lo. Elaborou o projeto, mas não

---

23 Cf. Ficha Técnica de *Simão, o Caolho*, op. cit.

aceitou o cargo burocrático, pois queria apenas fazer cinema. Indicou para seu lugar à Presidência do INC o escritor Josué Guimarães. Vargas lamentou a decisão do cineasta, mas concordou com a indicação. Semanas depois, ao convocar Guimarães, Vargas declarou-lhe que deveria adiar a criação do INC. Através de comunicação feita ao chanceler João Neves da Fontoura, o Departamento de Estado norte-americano havia considerado a ideia da criação do Instituto um ato de hostilidade, pois dificultaria o mercado para os EUA[24]. No projeto de Cavalcanti, cada órgão público teria seu próprio cinema, sendo o INC encarregado de coordenar a produção. Esse projeto foi alterado pelo governo e Cavalcanti renegou a agência de propaganda criada, que substituiu seu projeto.

Cavalcanti ainda ajudou a organizar o Festival Internacional de Cinema de São Paulo em 12 de fevereiro de 1954. Através de seus contatos, vários atores e diretores famosos aceitaram participar. Desembarcaram em São Paulo, entre outros: os cineastas Mervin Le Roy, Erich Von Stroheim; as atrizes Joan Fontaine, Irene Dunne, Rhonda Fleming, Jeanette MacDonald, Ann Miller; os atores Tyrone Power, Robert Cummings, Walter Pidgeon, Edward G. Robinson, Errol Flynn.

Cavalcanti adaptava na TV Tupi de São Paulo a peça *Electra*, de Sófocles, quando, ao retornar de uma viagem à União Soviética, viu-se demitido sumariamente, acusado pela burguesia paulista de ser comunista ao publicar artigos sobre sua viagem no *Diário de S.Paulo* e ao elogiar o cinema soviético num encontro com Trigueirinho Neto. Contudo, os comunistas viam mal um homem que, sem recalques, assumia abertamente sua homossexualidade. Cavalcanti também era considerado reacionário pelos futuros cinemanovistas, que o acusavam de ter colaborado com o governo Vargas.

Mas a verdadeira razão da rejeição estava no fato de que Cavalcanti não havia convidado aqueles jovens inexperientes para trabalhar na Vera Cruz. Ele se tornou desde então o bode expiatório predileto dos "revolucionários" que desejavam demolir a nascente indústria de cinema no Brasil porque

---

24 J. Guimarães, Sobre um Homem, *Folha de S.Paulo*, 21 ago. 1977.

não ocupavam lugar dentro dela. Assim explicou-se Nelson Pereira dos Santos:

> É claro que criticamos tudo aquilo, ainda que Cavalcanti tenha sido o principal instigador desse interesse nascente do cinema, para nós ele não passava de um "agente do imperialismo". Sonhávamos entrar na Vera Cruz, mas criticávamos tudo o que se fazia lá. Queríamos participar para podermos mudar todo o sistema das coisas. Não sabíamos muito bem como e não havíamos definido claramente a alternativa. Imaginávamos alguma coisa próxima do neorrealismo, mas não compreendíamos que esse tipo de cinema era incompatível com as estruturas da Vera Cruz [...]. Quando Cavalcanti deixou a Vera Cruz e se associou a Getúlio Vargas, para criar a Comissão Nacional de Cinema, que foi as bases do primeiro INC, nós nos opusemos ferozmente, sem nem pensar que algumas das medidas preconizadas por Cavalcanti eram as mesmas pelas quais teríamos lutado. Éramos hostis por princípio, porque não haveria nada de esperar de bom de um "colaborador"[25].

Assim, depois de ser boicotado pela burguesia como "agente comunista", por produzir filmes críticos, e atacado pelos comunistas por "colaborar" com o regime Vargas criando uma Vera Cruz e não uma Mozfilm para financiar a fundo perdido filmes "autorais" comunistas, Cavalcanti retornou desgostoso à Europa, contratado por um estúdio austríaco em dezembro de 1954.

Quase para vingar-se da provinciana esquerda brasileira, o cineasta trabalhou junto ao papa da literatura marxista, Bertolt Brecht, na adaptação de sua peça *Herr Puntila und sein Knecht Matti* (Sr. Puntila e Seu Criado Matti, 1955), rodada em cores, em Viena. Cavalcanti fez o filme por insistência de outro célebre comunista, o documentarista holandês Joris Ivens que, originalmente incumbido da direção, não se sentia à vontade para dirigir atores profissionais em enredos de ficção, especialmente em uma comédia. Cavalcanti assumiu a tarefa. A casa de Brecht e de sua última esposa, Helene Wiegel, grande atriz alemã, ficava no fundo de um sobrado no centro velho de Berlim Oriental. Num salão de nove metros, ele espalhara sete mesas com máquinas de escrever. Sua mesa preferida era a que dava para o velho cemitério: "Posso ver todo dia onde repousam Hegel e Fichte", disse

---

25 Apud L. Pellizzari; C. Valentinetti, op. cit., p. 45.

Brecht a Cavalcanti. Mais tarde, Cavalcanti lembrou que o próprio Brecht seria enterrado ao lado daqueles túmulos.

Brecht detestava as adaptações cinematográficas que haviam sido feitas de suas obras. Mas Cavalcanti percebeu que ele aceitava cortes se os textos mantidos não fossem modificados e não criava dificuldades para cenas novas que não contivessem diálogos. A trama girava em torno de Puntila – interpretado por Curt Bois, que havia sido dirigido nesse papel pelo próprio Brecht na montagem da peça no teatro –, um rico proprietário de terras finlandês, que é generoso e engraçado quando bêbado, e austero e cruel quando sóbrio. Além de aguentar o temperamento oscilante do patrão, seu fiel criado ainda precisa protegê-lo quando ele se envolve em confusões. O cineasta fez as sórdidas relações humanas contrastarem com belas paisagens, com a ação burlesca sendo comentada por um coro de criadas, bem no espírito do teatro brechtiano. Cavalcanti também criou cenas musicais, cuja trilha sonora encomendou a Hanns Eisler, então colaborador do filósofo Theodor Adorno. O resultado satisfez Brecht, que aprovou o filme com entusiasmo.

Ainda nessa fase de "companheiro de viagem" dos comunistas, Cavalcanti colaborou com a Deutsche Film-Aktiengesellschaft (Defa) num filme em cinco episódios sobre a condição das mulheres trabalhadoras em cinco países, originalmente supervisionados por Ivens e com direção de Cavalcanti (Brasil), Giuseppe De Santis (Itália), Serge Guérassimov (Rússia), Jean-Paul Le Chanois (França) e Wu Kuo-Yin (China): *Die Windrose* (A Rosa dos Ventos, 1954-1957), realizado para o Congresso da Federação Internacional das Mulheres Democráticas. Mas a produção acabou substituindo Cavalcanti por Viany; De Santis por Gillo Pontecorvo e Le Chanois por Yannick Bellon na direção de três episódios. E Ivens foi, por sua vez, substituído na supervisão do filme por Cavalcanti, que também dirigiu o Prólogo e co-escreveu o episódio brasileiro, *Ana* (1957), com Jorge Amado e Trigueirinho Neto. Estrelado por Vanja Orico e Miguel Torres, o episódio – dirigido por Viany, curiosamente um dos detratores de *O Canto do Mar* – coloca em cena um grupo de retirantes nordestinos em regime de trabalho escravo. Durante o trajeto do pau-de-arara, o motorista encontra a resistência de um operário (Torres), que retorna do sul, onde fora visitar a família; e de Ana (Orico), que lidera um grupo de camponeses.

Há notícias da criação, nessa época, de uma produtora no Brasil intitulada Equipe Cinematográfica Alberto Cavalcanti, que produziu o filme *O Preço da Ilusão* (1957), de Nilton Nascimento. Não encontramos, contudo, nenhuma ligação desse filme e dessa companhia com o cineasta. Cavalcanti já era cada vez menos requisitado, tornando-se mais que nunca um cineasta errante, em busca de produção para projetos pessoais ou de encomendas para manter-se em atividade. Filmou, na Romênia, *Castle in the Carpathians* (1957), baseado no romance *Le Chateau des Carpathes* (O Castelo dos Cárpatos), de Jules Verne. Foi em seguida para a Itália, onde realizou *La prima notte* (A Primeira Noite, 1958). Na Inglaterra, rodou *The Monster of Highgate Ponds* (O Monstro da Lagoa Highgate, 1960), produzido pelo animador John Halas, com roteiro de seu constante parceiro Joy Bachelor. Este filme infantil foi estragado pela grosseira animação do dinossauro que três crianças cuidam desde seu nascimento a partir de um ovo que chega da Indonésia ao museu natural administrado pelo tio. Ainda na Inglaterra, Cavalcanti rodou *How to Be a Hostess* (Como Ser uma Anfitriã, 1961).

Permaneceu em projeto o título *Yerma* (1962), que seria produzido por Mário Audrá em associação com a produtora americana Columbia, a partir da peça de García Lorca, tendo Cavalcanti na direção e um elenco que incluiria Ana Esmeralda e o ator francês Maurice Ronet[26]. De 1962 a 1966 há um intervalo de produção e são escassas as informações sobre as atividades de Cavalcanti no período. Em 1967, Cavalcanti viajou a Israel para realizar um filme sobre Theodore Herzl e sua visão da criação de um Estado Judeu. Quase não há registros na literatura de cinema sobre este documentário. No livro de Lorenzo Pellizzari e Claudio Valentinetti, encontramos apenas uma nota surpreendente (de Pellizzari): "Cavalcanti tem mais de sessenta anos no início dos anos de 1960 [...]. Trabalha na Inglaterra, na Espanha, em Israel – vagamente antissemita, ele se engaja numa celebração sionista na França"[27].

---

26 Cf. A.M. Catandi, "Audrá, Mário", em F. Ramos; L.F. Miranda, (orgs.), *Enciclopédia do Cinema Brasileiro*, p. 35.
27 L. Pellizzari; C. Valentinetti, op. cit.

De nosso conhecimento, existe apenas uma passagem no esboço biográfico delineado pelo escritor e amigo brasileiro Hermilo Borba Filho em que Cavalcanti parece referir-se de modo preconceituoso aos judeus:

> O ano de 1924 foi, assim, de muito trabalho, mas valia a pena viver na Europa daquela época, possuindo Paris uma vida fabulosa e Berlim uma vida ainda melhor, embora os judeus dominassem, completamente, todas as atividades artísticas, comerciais e industriais da cidade. Nada de racismo, claro, nada de tentar uma teoria desmoralizada e mentirosa a respeito de supremacia ou inferioridade de raças; mas o fato é que os judeus de Berlim se sentiam tão seguros que exorbitavam de seu papel e eles mesmos passaram a armazenar, nos outros, o ódio contra a sua raça, por certas atitudes prepotentes, pelo esbanjamento, pela postura que de tão segura chegava a ser orgulhosa[28].

Essa frase infeliz não pode, porém, ser atribuída ao cineasta, mas ao escritor que interpretou assim os fatos narrados por Cavalcanti em conversas mantidas com ele em Recife, Olinda, Jaçanã e São Bernardo do Campo, em 1953. É Hermilo quem assina o texto, não Cavalcanti. E como observaram os próprios Pellizzari e Valentinetti, "Ele [Hermilo] não se contenta com uma simples transcrição [...] suas intervenções [são] ligeiramente enfáticas, sua tônica às vezes lírica, [marcando] a ingenuidade de certos comentários"[29].

Embora as memórias escritas de próprio punho pelo artista permaneçam até hoje inéditas, não encontramos nenhum traço de antissemitismo em textos ou filmes de Cavalcanti. O documentário que Pellizzari chama de "celebração sionista na França" na verdade foi produzido em Israel, em quatro versões: a versão israelense original recebeu o título de *Herzl* (1967) e foi narrada por Haim Yavin e Ester Sofer, com Izhak Michael Sheila fazendo a voz de Theodor Herzl; a versão norte-americana foi intitulada *Story of Israel* (História de Israel), sendo narrada por Stanley Broza e Anita Davies; a versão inglesa chamou-se *Thus Spoke Theodore Herzl* (Assim Falou Theodore Herzl) e foi narrada por Leo Genn; e a versão francesa foi apresentada como *Ainsi*

---

28 Op. cit., p. 114.
29 L. Pellizzari; C. Valentinetti, op. cit., p. 72.

parlait Theodor Herzl (Assim Falava Theodor Herzl), com narração de Yves Robert.

Nesse filme vislumbra-se o projeto de um verdadeiro épico. Os meios de que o diretor dispunha não foram suficientes para realizá-lo plenamente, mas, como poucos cineastas, Cavalcanti percebeu que uma nova nação nascia no mundo. Uma nação que se foi criando das entranhas de um povo, a partir de *pogroms* e massacres, assentada na visão de um homem, Theodor Herzl, atormentado por essa milenar perseguição e por sua própria visão, à qual consagrou seus últimos anos de vida. Décadas depois, e com o peso tremendo do Holocausto, a visão de Herzl tornou-se realidade. Sem perceber a intenção de Cavalcanti, não é sem preconceito que Caldieri comenta *Herzl*:

> Cavalcanti sempre conviveu com as personalidades mais intelectualizadas da Europa, que poderiam até criticá-lo por ter filmado o documentário *Assim Falou Theodor Herzl* [...]. Essa biografia foi concebida como um filme de ficção, mas quando Herzl morre, a câmera mostra os vitrais de Chagall, o que acrescenta uma nota viva de emoção ao desenlace [...]. Como na Terra ninguém é perfeito, Glauber Rocha, para receber verbas para seu filme na ditadura militar, elogiou os generais Ernesto Geisel e Golbery do Couto e Silva, o criador do SNI (Serviço Nacional de Informações), como o gênio da raça. Já Alberto Cavalcanti fez um documentário sobre o pai do sionismo[30].

Em primeiro lugar, por que deveria Cavalcanti ser criticado pelas "personalidades mais intelectualizadas da Europa" por cinebiografar o pai do sionismo? O antissionismo ainda não contaminara toda a esquerda, hoje agarrada à *jihad* como a uma tábua de salvação após o naufrágio do comunismo com a queda do Muro de Berlim e o fim da URSS. Alguns dos maiores intelectuais da França, a começar por Sartre e Simone de Beauvoir, defendiam a essência do sionismo, a existência de Israel[31]. Em segundo lugar, é estranho qualificar *Herzl* como "biografia concebida como um filme de ficção". Cavalcanti definiu seu filme como "ensaio de drama cinematográfico", mas drama não equivale a ficção, termo geralmente associado a algo

---

30 Op. cit., p. 78.
31 Cf. L. Nazario, A Literatura de Resistência de Jean-Paul Sartre, em T. Burns; E. Cornelsen, (orgs.), *Literatura e Guerra*.

de inventado. *Herzl* é rigorosamente baseado em fatos históricos, e a dramatização dos eventos, nele, é mínima. Em terceiro lugar, não há paralelo possível entre a postura ética de um cineasta que elogiou corifeus de uma ditadura militar para obter verbas para seu novo filme e a de outro, que celebrou o visionário que defendia uma pátria para um povo perseguido ao longo dos séculos e que, mesmo assim, legou à humanidade um impressionante patrimônio ético e cultural.

A posição pessoal de Cavalcanti a favor de Israel como lar nacional judaico é explícita mesmo em suas escolhas puramente cinematográficas. A ninguém pode escapar que, em *Herzl*, na sequência do registro da votação da ONU que determinou a partilha da Palestina, Cavalcanti fez questão de incluir o voto favorável do Brasil. Através da escolha do registro desse voto, em detrimento de dezenas de outros, Cavalcanti reafirmou tanto sua nacionalidade brasileira, jamais renegada, quanto sua posição a favor de Israel. Foi ainda em Israel que Cavalcanti encenou, durante a produção do filme, uma das quatro peças que dirigiu em toda sua vida: *Fuente Ovejuna*, de Lope de Vega, no Teatro Municipal de Haifa.

Sempre na vanguarda e experimentando novas formas de filmar, Cavalcanti deslocava-se a trabalho para onde quer que fossem oferecidos, à sua mente inquieta, novos desafios cinematográficos, retornando depois à sua casa-refúgio na paradisíaca Anacapri, para ler, escrever, concentrar-se em futuros projetos e manter seus encontros amorosos. Continuou a produzir filmes de ficção e documentários, incluindo duas produções para a TV francesa: *Les Empaillés* (Os Empalhados, 1969), sobre a qual quase não há informações; e *La Visite de la vieille dame* (A Visita da Velha Senhora, 1971), com Mary Marquet e Louis Arbessier, a partir da peça homônima do escritor suíço Friedrich Dürrenmatt.

A ação de *La Visite de la vieille dame* tem lugar numa pequena cidade, onde todos se conhecem e ninguém pode ter segredos. A economia da cidade está em decadência e todos se endividaram com os comerciantes. Cresce a excitação em torno da chegada de Clara Zachanassian, "a mulher mais rica do mundo". Nascida na cidade, ela foi, quarenta anos antes, seduzida e engravidada pelo belo jovem Alfred Ill (*ill*, doente em inglês, e não III; na peça, a personagem chama-se Anton Schill). Quando Clara tentou forçar Alfred ao casamento, ele convenceu dois de seus amigos a jurar na corte que também haviam feito sexo com ela. Clara deixou a cidade em desgraça, nunca mais retornando. Os dois amigos de Alfred também desapareceram depois do julgamento. Décadas se passaram. Através de casamentos estratégicos, Clara tornou-se milionária. Mas também perdeu uma perna e tem a saúde abalada. O Prefeito espera que Clara invista seu dinheiro na cidade. O ex-amante Alfred, há muito casado com Mathilde, poderia influenciar Clara nesse sentido? Ela chega com sua bengala e uma pequena corte: a criada, o velho camareiro Boby (Pierre Asso), os serviçais Koby e Loby e os eunucos cegos Roby e Toby.

Koby e Loby são homens vigorosos que carregam Clara numa liteira, enquanto a função de Roby e Toby não é explicada. Segundo uma interpretação, Clara seria sexualmente estimulada pelos físicos avantajados de Koby e Loby, mas temeria seus avanços, compelindo então Roby e Toby a prestar serviços sexuais àqueles musculosos, evitando assim ser assediada. Logo depois de sua chegada, Clara anuncia que aplicará muito dinheiro na cidade, mas de uma forma diferente: cada cidadão será recompensado se, em troca, lhe prestarem um pequeno favor: matar Alfred Ill. Vivendo apenas para vingar-se, Clara revela que Roby e Toby eram os dois amigos perjuros de Alfred: ela os havia feito sequestrar para cegá-los e castrá-los; queria agora que Alfred fosse morto pelos mesmos que a condenaram e expulsaram da cidade.

A princípio, os cidadãos ficam horrorizados e recusam a proposta hedionda. Mas logo se revelam capazes de cumprir o pedido. Até o chefe da polícia faz vistas grossas para as tentativas de homicídio. Alfred percebe que pode ser morto a qualquer instante, por qualquer um: até sua esposa pensa em matá-lo. Um dos achados da peça e também da produção modesta filmada por Cavalcanti num pequeno estúdio de TV, com duas câmeras, é que cada habitante que cede à proposta de Clara logo aparece calçando sapatos novos, de couro amarelo, que contrastam fortemente com suas roupas puídas. Assim, Alfred Ill confronta-se a cada momento com personagens cujos pés ficam ocultos de nossas vistas, até que, ao andar em direção a um móvel, ou ajustar as meias, revelam pés calçados com fatais sapatos novos amarelos[32].

Depois de um novo telefilme realizado na França, *Le Voyageur du silence* (O Viajante do Silêncio, 1976), Cavalcanti retornou mais uma vez ao Brasil, visando um projeto pessoal: a cinebiografia do compositor popular Noel Rosa. Sem concretizar essa produção, acabou fazendo um balanço de sua própria obra sob a forma de uma antologia temática: *Um Homem e o Cinema* (1977), projeto narcísico que teria nascido de uma conversa do cineasta com André Malraux, então Ministro da Cultura na França. Foi produzido pela Embrafilme, que também relançou o livro *Filme e Realidade*.

Cavalcanti dividiu o documentário-síntese de sua carreira em duas partes, incluindo subdivisões. A parte 1 era composta por: "O Cenário"; "Entrevistas"; "O Assassinato"; "A Dança"; "O Absurdo da Guerra"; e a parte 2, por: "Imagens de Trabalhadores; "Ensaios de Comédia Cinematográfica"; "Ensaios de Drama Cinematográfico"; "Pesquisas sobre o Ritmo". Esses temas eram ilustrados com trechos significativos de seus filmes. Na seção "Ensaios de Drama Cinematográfico", Cavalcanti incluiu trechos de *Herzl*, demonstrando que ele não considerava esse trabalho um mero filme de encomenda, mas um projeto pessoal.

Nos EUA, Cavalcanti fez conferências na Universidade da Califórnia (Ucla) e deu aulas de cinema para minorias étnicas nos antigos estúdios da Metro-Goldwin-Mayer (MGM), em 1973. Projetou uma adaptação de *Aurélie*, de Louis Aragon, que teria três horas de duração e seria filmada em cores; outra de *Tenda dos Milagres*, de Jorge Amado, com assistência de Adalberto Vieira e Jeannine Worms, a ser estrelada por Dorival Caymmi; um épico sobre *A Retirada da Laguna*, que teria interessado ao exército francês. Nenhum desses projetos vingou. Outro projeto, ainda mais acalentado por Cavalcanti nos incertos anos de 1970, era realizar a cinebiografia do primeiro dramaturgo brasileiro, Antônio José da Silva, condenado à fogueira da Inquisição no século XVIII, em Lisboa: *O Doutor Judeu* (1977-1979).

Tive o privilégio de ler o roteiro original de Cavalcanti na época das negociações do diretor com a Embrafilme. Uma das

---

32 F. Macintyre, Beggar Thy Neighbour. Disponível em: <http://www.imdb.com/title/tt0329742>. Acesso em: 25 abr. 2011.

cópias dele fora-me então emprestada pelo ator Guará Rodrigues, que estudava suas falas numa das peças de Antônio José da Silva, *Vida do Grande D. Quixote de la Mancha e do Gordo Sancho Pança*, que seria encenada dentro do filme. Guará fora convidado para encarnar o papel de seus sonhos: Sancho Pança, fiel escudeiro de Dom Quixote. Mas Cavalcanti era ainda considerado pela nossa *intelligentzia* um inimigo a abater, um pérfido "cosmopolita". O cineasta sofreu a mesma rejeição que já havia vitimado Raul Roulien e Carmem Miranda quando retornaram de uma carreira bem sucedida em Hollywood. Os brasileiros ressentiam o sucesso dos conterrâneos no exterior: quando regressavam à pátria, eram compelidos a retomar o exílio (como Carmem) ou esquecidos (como Roulien). Foi preciso que toda uma geração de esquerda fosse obrigada ao exílio durante a ditadura e retornasse, depois da anistia, para que o sucesso no exterior não fosse mais visto com despeito pela *intelligentzia* brasileira, que ainda se arrepiava de horror ao ouvir uma guitarra elétrica.

De 1976 a 1980, Cavalcanti morou no hotel Castro Alves e tentou em vão viabilizar a produção de *O Doutor Judeu*, orçada em trezentos mil dólares, dos quais o governo português arcaria com cinquenta mil. Alegando poder produzir quatro filmes ao custo daquele de Cavalcanti, a Embrafilme negou essa possibilidade ao maior cineasta brasileiro[33]. Sem mais esperanças, o diretor retornou para seu apartamento na rue du Fresnes, em Paris. Antes de partir, pressentindo que dessa vez seria para sempre, Cavalcanti externou a amigos seu desejo de registrar seu último passeio pela terra natal. Entre despedidas e arrumação de malas, ele conseguiu que J.B. Tanko produzisse e Gilvan Pereira dirigisse uma lembrança cinematográfica para os amigos, um pequeno registro de um passeio nostálgico: "a rua onde nasceu; o quintal

---

33 Jom Tob Azulay, produtor de *Um Homem e o Cinema*, retomou o projeto de *O Doutor Judeu* com o produtor Cláudio Kahns. Para o orçamento, conseguiram um patrocínio do governo português e, em 1987, com o apoio de José Sarney, recursos da Embrafilme. Geraldo Carneiro e Millôr Fernandes escreveram um novo roteiro (que aproveitou muito da estrutura do roteiro de Cavalcanti) e as filmagens iniciaram-se em Portugal. Atores brasileiros e portugueses filmaram por dois meses, mas os recursos esgotaram-se faltando dez dias para o término do trabalho. Uma promessa da TV estatal portuguesa não se concretizou e as filmagens só puderam ser retomadas seis anos depois, com novo apoio do governo português: *O Judeu* estreou em 1995.

da casa do Leme onde brincava a infância, hoje um bar no calçadão; e sua caminhada para onde ficaria para sempre"[34].

Na França, Cavalcanti tentou escrever roteiros para a TV e concluir suas memórias. Morava num tranquilo bairro parisiense, num sobrado coberto de trepadeiras, e saía apenas para andar pelas redondezas, frequentando o restaurante Tastevin e o Café Nice. Visitava os amigos Françoise Jaubert, filha do compositor Jaubert; Arthur de Toledo Piza, artista brasileiro; Worms, dramaturga cuja peça *Nuit* (Noite) ele encenara nos anos de 1970. Mesmo com dificuldades para andar ia à noite ao Café de Flore ou à Cervejaria Lipp, em Saint-Germain. Faleceu a 23 de agosto de 1982, aos 85 anos. Em discreta cerimônia, seu corpo foi cremado no Cemitério Père Lachaise e as cinzas enviadas à família no Rio de Janeiro pelos amigos franceses de Cavalcanti: Jean François Nehu, Françoise Gilbert e Worms. A Cinemateca Francesa organizou, então, uma retrospectiva de seus filmes.

Cavalcanti identificava-se com o destino errante dos judeus, simbolizado na figura de Antônio José da Silva, poeta brasileiro queimado pela Inquisição. Esse "fascinante gênio itinerante do cinema mundial", nas palavras de Cairns[35], permanece o brasileiro de maior relevo na história do cinema, com uma filmografia que alcança 126 títulos, incluindo trabalhos como figurinista, cenógrafo, diretor de arte, montador, roteirista, diretor e produtor. Participou de alguns dos mais importantes movimentos estéticos da sétima arte: a *avant-garde* francesa dos anos de 1920; o documentarismo inglês da GPO nos anos de 1930-1940; o cinema de arte inglês dos estúdios Ealing nos anos de 1940; o estabelecimento da Vera Cruz no Brasil, nos anos de 1950; e a produção independente dos anos de 1960-1970.

A formação cultural de Cavalcanti era universal, seu gosto cinematográfico também. Em 1951, listou para o festival de cinema de Bruxelas os dez filmes que mais o haviam influenciado: 1. *Broken Blossoms* (O Lírio Partido, 1919), de D.W. Griffith; 2. *The Girl I Loved* (A Garota que Eu Amei, 1923), de Joseph De Grasse; 3. *The Pilgrim* (Pastor de Almas, 1923), de Charles Chaplin; 4. *Gösta Berlings Saga* (A Lenda de Gösta Berling, 1924), de Mauritz Stiller; 5. *Bronenosets Potiômkin* (O Encouraçado

---

34 C. Valentinetti, *Um Canto, um Judeu e Algumas Cartas*, p. 14.
35 Op. cit.

Potemkin, 1925), de Eisenstein; 6. *Moana* (1926), de Flaherty; 7. *Die Dreigroschenoper* (A Ópera dos Três Vinténs, 1931), de Georg Wilhelm Pabst; 8. *L'Atalante* (O Atalante, 1934), de Vigo; 9. *Brief Encounter* (Desencanto, 1945), de David Lean; 10. *Ladri di biciclette* (Ladrões de Bicicleta, 1948), de Vittorio De Sica[36]. Nenhum filme brasileiro o comovera mais do que esses clássicos do cinema mundial. A tese de Paulo Emílio Sales Gomes de que o pior filme nacional seria melhor que o melhor filme estrangeiro pareceria um desvario para Cavalcanti.

Perguntado sobre seus cineastas preferidos, citou apenas Griffith, Chaplin, Stroheim, Eisenstein e Flaherty. E Bergman? Não o agradava: "Não inventou nada, socialmente. Não refletiu, não documentou coisa alguma. Nunca se preocupou com a situação social do homem"[37]. Do mesmo modo, rejeitava a *nouvelle vague*, que dizia ser composta por jovens ricos vindos da crítica cinematográfica, que se elogiavam mutuamente e desconheciam outros campos da arte, reagindo contra o cinema industrial sem a agressividade vital dos surrealistas que, por exemplo, provocaram a destruição das salas onde os filmes eram exibidos: "A *avant-garde*, que era composta por rapazes pobres, morreu deixando grandes obras e tradições, enquanto a *nouvelle vague* morreria em silêncio"[38]. Tinha, contudo, uma visão otimista do futuro do cinema, que seria "curado" pelo vídeo, que funcionaria para o cinema como o disco para a música: "A pessoa deverá comprar seus filmes prediletos, guardá-los e ver quando bem entender na sua televisão"[39]. De fato, o DVD realizou, vinte anos depois, essa previsão otimista do cineasta.

Ao longo de sua carreira, Cavalcanti cruzou, entrevistou, conviveu ou trabalhou com alguns dos maiores expoentes da cultura mundial e brasileira do século XX. Seu nome, por muito tempo esquecido e não creditado em muitos de seus trabalhos, hoje não pode mais faltar em nenhuma enciclopédia do cinema digna desse nome. Liberado de amarras, sentia-se em casa filmando em qualquer país do mundo: França, Portugal,

---

36 Apud S. Caldieri, op. cit., p. 43. Os filmes da lista foram reordenados cronologicamente, com seus dados completados e corrigidos.
37 Idem, p. 32.
38 Idem, ibidem.
39 Idem, p. 42.

Inglaterra, Suíça, Áustria, RDA, Itália, Espanha, Romênia, Brasil ou Israel. Cavalcanti poderia dizer como Fernando Arrabal: "Não tenho raízes, tenho pernas". O cinema era a sua verdadeira pátria ou, como ele mesmo formulou: "Para mim o cinema foi sempre uma religião"[40]. Para Gardnier:

> Cavalcanti é o homem dos empreendimentos que começam do zero, a ponto de fazer de sua própria carreira um eterno recomeço. É o deserto que chama Cavalcanti: começar do zero um projeto de cinema documentário, começar do zero uma indústria no Brasil, começar do zero a exploração do som [...]. Não à toa, quando a coisa começa a ficar sedimentada, o desejo é sair fora (à custa de brigas e desafetos)[41].

Mas é preciso sublinhar que, por ser homossexual, Cavalcanti foi rejeitado pela moralista *intelligentzia* brasileira. Também não escondia de ninguém que preferia os novos filmes de Federico Fellini, Pier Paolo Pasolini, De Sica e Joseph Losey aos de Glauber Rocha: "O Nordeste é desespero, sol, seca e um espírito de resignação ante a miséria reinante, não cangaceiros de braços abertos gritando", declarou.

Em 1962, um crítico da Alemanha Oriental, Wolfgang Klaue, organizou uma pioneira coletânea de ensaios sobre a obra de Cavalcanti que jamais foi traduzida e editada no Brasil. E o visionário Langlois escreveu sobre Cavalcanti:

> Estrangeiro eterno, Cavalcanti viaja de um lado para o outro do Atlântico, incapaz de fixar-se. Um destino curioso o desse homem de cinema errante [...]. Em todos os lugares essa criança adotiva está em casa e tem um papel essencial; às vezes invisível aos profanos, mas sempre eficiente em suas repercussões, antes que parta novamente até o dia em que, voltando à sua terra natal, ele é tratado como estrangeiro e forçado a se exilar novamente. Onde fica então a pátria deste homem que o Brasil não reconhece como um de seus filhos? Como podemos encontrá-la, onde localizá-la? Como explicar o fato de que em qualquer lugar onde o encontremos, seu trabalho é parte da produção nacional, com exceção talvez do Brasil? E como pode ter tal unidade? Apesar da diferença de língua, costumes e hábitos

---

40 Apud C. Valentineti, op. cit., p. 13.
41 Um ou Vários Cavalcantis, *Revista de Cinema Contracampo*, n. 71, disponível em <http://www.contracampo.com.br/71/umouvarioscavalcantis.htm>. Acesso em: 24 abr. 2011.

dos lugares onde foram realizados? Onde estão suas raízes? Onde fica sua terra natal? Suas raízes não pertencem a uma nação, mas a uma forma de civilização ligada a um período em que havia ainda entre as nações uma sociedade sem fronteiras que o formou. Por isto ele está sempre em casa em Anacapri, Paris, Londres, Berlim, Viena ou no Rio. Cavalcanti é um homem do século XVIII, perdido no XX e que, além do mais, faz filmes [...]. Devemos esquecer o espírito filosófico e que o século XVIII foi o Século da Luz?[42]

Apenas nos anos de 1980, Maria Rita Galvão reavaliou o papel de Cavalcanti na Vera Cruz. E só recentemente, em tempos de globalização, o cineasta foi "descoberto" pela crítica nacional, através da crítica internacional: em 1988, o Festival International du Film de Locarno (Suíça) realizou a mais completa retrospectiva de Cavalcanti, com quarenta de seus filmes; em 1992, o Centro Cultural Banco do Brasil do Rio de Janeiro lembrou os dez anos da morte de Cavalcanti com uma mostra de trinta filmes dirigidos ou produzidos por ele.

Antes de falecer, em 1996, o pesquisador Cosme Alves Netto revelou ao crítico italiano Valentinetti que a Cinemateca do MAM possuía várias cartas de ou para o cineasta, além de dois roteiros inéditos – *O Canto do Mar* e *O Doutor Judeu*. Monitorado por Hernani Heffner, curador de documentação da Cinemateca, Valentinetti obteve acesso ao pacote de cartas do cineasta, algumas em papel fino bastante deteriorado. Valentinetti publicou uma seleção das cartas e os dois roteiros[43].

Até 2000, Cavalcanti havia sido objeto de apenas duas biografias: *Alberto Cavalcanti*, a primeira em língua portuguesa e editada no Brasil, escrita, contudo, não por um brasileiro, mas por dois italianos, Valentinetti e Pellizzari; e *Alberto Cavalcanti: Realism, Surrealism and National Cinemas* (Alberto Cavalcanti: Realismo, Surrealismo e Cinemas Nacionais), de Ian Aitken, publicada apenas na Inglaterra. Para Aitken, Cavalcanti desempenhou um papel central no cinema inglês, por seu trabalho na GPO e nos Ealing Studios, trazendo a essas duas instituições uma sensibilidade europeia formada no surrealismo, no realismo e na *avant-garde* francesa dos anos de 1920, cuja aplicação elevou

---
42 Apud S. Caldieri, op. cit., p. 56-58.
43 Cf. C. Valentinetti, op. cit., p. 5-6.

seus filmes a um grau de complexidade que os tornava desafiadores para o pesquisador.

Em 2001, durante o 5º Festival de Cinema do Recife, a então pesquisadora Tarciana Portela moderou o seminário "O Resgate da Cinematografia de Alberto Cavalcanti", com o jornalista Kléber Mendonça, o historiador do cinema Alexandre Figueirôa, Jom Tob Azulay, a pesquisadora inglesa Elisabeth Sussex e Valentinetti, com a exibição de quatro filmes do diretor[44]. O cineasta francês Bertrand Tavernier anunciou então à imprensa a publicação de uma coletânea de ensaios sobre Cavalcanti, que deveria sair em 2002 pela Actes Sud: até hoje o título não consta do catálogo da editora.

Em 2004, Norma Couri defendeu, na USP, a tese *O Estrangeiro Alberto Cavalcanti e a Ficção do Brasil*, o primeiro estudo aprofundado do cineasta realizado no Brasil. E em 2005, com patrocínio do Ministério da Cultura e Sesc-Rio, veio à luz *Alberto Cavalcanti: o Cineasta do Mundo*, de Caldieri, escritor que conviveu com o artista em suas últimas viagens ao Brasil e que tinha por ele enorme admiração. Na ocasião, dezoito filmes de Cavalcanti foram exibidos no MAM. Na mesma época, a Secretaria do Audiovisual anunciou a produção de uma Coleção Alberto Cavalcanti, contendo seis filmes do cineasta, em DVD, destinada à distribuição em escolas, museus e universidades, mas nada veio à tona. Cumprindo a profecia, a *intégrale*[45] de Cavalcanti poderá esperar o melhor de um século para ser conhecida no Brasil.

---

[44] Tarciana Portela descobriu Cavalcanti estudando cinema na Inglaterra e propôs-se realizar sobre o cineasta um documentário televisivo em cinco partes, que teria a TV Cultura como parceira; um filme para cinema gravado em formato digital; e um site na Internet, que disponibilizaria "a maior quantidade possível de dados sobre a obra de Cavalcanti". Não localizamos nenhum desses produtos anunciados à imprensa. Mas em 2010 encontramos Tarciana Portela convertida em escritora, na chefia da Regional Nordeste do Minc, falando, na 1ª Feira Literária de Boqueirão, sobre a "importância desse tipo de evento para o crescimento da população enquanto agente cultural capaz de produzir ações voltadas à memória e à conservação das suas raízes culturais". Ela frisava que "os órgãos públicos e a iniciativa privada têm o dever de apoiar esses projetos, pois quem faz cultura é o povo". Ao que parece ela se esqueceu de Cavalcanti. Ver Pernambucana Estuda Legado do Diretor Alberto Cavalcanti. Disponível em: http://www2.uol.com.br/JC/_2001/0403/cc0403_2.htm. Acesso em: 24 abr. 2011; Flibo Começa como Semente Plantada na Véspera do Dia de São José, *Feira Literária de Boqueirão*. Disponível em: <http://flibo2010.blogspot.com/>. Acesso em: 24 abr. 2011.

[45] *Intégrale* refere-se às mostras francesas que reúnem todos ou quase todos os filmes de um cineasta. São anunciadas como "l'intégrale de".

2. David Perlov: Estrangeiro em Todo Lugar[1]

> *Stranger here, stranger there*
> *Stranger everywhere,*
> *I'd like to go home, honey.*
> *But i'm a stranger also there*[2].
>
> ODETTA HOLMES

Com ancestrais na Ucrânia, descendente de uma antiga linhagem de rabinos hassídicos de Tzfat (Safed), cidade dos antigos cabalistas, origem de que muito se orgulhava, David Perlov (1930-2003) nasceu no Rio de Janeiro, no Hospital da Marinha. Era filho de Moisés (Mosche) Perlov, primeiro judeu a trabalhar em cinema no Brasil, ainda na era muda, e que sobrevivia ensinando magia[3] e atuando como mágico itinerante de teatro e de circo. Numa velha brochura, ele também aparece, num *smoking* preto, como "Professor Moysotto, vendedor e comprador de aparelhos e livros de magia". A primeira imagem que se fixou para o resto da vida na mente de Perlov foi vista de seu berço, aos dois anos de idade: o pai treinando ao espelho um truque de mágica

---

1 Este ensaio é fruto de uma pesquisa originada a partir de um projeto de livro sobre David Perlov que J. Guinsburg teve a ideia de publicar na editora Perspectiva em 2006. Mira Perlov e eu seríamos os organizadores da coletânea, cujo título seguia uma sugestão do editor: *David Perlov: A Força da Imagem*. De Israel, Mira enviou-me cópias dos filmes e da bibliografia disponível. Trocamos e-mails, discutindo a estruturação do livro, mas, ainda durante a elaboração do índice, Mira desistiu do projeto. Dedico a J. Guinsburg e a Mira Perlov este ensaio que integraria o livro que não se materializou.
2 Estrangeiro aqui, estrangeiro acolá / Estrangeiro em todo o lugar / Eu gostaria de ir para casa, querida / Mas sou estrangeiro até lá.
3 O Diário Filmado de Perlov, *O Estado de S. Paulo*, 16 abr. 1985.

com bolas vermelhas. Para Perlov, o pai "era um homem solitário, que só conhecia uma coisa, sua arte. Ele insistentemente dizia que não existia tal coisa, a mágica, que tudo era questão de destreza". Sua relação com ele era muito difícil, e assim Perlov resumiu seu ressentimento: "Sempre tive uma aversão por mágica"[4].

Moisés era estudado, mas a esposa Anna era analfabeta e o casal vivia em crise. A mulher era ainda surrada pelo marido. Depois de brigas feias, eles se separavam, mas depois voltavam a viver juntos, até que, quando nasceu o segundo filho, Aarão, em 1934, a união tornou-se insustentável. Tendo sofrido os maus tratos de Moisés, Anna uniu-se a Jaime Schraimer, que fora campeão brasileiro de xadrez nos anos de 1926-1927, um homem culto com quem teve mais três filhos. Mas a situação não parece ter melhorado; continuou a sofrer e teve, até o fim, uma vida desgraçada.

Diante da separação, sem poder ficar com os pais, os irmãos David e Aarão foram morar com o avô, o rabino Naftali Haim Perlov, que vivia em Belo Horizonte e os salvou do inferno de suas infâncias. Naftali deixara a primeira esposa, a verdadeira avó de David, em Safed. No Brasil, casou-se novamente, também com uma mulher analfabeta, da chamada Primeira Imigração[5]. Foi somente em casa de Naftali que David aprendeu a ler e escrever, matriculado numa escola primária judaica de Belo Horizonte.

O avô e a segunda esposa tinham adotado um filho, Chaim Kuperman, que passou a cuidar de David. Ele adorava David, contava-lhe histórias, carregava-o no colo, limpava-o, levava-o ao cinema, ao futebol, a todos os lugares: foi uma espécie de pai para David. E a mulata dona Guiomar, empregada e cozinheira da casa, filha de escravos, foi sua verdadeira mãe, a única

---

4 Apud A. Schweitzer, David Perlov: La Passion du quotidien, *Cahiers du Cinéma*, n. 605, p. 77.
5 Cf. D. Perlov, Entrevista Inédita a Alberto Dines. Segundo Chaim Kuperman, que participa da entrevista, a Primeira Imigração era constituída de judeus originários dos *schtetl* da Europa, de pouca instrução, que mal sabiam assinar o nome. Depois de muito comerciar, esses pioneiros tornaram-se renomados industriais (Teperman, Tabacow, Rabinovitch ou Vicunha, da Companhia Siderúrgica Nacional). A Segunda Imigração foi a de judeus alemães e europeus cultos, que fugiam do nazismo. A Terceira Imigração veio depois da Guerra de 1973, composta por judeus formados em universidades, originários do Egito (Cairo, Alexandria), trabalhando com importação e exportação.

recordação reconfortante que o futuro cineasta guardará de sua infância no Brasil[6].

Quando a família Naftali mudou-se para São Paulo (na rua José Paulino) em 1934, David foi junto; depois foram todos para o Rio de Janeiro, em 1935-1936. Em 1937, eles estavam morando novamente em Belo Horizonte. Foi nesta cidade, no antigo Cine Brasil, que Perlov descobriu a magia do cinema, assistindo a um programa duplo: *Snow White* (Branca de Neve e os Sete Anões, 1937), de Walt Disney, que considerou, contudo, doce demais para sua personalidade, marcada pelo drama familiar que vivia (não à toa ele se emocionou apenas com o Azarado, o último anão, que sempre se atrasava na fila)[7]; e *The Life of Jesus* (A Vida de Jesus), um filme colorido sobre a Paixão, que não conseguimos identificar, e que o teria impressionado pela cor amarela – "cor da vergonha e da desgraça" – estampada nas vestes usadas por Judas[8].

Outra produção de Disney o marcaria mais: o *Pinocchio* (Pinóquio, 1940), de Hamilton Luske, Ben Sharpsteen e David Hand: "Grande filme! Havia ali o bom velhinho Gepeto, a quem identifiquei com meu avô, que me adotou. E havia ali Pinóquio que, sempre quando dizia uma mentira, via seu nariz crescer até proporções inacreditáveis. A mentira era para mim um meio vital de sobrevivência"[9]. Outros clássicos que marcaram a infância de Perlov foram: *The Wizard of Oz* (O Mágico de Oz, 1939), de Victor Fleming; *The Thief of Bagdad* (O Ladrão de Bagdá, Inglaterra, 1940), de Ludwig Berger, Michael Powell e Alexander Korda; *Sinbad the Sailor* (Simbad, o Marujo, 1947), de Richard Wallace[10] – todos os três em glorioso Technicolor.

Em 1940, a família Naftali foi morar em São Paulo. David tinha dez anos e ali começaria, sem concluir, o segundo grau. Numa entrevista, Perlov disse que a casa da Vila Mariana não possuía sequer torneiras e que ele dormia num grande porão.

---

6   D. Perlov, original datilografado, sem título. Tradução minha.
7   D. Perlov, Mudaram a Minha Vida, *Caderno Cultural*, p. 11.
8   Perlov evocou sua primeira sessão de cinema em *Updated Diary Part 3 – Back To Brazil* e no texto autobiográfico Mudaram a Minha Vida, mas *The Life of Jesus* só é citado no primeiro, sem referências.
9   Mudaram a Minha Vida, op. cit., p. 11.
10 D. Perlov, Thank You. Perlov atribuiu a direção dos dois últimos filmes a "Corda", isto é, ao produtor e diretor Alexander Korda.

Foi contestado por Chaim: "O porão tinha tudo, e David sempre foi muito bem tratado – minha mãe gostava muito mais de David do que de mim, ela adorava o David apesar de não ser seu neto direto, nem seu filho"[11].

David era bonito: magro, de cabelos crespos, olhos azuis e lábios carnudos. Além disso, era inteligente. Com seu olhar carente atraía homens e mulheres, colecionando amizades e amores. Desde menino, sentia compaixão pelos trabalhadores mais humildes em suas provações diárias: os condutores de bonde, que tinham de subir nos estribos quando o cabo saía do fio, correndo o risco de levar um choque elétrico ou cair; os lixeiros, que recolhiam bem cedinho as latas cheias de restos imundos; e os garçons de bar durante o Carnaval, que deviam servir a clientela que se divertia.

Essa simpatia de Perlov não chocou a família, pois Jaime Galinkin, seu tio e um dos fundadores da União Israelita de Belo Horizonte, era comunista. Também é possível que David tenha sido politicamente influenciado no Colégio Roosevelt por um de seus colegas, o futuro cineasta Nelson Pereira dos Santos, que já devia militar no Partido Comunista. Mas foram as notícias sobre a invasão da URSS pelas tropas nazistas, em 1941, que moldaram sua visão política. Nesse período "vulcânico", lia muito e até faltava às aulas para terminar de ler um livro que começara na madrugada. Lia escritores como Liev Tolstói, Romain Rolland, Stefan Zweig, devorou as obras completas de Fiódor Dostoiévski e de Shakespeare.

Perlov sentiu o chamado do destino ao ver "o menino do gueto de Varsóvia" na famosa fotografia do "Relatório Stroop" enviado a Heinrich Himmler por Jürgen Stroop, datado de maio de 1943[12]. A imagem, que evoca como poucas a barbárie nazista, calou fundo em Perlov, que se *identificou* com esse

---

11 Entrevista Inédita a Alberto Dines.
12 Na foto, o menino da frente não foi reconhecido; identidades possíveis: Artur Dab Siemiatek, Levi Zelinwarger (junto à mãe, Chana Zelinwarger) e Tsvi Nussbaum; reconhecidos: Matylda Lamet Goldfinger; Leo Kartuziński – recuado com um saco branco no ombro; Golda Stavarowski – primeira mulher da direita, com uma das mãos levantada; Josef Blösche – soldado das SS com uma submetralhadora. Cf. Deutsches Bundesarchiv. Disponível em: <http://www.bild.bundesarchiv.de>; Wikimedia Commons. Disponível em: <http://commons.wikimedia.org/wiki>. Acesso em: 24 abr. 2011.

menino, decidindo assumir seu destino de judeu, engajando-se no movimento sionista de esquerda:

> Meu sionismo não é a ideia do Estado de Israel, está mais vinculada ao Holocausto, quer dizer, para mim aquele menino que levanta os braços com uma carabina encostada no seu pescoço, o célebre menino do Gueto de Varsóvia, eu digo que sou eu. E não é figura de linguagem. Não é John Lennon cantando: "I am this, I am that…". Não é dizer "menino preto sou eu". Não. Aquele menino sou eu[13].

A consciência sionista, a consciência do que significava ser judeu, irrompeu em 1946, quando David cursava o ginásio. Até então sentia-se apenas mais um menino brasileiro. Pertencia à religião judaica como os outros meninos pertenciam à religião católica ou muçulmana.

Contudo, numa manhã daquele ano de 1946 deu-se o evento que marcou Perlov para sempre. O professor de Geografia entrou na sala e desenhou com giz, no quadro, uma circunferência perfeita. Era o Globo terrestre. E com ares de grande conhecedor, o professor passou a falar dos povos da Europa, da América do Norte, da América do Sul, da Ásia, e também do povo judeu: "Há dezoito milhões de judeus espalhados pelo mundo"[14].

Naquele momento, um aluno judeu levantou-se e disse: "O senhor está errado, porque seis milhões foram massacrados pelos alemães"[15]. O menino tremia de fúria contra o professor. Isso deixou o professor tão ou mais furioso. Não admitia ser corrigido em público. A classe estava paralisada de terror. Faíscas de eletricidade piscavam no ar. O professor mandou o aluno retirar-se da sala. Enquanto saía, vencido, mas sem conseguir conter a fúria, o aluno pôs-se a gritar: "Só doze milhões! Só doze milhões! Só doze milhões!"[16]. O incidente tornou-se um acontecimento no ginásio. O diretor queria expulsar o aluno, membros da comunidade judaica mobilizaram para garantir sua permanência.

Nessa época, Perlov nutria antipatia pelos colegas judeus, por serem alunos excelentes enquanto ele não tivera a educação de base necessária para estar à altura deles. Invejava-os e não se

---

13 Entrevista Inédita a Alberto Dines.
14 Idem.
15 Idem.
16 Idem.

aproximava deles. Seus amigos eram os não judeus; gostava especialmente do libanês Fauze Hakmed, com quem manteve contato até o fim da vida. Perlov ainda ignorava – como a maioria da população brasileira – que seis milhões de judeus haviam sido assassinados na Europa. O colega judeu sabia e estava certo ao argumentar contra o professor de Geografia. Já não era questão de saber se a atitude do aluno fora ou não correta: seis milhões de judeus haviam sido assassinados, e as pessoas ignoravam esse fato que ultrapassava os limites da aula, do ginásio. A partir deste momento, Perlov passou a se sentir, acima de tudo, judeu.

Em 1947, a Assembleia Geral da Organização das Nações Unidas (ONU) autorizou, por 33 votos positivos, treze negativos e dezenove abstinências, a criação do Estado de Israel. Presidia a sessão o brasileiro Oswaldo Aranha, cujo papel não foi o de um simples burocrata. Ele orientou os indecisos para a criação de Israel usando toda sua influência política para que a votação correspondesse à breve aliança estabelecida entre os EUA e a URSS, em nome da paz, logo após a Segunda Guerra e o Holocausto: "Confio que a sessão hoje terminada resulte em contribuições memoráveis para o ajuste pacífico e construtivo dos problemas mundiais. A evolução da humanidade não está sujeita ao tempo, nem a fronteiras. Sem embargo, pode-se proscrever a guerra como instrumento de sua evolução, especialmente quando se tem em conta que o objetivo final da humanidade é a paz permanente", concluiu o chanceler brasileiro ao bater o martelo de madeira, encerrando a histórica sessão da ONU em Nova York[17].

Quando Perlov terminou o colegial, em 1947-1948, Bernardo Dov Tsamir, do movimento sionista de esquerda Dror, arregimentou os jovens que se reuniam na casa de Chaim, na Vila Mariana, para que fossem para Israel. Depois que os mais

17 Os ideais de Oswaldo Aranha permanecem os mesmos de Israel, a despeito de todas as perseguições e guerras que o Estado judeu vem sofrendo desde sua criação. Aranha foi reconhecido pelos nazifascistas como seu principal inimigo, porque atuava a contrapelo do governo ditatorial e de Getúlio Vargas (1938-1944). Recebeu em Israel uma homenagem especial da CONIB, sob a presidência de Alberto Nasser, e foi laureado pela Jerusalem Foundation com a bela e arborizada Praça Oswaldo Aranha, toda em pedra calcária, para eternizar a gratidão do povo judeu ao brasileiro benemérito da causa sionista. A praça foi projetada pela equipe de arquitetos de Shlomo Aronson, no coração de Jerusalém, próxima ao Hotel Hilton.

velhos partiram, Perlov tornou-se o líder da turma. Do grupo faziam parte Samuel Karabishevisk, irmão do maestro Isaac; o futuro jornalista e escritor Alberto Dines, que morava no Rio de Janeiro; e Adolfo Berezin, que, com o advento da guerra, engajara-se na Força Aérea Brasileira, chegou a tenente e foi agraciado por operações em combate no Atlântico com as medalhas Cruz de Aviação e Campanha do Atlântico Sul.

Perlov tinha uma voz grave e uma força carismática. Segundo Dines, ele era uma figura "escultural": quando começava a falar, "dominava, magnetizava, imantava as pessoas"[18]. O líder inspirava os camaradas a ler, por exemplo, o *Jean Christophe*, de Rolland. Nessa época, Perlov se apaixonou mais ainda por outro livro: *Cartas a Théo*, de Vincent Van Gogh. Rolland e Van Gogh refletiam sobre seu dilema secreto: dedicar-se à política ou à arte? Poderia a arte assumir o papel da política e transformar o mundo? Se assim fosse, o artista não precisaria abdicar de sua arte: bastaria politizá-la, engajá-la.

Foi atuando no Dror que Perlov conheceu sua futura esposa. Mira nasceu em Cracóvia, na Polônia, em 1933. Seu pai era um judeu religioso que enriquecera como industrial de seda e se apaixonara por uma mulher extraordinariamente bonita e vaidosa, muito diferente dele, fascinada com as operetas de Viena. Não foi um casamento feliz. Quando a guerra estourou, Mira tinha seis anos e, como suas duas irmãs e sua mãe, chegou a usar a estrela amarela. A família vivia em Lodz. Terminadas as férias, Mira começaria o ginásio. Mas não chegou a frequentá-lo. O rico apartamento dos pais foi ocupado por dois oficiais alemães. O pai havia partido para Kovno, na Lituânia, imaginando que a guerra demoraria a chegar. Ali soube que um cônsul japonês dava visto a judeus: ele então atravessou toda a Rússia e pegou um navio em Vladivostok para o Japão. Mas aí foi preso: pensavam que ele fosse um espião. Quem o salvou foi um executivo da Mitsubishi cuja família trabalhava no ramo da seda. No Japão, o pai de Mira conseguiu, finalmente, o visto para o Brasil. A família foi de Lodz a Cracóvia, onde morava a avó, e ali compraram documentos falsos. Conseguiram deixar

18 Entrevista Inédita a Alberto Dines.

a Polônia em 1940. Estavam entre os últimos judeus a conseguir isso. Atravessaram a Hungria e pararam na Iugoslávia, numa cidadezinha ao lado de Belgrado, onde Mira frequentou a escola. Mas os alemães faziam *Aktionen* (campanhas) contra os judeus, sempre às vésperas das festas judaicas. Na véspera de Purim, Mira, suas irmãs e seus pais esperaram sentados com as mochilas nas costas. Os nazistas vasculharam em todas as casas, menos na última, no alto da rua, onde morava a família de Mira. A família decidiu deixar a Iugoslávia, passando para a Itália. Mira foi novamente à escola, estudar italiano, porque a mãe, como os judeus em geral, considerava fundamental o aprendizado das línguas. Se eles tinham de passar ali três ou quatro meses, Mira devia aproveitar esse tempo e estudar a língua. Em começos de 1942, chegaram a Cádiz, na Espanha, onde intermediários conseguiam obter papéis e vistos. A família queria seguir para o Brasil. O intermediário disse que era impossível, porque o presidente Getúlio Vargas não deixava entrar judeus. Só havia duas opções: Haiti e Paraguai. A mãe de Mira deu dinheiro a uma das filhas para comprar um atlas para que ela pudesse ver qual país ficava mais perto do Brasil. E assim elas foram para o Paraguai.

Na escala em Santos, o pai – que a família não via há três anos – subiu no navio para abraçar os seus e passar algumas horas com eles. Mira não conseguia largar a mão dele. Mas os passageiros não podiam descer. A mãe de Mira chegou, com as três filhas, finalmente, em Assunção. Mira foi para a escola, aprendeu espanhol, mas sentia-se deslocada, não tinha amigas. Ficaram um ano no Paraguai até que Getúlio, forçado pelos EUA, entrou na guerra em favor dos Aliados e abriu as portas aos judeus. Mira chegou a São Paulo em 1943, com dez anos de idade. Agora, seu pai fabricava peças de armas. Depois da guerra, abriria uma tecelagem, tornando-se novamente um homem rico. Mas a vida em família, com todos os traumas da guerra, nunca mais voltou a ser a mesma.

No pós-guerra, muitos jovens judeus sentiram a necessidade de responder ao Holocausto, aderindo ao movimento sionista. Em 1948, ano da independência de Israel, Mira conheceu Perlov no Movimento Sionista Socialista. Estavam ali mais pelo socialismo que pelo sionismo, sobretudo David, que era um judeu totalmente assimilado. Gostava do Brasil e não via com bons olhos os judeus brasileiros, isolados em sua vida de pequenos comerciantes. Só não ficara insensível ao Holocausto. Quando Mira o conheceu tinham, respectivamente, dezesseis e dezenove anos. Perlov já pintava e era um artista em seu *approach* à vida. Ambos levavam a sério as camisas azuis, a disciplina e a ideologia do sionismo socialista. Mira queria viver como proletária. David, que conhecera a pobreza verdadeira, encarava essa ideia com ironia. Uma vez, quando Mira falava sobre isso como guia de um grupo de crianças menores, Davi repreendeu-a: "O que é que você sabe de pobres e de proletários? Por que é que você fica falando em socialismo?". Perlov, que vinha de baixo, tinha um ódio à burguesia que surpreendia Mira: "Só achei esse ódio anos mais tarde, quando li textos de Pasolini"[19].

Nessa altura, Mira já estava, como todo o mundo, de olho em David, aquele artista jovem, belo, inteligente e carente. Mas, dentre todas as pretendentes, ele gostou de Mira e a convidou para um acampamento em Petrópolis, com o pretexto de desenhá-la. O retrato terminou em paixão. Mira afastava-se cada vez mais da família. Dos onze aos treze anos atravessava São Paulo para ir à Sinagoga. Mas aos quatorze perdeu a fé e entrou numa célula comunista. Logo descobriu o sionismo. As irmãs seguiam o caminho da família, mas Mira passou a lecionar inglês aos quinze anos, para ser independente.

Já decidido a tornar-se pintor, Perlov teria chegado até Lasar Segall através de Sérgio Millet ou, segundo Dines, do avô que, percebendo o talento do neto para o desenho, mostrou ao famoso pintor alguns de seus trabalhos. Perlov teve aulas de desenho com Poti e de pintura com Segall, que faria um retrato de Mira. Quando Chaim se casou e teve de instalar-se com a esposa no porão da casa da Vila Mariana, Perlov precisou procurar outro lugar para morar. Foi nesta época que teve um primeiro contato, acidental, com a *prática* do cinema: caminhava pelo centro da cidade quando percebeu holofotes iluminando o Jardim da Luz. Ao se aproximar, ouviu um homenzarrão dando

---

19 Da Fuga ao Holocausto a um Amor Pelo Cinema Que Já Não Há, *Público*, Lisboa, jan. 2008. Disponível em: <http://www.davidperlov.com/text/P2LO8.PDF>.

ordens a um grupo de figurantes, enquanto a seu lado o diretor discretamente soprava essas ordens ao ouvido daquele que berrava. Assim o cineasta Alberto Cavalcanti dirigia uma cena de *Simão, o Caolho* (1952).

O teatro nunca interessou a Perlov, que, ao assistir Cacilda Becker no Teatro de Cultura Artística (TCA) na rua Nestor Pestana, prestou mais atenção à arquitetura da casa que à peça encenada. Tratava-se do primeiro teatro de arquitetura moderna em São Paulo, recém-inaugurado em 1950 com um concerto de Heitor Villa-Lobos. Trazia na fachada um painel de Di Cavalcanti com 48 metros de largura e oito metros de altura. Perlov percebeu, ao final do espetáculo, que Cacilda Becker agradecia aos aplausos dirigindo seu olhar para cima, às laterais superiores, esperando encontrar espectadores onde não havia mais: acostumada a atuar nos velhos e majestosos Teatros Municipais de São Paulo e do Rio de Janeiro, ela se voltava automaticamente *para os camarotes* – suprimidos no teatro moderno.

Em seu radicalismo igualitarista de jovem sionista de esquerda, Perlov vibrou com o lapso da atriz: "Isso significava o fim das classes, não há mais camarotes, e os atores terão que se acostumar a olhar para frente e não lá em cima! [...] Eu tinha a impressão de que a arte poderia condicionar as pessoas, e a tal ponto que tudo iria se transformando naturalmente". Mais tarde, ao refletir sobre suas impressões de artista socialista, o já maduro Perlov observou: "Eu devia ter dezessete ou dezoito anos de idade [ele tinha na verdade vinte anos], dizem que é perdoável. Eu acho que é imperdoável cometer erros desse tipo"[20].

Mira deixou sua casa aos dezoito anos, causando um grande choque na família e, naquela época, um escândalo na comunidade judaica. O jovem casal morou junto durante um ano. Enquanto os amigos que Perlov seduzira com seu carisma para o movimento sionista seguiam para Israel, ele, que abandonara os estudos formais no Brasil, preferiu continuar seus estudos de pintura em Paris. Em 1952, com 22 anos, ele partiu supostamente para trabalhar em Israel, já decidido, contudo,

---

20 Entrevista Inédita a Alberto Dines.

a "trair" seus ideais sionistas por alguns anos, adiando a própria *aliá*[21] a fim de obter uma vivência europeia. Mira queria seguir sozinha para um *kibutz* em Israel, esperando que depois ele a encontrasse lá. Mas, em Paris, decidiu ficar com Perlov.

Perlov levou uma vida dura em Paris. Morou por uns tempos em Vitry, um arrabalde com características de vida provinciana, um lugar úmido e melancólico. Para poder estudar na École des Beaux-Arts, mudou-se com Mira para Villejuif, um bairro comunista, onde todos liam de manhã o jornal *Humanité* e não gostavam de estrangeiros. Um dos trabalhos que Perlov conseguiu para sustentar-se era recolher lixo dos telhados das casas. O trabalho era feito por duas pessoas: uma ficava no telhado recolhendo os materiais e jogando para baixo; outra recolhia o entulho que se acumulava na calçada e jogava-o com uma pá para dentro do caminhão. Quem o contratou sabia que ele era artista e insistiu que ficasse em baixo nos primeiros dias: uma precaução para evitar que o inexperiente caísse do telhado. Mas o jovem artista imaginou que essa escolha havia sido feita para humilhá-lo, para que ele fosse visto carregando lixo por todos os intelectuais de Saint Germain des Près que o conheciam.

Perlov assumiu essa suposta humilhação como autopurgação e ficava a pensar o que estariam a dizer dele seus conhecidos: em seu entendimento, eles imaginariam que a pobreza o tivesse enlouquecido: "Eu vi Perlov carregando uma pá, coitado, enchendo um caminhão de lixo com uma pá"[22]. Contudo, nos dias seguintes, ele pôde trabalhar no telhado e descobrir que lá era pior: ao trocar as ardósias de um prédio de sete andares, sentia vertigens e ainda enfrentava ratos.

Perlov tinha um vizinho famoso: o filósofo Jean-Paul Sartre, que ele via de manhã tomando seu café. Gostava especialmente de seus textos teatrais, como *Le Diable et le bon Dieu* (O Diabo e o Bom Deus): "Ele sabe construir uma peça. Ele sabe e tem algo de genial"[23]. Inscrito na École des Beaux-Arts, Perlov estudava com o pintor Arpad Szenes, judeu húngaro, que o encorajava a

---

21 Do hebraico *holekh*, "subir", foi empregado originalmente com relação à subida a Jerusalém nas festas de peregrinação, refere-se atualmente à emigração para Israel.
22 Entrevista Inédita a Alberto Dines.
23 Idem.

prosseguir, cedendo-lhe generosamente seu ateliê para que ali estudasse pintura sem pagar um centavo. Mas o cenário das artes abstratas não correspondia às inquietações políticas de Perlov – que a essa altura desejava mudar o mundo através da arte politizada. Ele se voltou para o cinema ao encantar-se com a descoberta de *Zéro de conduite* (Zero de Conduta, 1933), de Jean Vigo.

Na sua passagem da pintura para o cinema, Perlov experimentou a fotografia. Usou, pela primeira vez, uma câmera fotográfica que ele conservou até o fim da vida, como "lembrança de um instrumento indispensável"[24] durante aquela sua mudança de meios e de formas de expressão. O interesse pela pintura foi absorvido por um crescente entusiasmo pela imagem técnica. Quando foi apresentado por um amigo comum a Henri Langlois, para vencer a própria timidez, disse-lhe que, se pudesse fazer um filme, seria sobre Oscar Wilde, e ele teria o papel principal. Rindo muito, o gordo e enorme Langlois respondeu: "Já me propuseram o Balzac". Perlov tornou-se seu assistente de 1956 a 1958, a princípio empregado como projecionista da Cinemathèque Française.

Em 1956, Perlov ficou muito impressionado com a viagem do pintor Cândido Portinari – acompanhado da mulher, Maria, e do filho, João Cândido – a Israel, a convite do governo israelense, da Associação dos Museus e do Centro Cultural Brasil-Israel. Pela primeira vez um artista não judeu, entre os maiores da época, organizava uma exposição em Israel. Portinari transportou duzentas pinturas e desenhos para a retrospectiva: "Portinari, Oil Paintings and Drawings: 1940-1956" (Portinari, Pinturas a Óleo e Desenhos), exibida no Museu Nacional de Arte Bezalel de Jerusalém, no Museu de Tel Aviv, no Museu de Arte Moderna de Haifa e no Museu de Ein Harod. Portinari passou todo o mês de junho no país. O Ministro da Cultura era um grande admirador seu, o também pintor Arie Aroch. Os pioneiros reconheciam a obra de Portinari como revolucionária, e o comunista Portinari interessou-se pela experiência socialista do *kibutz*. O jornal israelense *Haboker* descreveu

---

24 S. Glotman, You Could Call It Normality, em S. Glotman, (ed.), *David Perlov: Color Photographs 2000-2003*.

a presença de Portinari como "o acontecimento artístico mais importante jamais ocorrido em Israel"[25].

Portinari estava proibido pelos médicos de pintar desde 1954, quando apresentara os primeiros sintomas de intoxicação por tinta a óleo que o mataria em 1962. Deprimido, o pintor passou a não ver mais sentido na arte diante da importância crescente do cinema e da superação da arte figurativa pela arte abstrata. O crítico italiano Eugenio Luraghi encontrou Portinari, antes de partir para Israel, desencantado com a vida e o mundo. Mas o contato com os pioneiros que transformavam o deserto em terra fértil por meio da irrigação o comoveria a ponto de fazer renascer nele a energia criativa: produziu a *Série Israel*, um total de 122 pinturas e desenhos com 75 feitos *in loco*.

Luraghi publicou uma seleção de 53 trabalhos da série em *Israel, disegni di Candido Portinari* (Israel, Desenhos de Cândido Portinari)[26]. A viagem a Israel mudou a percepção de Portinari de que a arte estava perdendo a validade histórica diante do cinema. Em 1957-1958, a *Série Israel* foi exposta em São Paulo, Rio de Janeiro, Buenos Aires, Lima e Bolonha. Num dos esboços de Portinari, um palestino e um judeu andam de braços dados ou lado a lado, mensagem pacifista que Perlov, décadas depois de seu entusiasmo de juventude, considerará como uma visão utópica e pouco realista[27].

Entre 1956 e 1957, Perlov fundou e dirigiu o cineclube da Organização Judaica de Estudantes em Paris. Dia e noite, assistia aos clássicos do cinema na Cinemateca Francesa. Impregnado de imagens e de ideias, carregando experiências acumuladas nas diversas cidades e culturas em que viveu, David queria agora ser diretor de filmes. Mas como realizar um filme fora da indústria sem um patrocínio?

Hospedado, em Vitry, na casa de sua professora de pintura e litografia da École des Beaux-Arts, Marguerite

25 Entrevista Inédita a Alberto Dines.
26 J.N. Santos, Candido Portinari em Israel, *Jornal Letras*, n. 27, p. 14-15.
27 Em 2010, setenta obras da *Série Israel* foram expostas no Centro de Cultura Judaica, com curadoria de João Candido Portinari. Cf. Exposição "Portinari em Israel" no Centro da Cultura Judaica. Disponível em: <http://vilamundo.org.br/2010/05/exposicao-portinari-em-israel-no-centro-da-cultura-judaica>. Acesso em: 3 mar. 2011.

Bonnevay-Jungerman, que não jogava nada fora, David passava os dias, sem dinheiro, a mexer nos guarda-roupas, armários e cômodas. Foi assim que descobriu um caderno escolar amarelecido pelo tempo e cheio de estranhos desenhos infantis. Marguerite Bonnevay-Jungerman havia conservado o álbum de sua tia Marguerite Bonnevay, nascida em 1880 e que morrera de tuberculose aos 22 anos em 1902. Marguerite morava com a família na cidadezinha de Voiron, no sul da França. Durante as férias numa pequena aldeia do Var, em 1892, para não morrer de tédio, fez, aos 12 anos, uma série de desenhos satíricos sobre a burguesia provinciana.

Em seus desenhos, que possui uma continuidade de história em quadrinhos, Marguerite apresenta seus familiares com identidades disfarçadas por apelidos e em situações absurdas, localizando a ação em Gonfaron, nome de um vilarejo próximo. Tomando essas precauções elementares, Marguerite exprimiu em seus desenhos sua aversão aos adultos e uma fantasia grotesca. A personagem central, Tante Chinoise, mulher feia e enérgica, fundadora do Exército da Salvação local, vive uma situação penosa num banquete, quando sofre um desarranjo intestinal que obriga os presentes a escancarar as janelas e providenciar-lhe nova muda de roupas. No fim da história, Tante Chinoise é levada por um balão, enquanto um admirador inesperado fala com nostalgia de sua beleza.

Marguerite Bonnevay pode ser considerada uma pioneira amadora dos quadrinhos na França, já que as aventuras de Tante Chinoise foram imaginadas um ano antes da publicação de *La Famille Fenouillard* (A Família Fenouillard, 1893), de Christophe, considerada a primeira história em quadrinhos francesa. Os desenhos grotescos de Marguerite, sempre acompanhados de legendas sarcásticas, denotam um senso de observação e um humor cáustico incomuns em meninas de sua idade e de sua época[28].

Quando Marguerite explicou a história do álbum de sua tia a Perlov, ele teve a ideia de fazer daqueles desenhos seu

---

28 M. Bonnevay, *Tante Chinoise et les Autres*. Os desenhos de Marguerite Bonnevay foram publicados pela primeira vez em livro em 2009 pelas Editions de la Table Ronde, com organização de Nathalie Jungerman, filha de Marguerite Bonnevay-Jungerman, cujo pai era irmão da menina desenhista. A edição inclui o DVD *Tante Chinoise et les autres*.

primeiro filme, inspirado por documentários franceses da época, onde cineastas "animavam" pinturas através da montagem, como *Van Gogh* (1948), *Guernica* (1950) e *Gauguin* (1950), de Alain Resnais; ou *Le Mystère Picasso* (O Mistério Picasso, 1956), de Henri-Georges Clouzot. Assim nasceu *Tante Chinoise et les autres* (Tia Chinesa e os Outros, 1957).

Para completar os recursos obtidos junto ao British Film Institute, Perlov contou com a ajuda de um etnógrafo amigo seu e da família de Marguerite, Abrasha Zemsz, ex-resistente na Segunda Guerra que lutara na Batalha de Arnheim e vira toda sua família morrer nas mãos dos nazistas. Zemsz estudara as formas visuais de comunicação dos índios e conhecia *tout le monde* (todo mundo) em Paris. Ele teve a ideia de lançar uma subscrição para o filme, à qual aderiram, com contribuições em dinheiro, mais de setenta intelectuais, artistas e ex-resistentes, dentre os quais os escritores Czeslaw Milosz e Jacques Prévert; a atriz Jeanne Moreau; os pintores Alexandre Calder, Vieira da Silva, Szenes, Magnelli e Maryan; a viúva do pintor Picabia e Claude Olivenstein. Todos estavam encantados com os desenhos da velha menina, feitos a tinta, crayon e guache.

Perlov usou uma Kodak 16 mm dos anos de 1920, que pertencia ao pai de Marguerite Bonnevay-Jungerman. E, através de um preciso trabalho de edição, integrou os desenhos numa continuidade narrativa, revelando sua carga poética. O grande poeta e roteirista Prévert aceitou colaborar escrevendo um prólogo para o filme. E através de Madame Picabia, Zemsz apresentou Perlov à musicista Germaine Tailleferre (1892-1983), do Groupe de Six (com Georges Auric, Darius Milhaud, Francis Poulenc, Arthur Honegger e Louis Durey), que gentilmente compôs a música sobre a base da duração exata de cada sequência. Ela escolheu cinco músicos para gravar a trilha, dentre os quais o flautista Jean-Pierre Rampal, que ainda não era famoso. Georges Tzipine era o chefe da orquestra.

A primeira projeção do filme deu-se em Londres, no British Film Institute, a 31 de dezembro de 1957. Nessa versão original, os comentários eram feitos pelo diretor do Instituto. Na versão francesa posterior, os comentários são ditos pelo ator e diretor Jacques Brunius, que iniciara sua carreira em *L'Âge d'or* (A Idade de Ouro, 1930), de Luis Buñuel, tendo atuado em *Partie de campagne* (Um Dia no Campo, 1936), e *Le Crime de Monsieur Lange* (O Crime do Senhor Lange, 1936), de Jean Renoir e em outros clássicos. Perlov quebrou a precisa sincronia entre imagem e som na sequência do baile, que é um primor de edição. O curta-metragem foi elogiado por Paulo Emilio Sales Gomes: "Graças a David Perlov, provavelmente discípulo de Jean Vigo, vamos poder tornar-nos cúmplices de uma menininha oprimida pelos adultos, que se rebelou desenhando, há sessenta anos."[29]

Já dirigindo um departamento na Cinemateca, Perlov presenciou a projeção de *The Song of the River* (A Canção do Rio), do documentarista holandês Joris Ivens, "um comunista de carteirinha"[30]. O filme documenta vários rios: o Amazonas, o Nilo, o Yang-Tsé, o Mississipi, o Danúbio, com suas populações ribeirinhas e as canções com que elas os celebram. O tenor Paul Robeson entoava, por exemplo, uma canção de Bertolt Brecht sobre o Mississipi, com música de Dmitri Schostakóvitch. As imagens dos rios haviam sido coletadas por vários fotógrafos em todo o mundo, num afresco de beleza incomum. Em todos os rios mostrados havia pobreza, doenças, exploração, menos no Danúbio. Logo o público entendeu o sentido propagandístico disso e começou a vaiar freneticamente: a recente invasão da Hungria pelas tropas soviéticas de Kruschev ainda estava na lembrança de todos. No dia seguinte, Perlov teve de almoçar, ainda constrangido pela recepção da véspera, com Ivens e Langlois[31].

Nessa época, Langlois dirigia um filme sobre o pintor Marc Chagall (1887-1985), que era seu amigo, intitulado *Chagall* (1958-1962). As imagens eram tomadas, à medida que o grande pintor dava início a um novo quadro, por Ivens e por Frédéric Rossif, iugoslavo também radicado na França. Ivens editava o filme auxiliado pelo futuro cineasta italiano Tinto Brass. Perlov foi então convidado a participar como assistente no trabalho dessa edição, que transcorria muito lentamente: Ivens esperava que Chagall, já bastante velho, morresse para que ele pudesse terminar o filme. Mas o destino pregou uma de suas peças e

---

29 Tante Chinoise de Perlov, *Crítica de Cinema no Suplemento Literário*, v. 1, p. 2.
30 Entrevista Inédita a Alberto Dines.
31 Idem.

foi Langlois quem morreu antes. O filme jamais foi lançado e os pesquisadores de cinema não conseguiram encontrar até hoje as latas com o material já praticamente editado[32].

Pouco antes de morrer, Langlois convidara Perlov para trabalhar com o cineasta italiano Roberto Rossellini num documentário que ele estava rodando na Índia, também editado por Tinto Brass, e que resultaria "num filme belíssimo", segundo Perlov. Mas ele não quis participar do projeto porque já decidira imigrar para Israel.

Perlov ficou impressionado com a viagem de Portinari a Israel: "Isso foi para mim algo de muito, muito grande. Muito grande... nem sei que palavras usar, é um negócio empolgante, tinha algo de... elevação... transcendência"[33]. Sentindo, ao mesmo tempo, que sua vida não pesaria na Europa, onde "tudo já havia sido feito", Perlov decidiu assumir seu sionismo e fixar-se em Israel. Mais tarde, ilustraria sua decisão contando um *fait divers* que lhe acontecera em Paris no último outono que ali passou. Uma folha de papel fora arrancada de algum lugar, voara pela janela, arrastada pelo vento, circulando pelos céus da cidade até pousar em seus pés. Ele olhou para a folha e percebeu que era a partitura de uma composição de Beethoven que ele adorava:

> Isso não aconteceria em Natânia, nem no Recife... Em Paris isso acontece, na Europa, isso acontece. [...] Você acaba vivendo num museu. Não há coisa que a mão do homem não tenha tocado. Você não sabe onde está a mão de Deus, porque a natureza foi toda trabalhada. [...]. As pessoas que gostam muito da Europa, eu acho que tem que se desconfiar delas [...], são pessoas de estufa[34].

Assim, em busca de uma vida mais autêntica, mais próxima do sagrado, da natureza intocada, da História por se fazer, em 1958, Perlov reuniu-se à esposa, Mira, no *kibutz* Bror Hayil (ou Chail), de fala portuguesa. Viveriam ali por dois anos. Eles tinham então mais interesse em vivenciar o socialismo que

---

32 Chagall, *European Foundation Joris Ivens*. Disponível em: <http://www.ivens.nl/NL/film1962chagallNL.htm>. Acesso em: 24 abr. 2011.
33 Entrevista Inédita a Alberto Dines.
34 Idem.

o sionismo. Porém, a experiência nessa comunidade judaica socialista revelou-se dolorosa para Perlov.

Não tanto pelos trabalhos "forçados" que todos os *kibutzim* eram obrigados a fazer, fosse um braçal ou um intelectual. Coube a Perlov cultivar os campos e, depois, trabalhar no lixo, por uns dez dias. A experiência de lixeiro, ainda que curta, foi uma verdadeira provação para o artista, que encarou a tarefa como uma experiência religiosa, uma espécie de flagelação masoquista exaltante:

> O cheiro [do lixo] é insuportável, cada vez mais, e, naturalmente, você chega, vai avançando, vai avançando [...] é exagerado falar de inferno – mas é um dos aspectos do inferno. É o lugar onde você tem que pôr o lenço no nariz ao entrar, os mosquitos te atacam, o cheiro é insuportável, você tem que fazer tudo em meia hora, porque senão desmaiará. E eu fiz questão de fazer isso. [Foi] uma espécie de purgação. Há quem diga: "Não serei um homem se não escalar os Alpes" [Assim um homem prova que] é corajoso, é forte[35].

Perlov conformou-se de bom grado ao sadomasoquismo implícito no modelo igualitarista do *kibutz* (a esposa Mira, bela a ponto de servir de modelo para Lasar Segall[36], teve de trabalhar por cinco anos nos estábulos). Mas foi na verdade outra coisa que causou a decepção de Perlov com a experiência socialista do *kibutz*: a insensibilidade à arte demonstrada pela comunidade.

Alguns amigos pediram a Perlov que organizasse um cineclube no refeitório, exibindo um filme por semana. Ele aceitou a sugestão com entusiasmo e inaugurou as sessões com *Bronenosets*

---

35 Idem.
36 Mira escreveu sobre sua experiência de modelo de Segall: "Ele me fazia sentir à vontade. Pelo interesse que demonstrava, conseguia criar uma relação recíproca, o que é bastante difícil, sobretudo entre uma pessoa de sessenta anos e uma jovem de dezoito. Na hora de pintar, sua concentração era impressionante. Ele a exprimia inclusive fisicamente: respirava mais forte, dava a impressão de que esquecia quem era o objeto. Parecia ser um homem muito ligado ao passado, à Europa, e que voluntariamente queria engolir todo esse mundo novo, a paisagem, a liberdade, tudo o que dizia respeito ao Brasil. Sua reação frente à natureza era fabulosa. Era uma ligação quase sensual. Era a mesma reação que demonstrava perante o modelo". V. D'Horta, Memória: Lasar Segall, *Teoria e Debate* n. 29. Disponível em: <http://www.fpabramo.org.br/node/1748>. Acesso em: 6 mar. 2011.

Potiômkin (O Encouraçado Potemkin, 1925), de Serguêi Eisenstein – a primeira escolha de todo cineclubista da época: "Eis uma comuna socialista, em que todos os ideais são contra a opressão e a injustiça, pronta a assistir à maior obra do cinema"[37], ele pensou. O refeitório enorme estava repleto. Após apresentar o filme em português, pois ainda não falava hebraico, Perlov concentrou-se na projeção e não percebeu que a sessão se esvaziava: os *kibutzim* deixavam o refeitório em passos silenciosos, para não ofender o "prodígio de Paris", até que, acendidas as luzes no final, Perlov percebeu que o refeitório do "cineclube" estava vazio.

O desapontamento de Perlov foi enorme. Chegou a escrever, com maliciosa ambiguidade: "Talvez o correto fosse apresentar o grande filme de D.W. Griffith, *The Birth of a Nation* [O Nascimento de uma Nação, 1914]. Não pelo conteúdo, mas por causa do nome"[38]. Por um lado, o filme de Griffith é um exemplo terrível de fabricação cinematográfica de estereótipos racistas, donde a observação sobre o "conteúdo" do filme. Por outro lado, exibir um filme "por causa do nome" não quer dizer nada. Perlov sugeria que os *kibutzim* não tinham interesse em nada que não fosse "nacional" e "judaico"; e via nisso uma espécie de racismo. Concluiu: "Eu não quero que minhas filhas cresçam num lugar assim"[39]. Mira também estava decepcionada com o *kibutz*: "Passávamos do colchão de palha para o colchão de molas. Eu pedi: 'Já dormi bastante em colchão de molas. Gostaria de, com o mesmo dinheiro, comprar uma vitrola para ouvir música'. Não permitiam. Isso era o *kibutz*"[40].

Outra decepção deu-se quando o compositor popular Haim Hefer (1925-), que o havia acolhido no barco da imigração, fez questão de exibir *Tante Chinoise et les autres* no clube Hamam, que ele e Dahn Ben-Amotz[41] haviam fundado em Jaffa nos anos de 1950: "Queremos que o Hamam seja também um

---

37 D. Perlov, Mudaram a Minha Vida, op. cit., p. 13.
38 Idem, ibidem.
39 Entrevista Inédita a Alberto Dines.
40 M. Perlov, Da Fuga ao Holocausto..., op. cit., p. 8-9.
41 Dahn Ben-Amotz (1924-1989), jornalista, radialista e escritor, foi membro do Palmach. Em Hollywood, fez amizade com Marlon Brando, e atuou num pequeno papel no filme *A Streetcar Named Desire* (Um Bonde Chamado Desejo, 1951), de Elia Kazan. Escreveu com Hefer *A Bag of Fibs*, coletânea clássica em Israel de contos sobre o Palmach. Mas sua popularidade decaiu após uma denúncia de incesto: no passado, ele teria dormido com a própria mãe.

clube de cultura, inclusive com bons filmes"[42]. Mal o filme começou ouviram-se as primeiras vaias. Ben-Amotz enfureceu-se. A cantora Nechama Hendel[43] gritou: "Dahn, você não pode impor ao público o que eles não querem ver". Ben-Amotz respondeu que fossem receber seu dinheiro de volta na bilheteria. Poucos ousaram fazê-lo, pois as luzes estavam acesas e todos temiam parecer anticulturais se deixassem o clube. A sessão prosseguiu até o final, quando Shoshana Damari[44] subiu ao palco para aliviar a tensão: "Bem, depois de toda essa arte, vou lhes cantar 'Calaniot' [Anêmonas]"[45]. Perlov, que admirava tanto a Damari quanto "Calaniot", saiu do clube atordoado. E foi caminhando de Jaffo até sua casa em Tel Aviv, a fim de digerir os insultos: apesar de ferido, sentiu-se, ao fim da caminhada, interiormente fortalecido[46].

No *kibutz* nasceram, em 1959, as filhas gêmeas, Yael e Naomi. Decepcionado com a experiência socialista, e já com a intenção de dedicar-se exclusivamente ao cinema, Perlov tentou buscar seu sustento com os documentários que obtinham verba de produção da Agência Judaica, do Ministério Israelense do Exterior e do Serviço Israelense do Filme. O cinema israelense ainda se limitava à propaganda nacional. Havia dois estúdios e alguns diretores de cinema, sobretudo poloneses, formados na excelente Escola de Cinema de Lodz. Mas Perlov desconfiava que eles fossem os piores alunos da escola: os melhores teriam seguido para os EUA e para o Brasil – no caso dos diretores, pois considerava excelentes os técnicos de cinema (fotógrafos, editores, laboratoristas) que trabalhavam em Israel[47].

---

42 Mudaram a Minha Vida, op. cit., p. 13.
43 Nechama "Nama" Hendel (1936-1998). Uma das mais belas vozes de Israel, mundialmente famosa com o *smash hit* "Machar" (Amanhã). Gravou, com outras cantoras, o clássico álbum em ídiche *Songs of the Vilna Ghetto*.
44 Shoshana Damari (1923-2006) foi cantora iemenita-israeli conhecida como "a rainha da música hebraica" e a "Edith Piaf de Israel". Curiosamente, Perlov chama-a de "a Yma Sumac de Israel". A cantora peruana é mais *camp* que a francesa.
45 As anêmonas são flores selvagens que não podem ser, por lei, colhidas em Israel. Lançada por Damari em 1954, a canção "Calaniot" tornou-se um hino não oficial do país.
46 Mudaram a Minha Vida, op. cit., p. 14.
47 Entrevista Inédita a Alberto Dines.

Os diretores judeus poloneses que se encontravam agora em Israel seriam, segundo Perlov, egressos do Partido Comunista da Polônia que encontraram um meio de sobreviver dentro do Partido Mapai (Partido dos Operários na Terra de Israel), cumprindo à risca o que lhes pediam e com isso recebendo as melhores encomendas das agências financiadoras. Para Perlov, era inconcebível como se entrosavam com as agências nacionais, porque não apenas faziam as piores concessões como delatavam os que se mostravam refratários. Claro que, em Israel, a polícia não batia à porta dos dissidentes e estes não eram enviados para o deserto de Negev. Mas Perlov foi uma vez visitado por uma autoridade que lhe mostrou, para seu conhecimento, uma carta em que seu nome era citado como "não confiável" por um colega[48].

Devido às denúncias ou ao seu próprio estilo pessoal de filmar, Perlov passou a receber poucas encomendas, caindo frequentemente em períodos de inatividade. Nesses vácuos, recorria ao desenho e à fotografia. Produzia, sem financiamento nem obrigação de realizar filmes com mensagens, flagrantes daquilo que mais o interessava: as pessoas andando na rua, paradas nos pontos de ônibus, sentadas nos cafés. Seu olhar fixava-se na rotina da vida: sem roteiros, temas impostos, orçamentos de produção ou equipes de trabalho. Essas fotos exprimiam seu desejo de liberdade, tolhida pelas restrições dos documentários de encomenda. Como escreveu Shuka Glotman, suas fotos eram "*études* motivados por uma visão indagadora, experimental e aventureira"[49].

Como todo cineasta, Perlov necessitava, para sobreviver e produzir *seus* filmes autorais, do dinheiro que vinha das encomendas estatais ou privadas. Mas, como artista plástico, acostumado à liberdade da tela e do pincel, não conseguia adequar-se à burocracia estatal nem dobrar-se às exigências dos produtores. Desejando manter seus próprios padrões dentro de uma prática de fato dependente dos organismos oficiais, ele introduzia nos seus documentários de encomenda elementos poéticos, pessoais, irrisórios, subjetivos, nem sempre coerentes com a mensagem pretendida pelas agências, frustrando as expectativas dos patrocinadores.

---

48 Idem, ibidem.
49 You Could Call It Normality, op. cit.

Durante mais de uma década, Perlov ficou preso à produção de documentários institucionais, tentando imprimir nesses trabalhos sua visão do mundo, desde *Cinematic Monthly* (Cinemático Mensal, 1959-1960), produzido em seis línguas diferentes, ou *Shoemakers' Alley in Jaffa* (Beco do Sapateiro em Jaffa, 1959) – seus primeiros filmes dentro do cinema "oficial" de Israel. Amigos de Perlov diziam que ele agora trabalhava para o Mapai, e riam. Perlov não se importava: "Eu trabalho para Deus e para o Diabo, contanto que me deem filmes para fazer – e aí eu faço a minha luta"[50].

Sua luta foi vitoriosa em *Fishermen in Jaffa* (Pescador em Jaffa, 1960), que conquistou um prêmio no Japão, foi selecionado para o San Francisco Festival e despertou a atenção da crítica internacional. A tendência socialista é clara: o foco do filme é a vida simples dos pescadores de Jaffa – de que modo eles pescam, o que comem nas refeições, onde vivem as famílias. Duas grandes influências estéticas transparecem, reforçando a mensagem: a da escola documentarista inglesa, do General Post Office (GPO), com seus filmes de fundo socialista sobre a vida dos trabalhadores braçais, e a dos manifestos do neorrealismo italiano, como *La terra trema: episodio del mare* (A Terra Treme: Episódio do Mar, 1948), de Luchino Visconti. Evocando o final deste clássico sobre os pescadores pobres de Aci Trezza, na Sicília, o documentário de Perlov termina com as lanternas acesas nas embarcações, simbolizando a esperança no futuro.

Em 1961, David mudou-se para Tel Aviv com a família, deixando o *kibutz*, depois de aceitar o convite da Histadrut Labor Federation para realizar um filme institucional sobre as habitações dos idosos: *Malben/Old Men's Home* (Malben/ Casas dos Idosos, 1962). A Histadrut Labor Federation desejava que o filme mostrasse como os idosos eram felizes no asilo de Malben, com lugar para seiscentos hóspedes. Mas não gostou do resultado, pois Perlov, seguindo o estilo circunspecto e levemente irônico dos documentários do GPO, revelava uma realidade diferente: o tom melancólico da narrativa, mesmo quando mostrava o que havia de melhor no asilo, evidenciava o que havia de pior na velhice, por mais bem tratada que fosse, como naquele asilo modelo, de quartos individuais espaçosos,

---

50 Entrevista Inédita a Alberto Dines.

amplo jardim, com atividades produtivas em oficinas, espetáculos de teatro e de música. É que, nesse "paraíso" da terceira idade, os velhos só conviviam com outros velhos; as peças eram encenadas por idosos para o público de idosos; filhos e netos eram meras fotografias em quadros na parede ou em porta-retratos sobre as cômodas.

Os internos que trabalhavam no asilo faziam, para se distrair, bonecas de pano ou roupas sob medida para os colegas de asilo, sem perspectiva de uma exposição de seus trabalhos, exercitavam solitariamente para uma plateia de cadeiras vazias seu instrumento musical há muito aposentado. Eles assim se ocupavam com alguma coisa, não estavam na enfermaria. Mas essa tristeza tinha um agravante: esses idosos não eram simples longevos trabalhadores aposentados, eram judeus da Hungria, da Polônia, de toda parte da Europa, haviam passado pelo Holocausto, escapado por algum milagre, enfrentado uma imigração traumática para Israel, tendo amigos e parentes mortos nos guetos e campos de concentração – cada um deles teria uma história louca e trágica para contar, se ao menos alguém se dispusesse a ouvi-los.

Há, no filme, uma cena curta que registra o enterro de um dos internos: nem ficamos sabendo quem era. É natural que haja uma cena de enterro num filme sobre um asilo, onde a "melhor idade" espera o fim da vida. Mas os produtores pediram a Perlov que retirasse a cena: "Mostrar isso é muito deprimente". O cineasta argumentou: "Deprimente é a morte prematura. A morte de um homem de 85, noventa anos é triste, mas não deprimente, as pessoas verão a cena como parte de um trabalho sobre o asilo". "Não, tem que tirar." Perlov não cedeu: "Será que se eu tirar o enterro dos velhos do filme os velhos de Israel terão vida eterna? Vocês acreditam nisso?". Os burocratas ficaram enfurecidos: "Está brincando conosco, intelectual? Estamos te dizendo, tira esse negócio!"[51].

Em geral, os diretores que trabalhavam para essas agências eram submissos às ordens superiores. Perlov percebia que as agências de propaganda de Israel eram controladas por judeus comunistas da Polônia, acostumados a dirigir e produzir

---

51 Entrevista Inédita a Alberto Dines.

apenas propaganda, desejando transmitir da realidade socialista apenas seus aspectos "positivos", como nos filmes russos do realismo socialista, com seus camponeses sorridentes, ou no filme de Ivens sobre o Danúbio, com seus felizes ribeirinhos. Esses burocratas estariam ainda mais preocupados com o *som* dos filmes que com as *imagens*: "Os judeus não assistem aos filmes com os olhos, mas com os ouvidos", dizia Perlov[52], pensando na visão desses burocratas.

Mas essa preocupação dos burocratas talvez não fosse tão gratuita ou absurda, como sugeria Perlov, e estivesse, antes de qualquer "idiossincrasia judaica", associada ao fato de o hebraico não ser a língua materna da maioria da população de Israel naquela época; e de grande parte ser constituída por imigrantes de vários países (incluindo o próprio Perlov). Reportando ao Brasil, todos se lembram que um dos fatores que afastavam o público brasileiro do cinema nacional nos anos de 1960-1970 era justamente a péssima captação do som pelos cineastas, além da já péssima acústica das salas de cinema – nos filmes estrangeiros o problema não era sentido devido às legendas.

Perlov observou que, se na URSS os artistas insubmissos eram tratados com murros, em Israel eram tratados com beliscões. Apesar do descontentamento dos produtores, Perlov manteve a cena do enterro em *Malben*: "Num filme, se você faz uma concessão, é para sempre. A minha filha verá essa concessão daqui a vinte anos, quando ela vir o filme do pai. Quer dizer, não é uma concessão que você faz sobre um assunto, é sobre uma coisa concreta. Concreta, um objeto, um filme"[53]. Filme notável, jamais lançado em circuito comercial, *Malben* foi reconhecido pelo Van Leer Jerusalem Institute que laureou Perlov, em 1963, com o prêmio Diretor do Ano. Mas Perlov também ganhou "um nome" que ninguém queria ter: tornou-se "o difícil". E a partir desse momento, com a burocracia comunista a evitá-lo, as ofertas de trabalho escassearam.

Depois do documentário de encomenda *High Voltage* (1961) e do experimental *The Bedbug* (1961), inspirado na peça *O*

---

52 Apud M. Kustow, Obituary. David Perlov: Filmmaker, Whose Poetics Essays Documented the State of Israel, *The Guardian*, 05 jan. 2004. Disponível em:<http://www.guardian.cd.uk/news/2004/jan/05/guardianobituaries>.
53 Entrevista Inédita a Alberto Dines.

Percevejo, de Vladimir Maiakóvski, para a montagem de Yosef Milo no Teatro de Haifa, Perlov realizou o importante ensaio documentário *In Thy Blood Live* (Em Teu Sangue, Vive, 1962), que guarda influência de *Nuit et brouillard* (Noite e Brumas, 1957), de Resnais, na escolha da trilha sonora atonal e na abordagem do tema então ainda tabu do Holocausto.

Perlov viu *Nuit et brouillard* em Paris e conheceu o diretor: estava na casa de Resnais quando este esperava a decisão da censura sobre o filme. Mas ficou irritado ao ouvi-lo dizer que este não era sobre os judeus, e sim "sobre todo mundo". Essas palavras soaram mal a Perlov: "Todo mundo? Eu conheço as estatísticas". Considerou, assim, *Nuit et brouillard* um filme excessivamente generalizador: "As coisas são iguais mas, ao mesmo tempo, não são iguais. Existe aí uma coisa específica dos judeus". Ele preferia a posição de Ivens, que filmou no mundo inteiro, mas nunca em Israel: "Nesse conflito não me meto. Os israelenses têm que fazer seus filmes e os árabes os deles". O marxista Ivens estaria, a seu ver, mais próximo da dialética política que o humanista Resnais. Perlov desconfiava do distanciamento e da frieza de *Nuit et brouillard*. Especialmente a música de Hanns Eisler o desagradava. Contrapondo-se ao filme de Resnais, quis imprimir ao seu documentário mais *páthos* e dramaticidade.

De fato, há um tom expressionista nas primeiras cenas, com as velas tortas acesas nos túmulos por braços tatuados de mulheres sobreviventes dos campos de concentração, e na trilha sonora bastante carregada, composta por Eder Partoush (Oeden Partos). Mas logo esse tom é suavizado, com o plantio das árvores que simbolizavam o renascimento judaico em Israel, com o monumento ao jovem herói do Levante do Gueto de Varsóvia e a preservação da memória do genocídio no Museu Yad Vashem. O documentário segue então um roteiro didático, mostrando: uma perfeita maquete do Gueto; a chama eterna que queima no espaço simbólico dos campos nazistas; retratos ampliados dos rostos das vítimas – Anne Frank e outras crianças, rabinos e intelectuais – em contraposição aos retratos menores dos perpetradores, ordenados em forma de suástica; os fichários, os filmes, as fotografias (uma menina vestida de anjo); a biblioteca e o trabalho dos pesquisadores. O inferno dos guetos nazistas é revisitado através das fotos de arquivo. Finalmente, o julgamento de Adolf Eichmann em Jerusalém[54]: o carrasco nazista olhando para as unhas, simulando indiferença, e sua hipócrita declaração final de "Não culpado!". Segue-se a visão de outra maquete perfeita, de Auschwitz, e o filme termina com a expressão dolorosa de uma mulher que assistia ao julgamento.

Relevante por ser um dos primeiros filmes a abordar o Holocausto no cinema israelense[55], e o primeiro filme israelense a ser aceito pelo Festival de Veneza, onde recebeu uma Menção Honrosa, *In Thy Blood Live* envelheceu porque Perlov se limitou a trabalhar com um acervo fotográfico. Se na época esse acervo era pouco utilizado, com a proliferação dos documentários nas últimas décadas, ele se tornou bastante conhecido. Perlov não pode filmar o julgamento de Eichmann porque uma concessão de filmagem com exclusividade fora dada à Capitol Cities Television, cabendo ao grande documentarista norte-americano Leo Hurwitz (1909-1991) o registro cinematográfico das sessões do tribunal.

Em 1963, Perlov foi consultor para a produção *What a Gang* (Que Turma, 1963), de Zeev Havatzelet, que faleceu durante as filmagens: Perlov assumiu a direção para terminar o filme. Logo depois iniciou a produção de um de seus principais trabalhos: o documentário *In Jerusalem* (Em Jerusalém, 1963), com música de Oeden Partos, conduzida por Gary Bertini. Encomendado pelo Israel Film Service, que costumava financiar apenas propaganda ideológica, sem interesse por experiências formais, *In Jerusalem* fugia dos padrões: influenciado pela *nouvelle vague* francesa, Perlov optava por um olhar pessoal

---

54 Depois de três anos de "caçada", o Mossad, serviço de inteligência do governo de Israel, capturou Adolf Eichmann na Argentina a 11 de maio de 1960 e o levou para ser julgado por seus crimes em Jerusalém. O ex-oficial das SS, responsável pela logística das deportações em massa de judeus para os campos de morte, foi julgado na Corte Distrital de Jerusalém entre 11 de abril e 14 de agosto de 1961 e, após a audição de 111 testemunhas, condenado por crimes contra a humanidade e contra o povo judeu. Foi enforcado no dia 1º de junho de 1962 e seus restos incinerados. As cinzas foram dispersas no Mar Mediterrâneo por um navio israelense na presença de sobreviventes do Holocausto.

55 Produzido *antes* da proclamação da Independência de Israel, o filme desaparecido *Adamah* (Terra, 1947), de Helmar Lerski e Dr. Siegfried Lehmann, foi o primeiro filme israelense sobre o Holocausto.

sobre a cidade, evocando o cinema de vanguarda dos anos de 1920-1930, que compôs, com imagens editadas ao ritmo da trilha sonora, "sinfonias da metrópole"[56].

Perlov não queria fazer de *In Jerusalem* uma antítese aos filmes de propaganda que predominavam em Israel, ou não apenas uma antítese a esses filmes, e sim a *toda a mentalidade* predominante em Israel, que levara, por exemplo, à proibição da visita dos Beatles ao país em 1965. Ele havia visto, na França, os documentários experimentais de Resnais, Georges Franju e Agnès Varda, repletos de criatividade, apesar de terem sido financiados pelo governo francês: era possível existir um cinema produzido e oficialmente realizado por artistas com total liberdade. Desejava que o mesmo acontecesse em Israel, e ousou fazer essa experimentação.

Composto em onze quadros, o filme apresentava um retrato poético da capital secular e sagrada, a Jerusalém branca e dourada, onde a tradição e a modernidade conviviam harmoniosamente: dos rabinos do bairro de Mea Sharim, que mantêm seus costumes medievais e recusam ser filmados, à curiosidade das meninas sabras, que tudo querem saber e tudo questionam.

Jerusalém tinha apenas duzentos mil habitantes, e pelas imagens captadas parecia ser a cidade mais pacífica do mundo. A Cidade Velha é vista, contudo, apenas através das frestas e buracos nas pedras do muro que então dividia Jerusalém em duas partes, evocando os cercos, os conflitos, as guerras entre árabes e judeus, que a disputavam. As pedras calcárias que edificam a cidade são o *leitmotiv* do filme: o trabalho de britar as pedras nas pedreiras; os diferentes métodos de cortar as pedras; as construções feitas de pedra; os muros erguidos com pedras antigas; as frestas entre as pedras; a nova arquitetura, harmonizada com as pedras da cidade velha.

Perlov visita o cineasta pioneiro Morey Rosenberg, que trabalhara na Pathé. Filmando Londres em 1911, ele decidiu filmar também Jerusalém, sendo o primeiro a fazê-lo. Rosenberg rodou cenas na já então renomada Escola de Arte de Bezalel, que atraía turistas de todo o mundo: a carruagem na qual o

---

[56] U. Klein, In Jerusalem, *Ha'Aretz*. Disponível em: <http://www.davidperlov.com/text/In_jerusalem.pdf>. Acesso em: 25 abr. 2011.

célebre judeu britânico e filantropo Moses Montefiore (1784--1885) atravessou, com Lady Montefiore, a Terra Santa; e a cena preferida do próprio Rosenberg: os fiéis no Kotel Ha' Maaravi, o Muro das Lamentações.

Depois de um passeio pela Universidade de Jerusalém, onde passado, presente e futuro se encontram, Perlov entrevista a poeta Zelda, em cuja obra Jerusalém ocupa lugar central: ela menciona, por sua vez, o poeta Yehuda Halevi (1075-1141), judeu espanhol que escreveu sobre o ar e a luz de Jerusalém, e que teria sido assassinado (por um árabe) ao chegar a Jerusalém. A poeta compara Jerusalém a Roma, onde nunca esteve, mas imaginou através de revistas e postais: as duas cidades teriam a mesma visão da caridade. Ela defende a existência dos mendigos em Jerusalém lembrando que rabinos costumavam disfarçar-se de mendigos para conhecer melhor a vida, e que era sabido que o Messias poderia chegar disfarçado de mendigo, podendo assim cada mendigo ser o Messias. Essa sequência irritou os meios oficiais, que negavam a existência de mendigos em Jerusalém. Perlov recusou suprimir as cenas que provavam o contrário. A decisão final coube ao Primeiro Ministro Levi Eshkol (1885-1969), que entendeu e aprovou o filme, também sustentado por Teddy Kollek, que poucos anos depois, em 1965, se tornaria o prefeito de Jerusalém, reconstruindo a cidade após a Guerra dos Seis Dias, em 1967.

O filme de Perlov foi premiado com uma Medalha de Bronze no Festival de Veneza de 1963, por um júri presidido por Ivens. E Perlov recebeu, em Israel, o prêmio de diretor do ano. *In Jerusalem* tornou-se um marco do moderno cinema israelense. Apesar de tudo, Perlov continuava um cineasta "não confiável" para as agências oficiais.

Seguiram-se os documentários: *Israeli Theater/Theater in Israel* (Teatro Israelita/Teatro em Israel, 1967); *Bedek Aircraft* (Aeronave Bedek, 1969), este com fins publicitários; *Navy* (Marinha, 1970), com desenhos originais de Yigael Tumarkin e introdução de Ron Ben-Ischai; *Each and Every Immigrant* (Cada e Todos Imigrantes, 1971), em colaboração com Ygal Burstyn, Avraham Heffner e David Kedem; *25 Years ago Today* (25 Anos Atrás, Hoje, 1972), episódio de uma série feita para a TV; e um primeiro longa-metragem de ficção, rodado em

Eastmancolor: *42:6/The Life of David Ben-Gurion* (42:6/A Vida de David Ben-Gurion, 1969).

O título de *42:6* remete a uma passagem da Bíblia: "Eu, Iahweh, te chamei para o serviço da justiça, tomei-te pela mão e te modelei, eu te constituí como aliança do povo, como luz das nações" (Is 42, 6). A narrativa começa com jovens trabalhando num terreno árido quando chegam árabes, armados, a cavalo. Eles cercam o grupo e perguntam: "Quem são vocês?". Uma mulher de aparência europeia responde: "Judeus". David Green estava entre esses pioneiros, que eram jovens intelectuais judeus de boas famílias há séculos estabelecidas na Rússia ou na Polônia, convertidos ao sionismo socialista, e que imigraram para a Palestina para ocupar e trabalhar a terra, como colonos e camponeses.

O filme salta para 1948, quando os ingleses se retiram de Jerusalém e os árabes começam a atacar os judeus que ali se encontravam. Essas cenas são bastante convincentes, revelando o talento de Perlov também para reconstituições históricas e cenas de ação. Sua carreira poderia ter tomado um rumo bastante diferente caso tivesse conseguido manter-se dirigindo filmes de ficção. Mas foram muito poucas as oportunidades que teve para provar que também podia assumir produções maiores dentro do cinema industrial.

Novo salto: "Primeiro foi a Bíblia, depois o sonho, depois a realidade". O sionismo realizou o sonho de Theodor Herzl do retorno do povo judeu à Terra Prometida. Um dos primeiros grupos a levar o sonho a sério foi o Ezra, que preparava jovens sionistas dispostos a colonizar a Palestina, e ao qual pertencia David Green, que mudou seu nome para Ben-Gurion e decidiu falar apenas o hebraico. Aos dezoito anos, mudou-se para Varsóvia e se engajou no partido político sionista socialista Po'alei Sión (Trabalhadores de Sion). Depois de ser preso duas vezes durante a revolução de 1905, imigrou para a Palestina em 1906, então sob o domínio do Império Otomano. Tinha apenas vinte anos de idade.

Na Terra de Israel, Ben-Gurion cai doente de malária, mas se levanta, antes de ter alta, para voltar a trabalhar na terra. Ama o trabalho duro, que a seu ver "purifica" os judeus, associados pelos antissemitas aos especuladores, comerciantes, exploradores e parasitas do povo. Os anos passam, até que uma emboscada dos árabes nativos contra os "estrangeiros" que se apossavam da "sua" terra faz ver a Ben-Gurion que a terra abandonada que ele havia trabalhado com as próprias mãos, agora produtiva, e cobiçada, precisava ser defendida com armas. Incansável, ele vai treinar na Rússia. Depois, consegue obter armas junto aos judeus norte-americanos, argumentando que quem não podia ir lutar deveria ajudar de outra maneira.

Se a Declaração Balfour reconhecia o direito dos judeus a um lar na Palestina, revendo a posição inglesa que oferecera Uganda como pátria para os judeus perseguidos ("lá tem um lago que lembra o de Tiberíades", diz um oficial com ironia), o ódio dos árabes apenas crescia: o mufti de Jerusalém declarou *jihad* contra os judeus. Ben-Gurion previa: "Quando começar a guerra na Europa, a situação dos judeus será desesperadora; é preciso preparar a imigração antes que seja tarde demais". Enquanto o Mufti aliava-se a Hitler, e criava uma SS islâmica para exterminar os judeus da Palestina, Ben-Gurion engajava-se como soldado na Legião Judaica, a unidade do Exército britânico criada por Zeev Jabotinsky.

Ao retornar à Palestina, desafiou a autoridade britânica organizando a imigração "ilegal" dos judeus que fugiam do Holocausto, criando assentamentos judaicos em todas as partes do país. Os ingleses obrigavam, contudo, os navios que traziam imigrantes judeus clandestinos a voltar. Como os árabes não aceitavam conviver com os judeus, a Comissão Peel propôs separar os dois povos em dois Estados. A guerra entre judeus e árabes estava para começar. Ben-Gurion busca armas junto aos judeus ricos dos EUA. Há vinte árabes para cada judeu: "Não haverá civis nesta guerra", prevê. O Secretário do Exterior da Inglaterra, Ernest Bevin, ignorava a urgência da questão judaica, preocupado apenas com sua carreira. O grupo terrorista judaico Irgun Zvai Leumi (IZL) acaba explodindo o Q.G. do Exército de Ocupação inglês sediado no Hotel King David. Finalmente, em 1947, é votada na ONU a Resolução da Partilha da Palestina em dois Estados, um árabe e outro judeu.

Os judeus dançam de felicidade nas ruas, mas os árabes rejeitam a Partilha, e atacam. Ben-Gurion decide criar um Exército, unificando todos os grupos armados – IZL, Haganah, Palmach,

Stern, que deixam assim a clandestinidade e entregam suas armas. A guerra começa oficiosamente. Sir Alexander Cardogan anuncia na ONU a retirada dos ingleses no dia 15 de maio de 1948. Os árabes fecham os portões dos muros da Cidade Velha, onde vivem duzentos mil árabes e dois mil judeus. Quando Ben-Gurion proclama a criação do Estado de Israel, cinco Estados árabes o atacam: Líbano, Egito, Síria, Iraque, Transjordânia. Jerusalém é ocupada pelos árabes, a estrada para Tel Aviv é cortada, os judeus da Cidade Velha ficam isolados do mundo. No Vale de Latroun, o Batalhão Alexandroni avança. É formado por judeus recém saídos de campos de concentração e não falam hebraico. São emboscados e ficam perdidos na batalha, morrendo quase todos: "Eles devem ser loucos", diz um estrategista árabe que comanda o ataque. "Não aqui", aponta para a cabeça um general árabe, "mas aqui", aponta para o coração.

O filme salta então para o presente, quando se comemora o Dia da Memória. Prosseguindo em sua política de imigração, Ben-Gurion abriga em Israel 120 mil judeus refugiados de países árabes. Encontra a resistência dos sobreviventes e seus parentes em sua política de acordo de reparações com a Alemanha Ocidental: muitos rejeitam o "dinheiro sujo de sangue". Mais uma vez ele recorreu à Bíblia: entendendo a posição dos sobreviventes do Holocausto que recusavam aceitar dinheiro por aquilo que lhes fora tomado e que nenhum dinheiro poderia reparar, ele lembrou, contudo, que os filhos não deviam pagar os pecados dos pais; que isso era injusto e o que era injusto não era judeu. Em 1953, pensando que um homem devia permanecer sempre jovem, Ben-Gurion retirou-se da vida pública, acreditando que o moderno Estado judeu podia agora andar com as próprias pernas.

Primeira cinebiografia do grande líder do povo judeu, *42:6* é também herdeira do estilo dos documentários da GPO. E faz um belo par com *Herzl* (1967), de Alberto Cavalcanti, narrado naquele mesmo estilo, mesclando cenas de arquivo com outras interpretadas por atores. Essas ações encenadas não deixam de ser convincentes, apesar de tratar-se de uma produção de baixo orçamento (para Perlov "muito rica"[57]). As cenas do combate

[57] Entrevista Inédita a Alberto Dines.

de Latroun impressionaram executivos da Columbia, que convidaram Perlov para dirigir um filme em Hollywood. Mas ele considerou o roteiro idiota e recusou a oferta[58]. Além dessas boas cenas, o aspecto mais original do filme é o tratamento plástico dado às imagens de arquivo, que adquirem tonalidades diversas, chegando às vezes a estourar a fotografia, evocando os quadros da *pop art* de Andy Warhol.

Durante as filmagens do documentário de Cavalcanti em Israel, Perlov pôde aproximar-se do veterano cineasta. Tornaram-se amigos e Cavalcanti chegou a ensinar Mira a fazer feijoada: "Graças a esse professor, eu tenho feijoada cada domingo"[59]. Cavalcanti voltou várias vezes a Israel – não esteve em Jerusalém apenas para fazer seu filme. Perlov estava em Paris quando Cavalcanti encenou *Fuente Ovejuna*, de Lope de Vega, no Teatro Municipal de Haifa. Segundo Mira, que a viu, a montagem primava pela estética, mas não obteve sucesso[60]. A ideia de propor ao governo israelense a realização de uma cinebiografia de Theodor Herzl teria partido de Cavalcanti, que estava apaixonado pela figura do "pai" do sionismo e viu em sua história a possibilidade de um filme. Quis depois levar Perlov para a África para lá fazerem juntos um filme[61].

O público sabra não apreciava os documentários produzidos pelas agências do governo. Preferiam comédias leves e populares, equivalentes às chanchadas brasileiras. Os sabras não haviam, como seus pais oriundos da Europa Oriental, passado por experiências trágicas, de esperanças e desilusões terríveis, por perseguições nazistas e resistências comunistas. Eram jovens ativos, que só queriam correr e gritar, contar piadas e amar – viver intensamente o momento presente. O cinema popular em Israel passou a ser dominado pelas comédias vulgares, sem pretensões artísticas, mais próximas do cotidiano desses jovens, sem profundidade nem transcendência. Em 1969, quando o jornal literário *Keshet* dedicou um número inteiro ao cinema, com 73 páginas de conversas entre o crítico Moshe Natan e Perlov, o futuro crítico Uri Klein ficou deslumbrado:

---

58 I. Klein; U. Klein, Un Entretien avec David Perlov, *Cinéma*, p. 44.
59 Entrevista Inédita a Alberto Dines.
60 Idem.
61 Idem.

"Foi virtualmente a primeira declaração local da importância artística e cultural do cinema"[62].

Contudo, foi no contexto do cinema popular que Perlov realizou seu segundo longa-metragem, a comédia burlesca *The Pill* (A Pílula, 1967-1972). O filme ora encanta graças ao seu ritmo alucinante, à fantasia surreal e ao estilo expressionista das interpretações, ora se torna aborrecido, caindo na comédia pastelão, com um enredo desnecessariamente complicado. A ação gira em torno do Sr. Palti Pique, um hipocondríaco colecionador de selos que deve uma fortuna em consultas ao Dr. Chakhor, que cobiça seu selo principal, o Palestina 1926. Numa de suas internações, o irmão de Pique, cantor pop envelhecido que vive bêbado, resolve pagar o médico com o selo, guardado num cofre cujo segredo ele conhecia.

Ao saber da traição do irmão, o Senhor Pique tenta enforcar-se. Nesse momento, chega à casa a jovem Hermine Zwingel, procurando pelo irmão, para com ele casar-se, fiando-se numa promessa feita anos atrás durante um concerto. Essa fã tresloucada, que se veste como uma boneca, só para de falar quando o pai, um químico, enfia em sua boca uma pílula calmante. O Senhor Zwingel revela ao Senhor Pique que inventou uma pílula maravilhosa, muito forte, capaz de modificar o homem e torná-lo sério. O Senhor Pique quer fazer o irmão engolir essa pílula mágica, que não para de brilhar, graças a um gracioso efeito de animação. Quando isso acontece, a pílula produz algo diferente: o irmão rejuvenesce instantaneamente, sem tornar-se sério, virando um garanhão "infantiloide", num caso científico que desperta a atenção dos especialistas do mundo inteiro.

Aludindo à *revolução* da pílula anticoncepcional (um invento que impressionou muito Perlov), à *revolução* pop dos Beatles e à *revolução* da viagem à Lua – *revoluções* que mudaram o mundo sem mudar as estruturas sociais –, *The Pill* antecipa também o Viagra e alguns de seus efeitos grotescos: os dois velhos correndo atrás de uma mocinha, o harém das "secretárias", logo assustadas com o tamanho do órgão do cantor quando ele tira a roupa etc. Com cenas hilariantes (a vizinha fabricando bombas, o sonho do enterro, os primeiros efeitos

---

62 U. Klein, The Camera as Pen and Paint-Brush, *Ha'Aretz*, 28 jan. 1999.

da pílula, a transformação do cantor em anjo), o filme carrega o espírito da época em seus figurinos *pop*, em seu apelo juvenil de consumo hedonista e no ritmo frenético assimilado de *A Hard Day's Night* (Os Reis do Iê-Iê-Iê, 1964), de Richard Lester.

Perlov desejou realizar outros filmes de ficção, chegando a planejar alguns deles de forma bastante detalhada, como uma adaptação do conto "O Engraçadinho", de Monteiro Lobato. Por dificuldades de produção, seus projetos de ficção não saíram da gaveta. Ele não gostava do chamado *filme de entretenimento*, ainda que não recusasse o espetacular, o ilusório: "Mas é preciso distinguir", ressaltava, citando como exemplos os filmes de Jacques Démy (considerava *O Flautista de Hamelin* "sombrio, mas maravilhoso"), Akira Kurosawa, Orson Welles, Rossellini – mestres do cinema que encontravam crescentes dificuldades de produção[63]. Também ele, esgotado pelos conflitos com seus financiadores privados e pela incompreensão dos burocratas da cultura que desejavam "filmes de tese", enquanto ele queria "fazer filmes sobre as pessoas" (como um longo documentário sobre os imigrantes que afluíam aos milhares em Israel, e que não foi aprovado), decidiu abandonar o cinema profissional. *Navy* foi sua última encomenda oficial.

Em 1972, Perlov fundou, com Nachman Ingbar e Yacov Malchin, o Israeli Film Institute. No ano seguinte, foi um dos fundadores do Departamento de Cinema e TV da Universidade de Tel Aviv, onde atuaria como professor, formando toda uma geração de cineastas israelenses. Em 1973, realizou dois trabalhos: *Settlement 3* (Assentamento 3, 1973), com roteiro de Haim Lapid e música de Noam Sheriff, um filme experimental para exibição em três telas simultaneamente, para a mostra 100 Years of Labor (Zionist) Settlement (100 Anos de Trabalho [Sionista] de Assentamento); e *A Letter to México* (Uma Carta ao México, 1973), com a participação de Leon Davidoff, realizado durante a Guerra de Iom Kipur.

Em 1973, Perlov assinou um episódio do filme-reportagem *25 Years ago* (25 Anos Atrás, 1973), em seis episódios, produzido pela TV de Israel, sobre pessoas que narravam suas lembranças da Guerra da Independência. Era a primeira vez que trabalhava

---

[63] I. Klein; U. Klein, Un Entretien avec David Perlov, op. cit., p. 45.

com uma câmera Arriflex 16 mm BL, tendo até então dirigido seus filmes com uma câmera 35 mm, grande e pesada, que exigia uma série de cuidados de *mise-en-scène*. Quando se encontrava sobre o telhado de uma casa em Jerusalém para registrar o local onde os árabes haviam bombardeado a agência judaica usando um automóvel, uma jovem prostituta apareceu ali como que caída de uma estrela. Perlov conversou com ela e achou impressionante o monólogo da rapariga: quis filmar essa aparição, esse rosto, registrar suas palavras, esquecendo o filme que fazia. Com a nova câmera ele *poderia* fazer isso: assim ele descobriu uma nova liberdade que ainda não havia vislumbrado[64]. Perlov comparou essa nova possibilidade de fazer cinema ao surgimento do impressionismo nas artes plásticas:

> Quando Degas e os impressionistas quiseram apreender o gesto do momento, a luminosidade cambiante, esboçar velozmente, pintar com rapidez onde se encontravam, eles se voltaram para os pastéis em vez de usar as cores a óleo. Os pastéis são a grande invenção do século XIX, eles deixaram os ateliês para descer às ruas e apreender a vida como ela era[65].

Grandes diretores cortejados pela *nouvelle vague*, como Fritz Lang, que interpretou o papel do cineasta de *Le Mépris* (O Desprezo, 1963), de Jean-Luc Godard; ou Alfred Hitchcock, entrevistado por François Truffaut em *Hitchcock/Truffaut*, eram inimigos dessa banalização da arte do filme: "Alguns filmes são fatias de vida; os meus são fatias de bolo", explicou Hitchcock a seu errático e pouco aplicado discípulo[66].

Filmar fatias de vida foi o que fizeram os jovens diretores. Eles buscaram inspiração no cinema neorrealista da Europa arruinada do pós-guerra, com suas produções empobrecidas e

---

[64] Idem, p. 42.
[65] Idem, p. 43.
[66] A frase é evocada por Truffaut, que diz gostar muito desse *slogan* de Hitchcock, ou seja, era uma frase que o cineasta inglês devia repetir muito em entrevistas para a imprensa e o crítico francês a lera certamente nos jornais. Na entrevista, Hitchcock reforçou-a com vários exemplos. F. Truffaut; H. Scott, *Hitchcock/Truffaut: Entrevistas*, p. 101. Na primeira edição brasileira do livro, a frase foi assim traduzida por Maria Lucia Machado: "Certos filmes são pedaços de vida, os meus são pedaços de bolo.", p. 63. Citei-a de memória em outro momento com uma pequena variação: "Alguns filmes são pedaços da vida, os meus são pedaços de uma torta", Cf. L. Nazario, *Da Natureza dos Monstros*, p. 139.

improvisadas, mas de resultados grandiosos, devidos em parte ao momento histórico que os cineastas viviam e documentavam em suas obras. Já a *nouvelle vague* francesa, o *anger cinema* inglês, o *free cinema* e o *underground* norte-americanos, o cinema novo e o cinema marginal brasileiros nasceram de facilidades técnicas que empobreceram a arte do cinema: sua única força residia na *visão de mundo* que seus autores *expressavam*.

Garantindo sua subsistência na universidade, David decidiu adquirir uma Canon Scoopic 16 mm muda e consagrar-se, desde então, a essa forma mais livre e independente de fazer cinema: a realização "caseira" de seu *Diary, 1973-1983* (Diários, 1973-1983). Inseria-se no novo cinema israelense sem abandonar a tradição do documentário. Um livro também o influenciou na nova prática: *In Cold Blood* (A Sangue Frio), de Truman Capote, uma reportagem escrita como se fora um romance[67].

Perlov realizou para a TV israelense a reportagem *The Delegation* (A Delegação, 1974), sobre o início da Guerra do Iom Kipur, uma experiência que ele viveu como a preparação para o novo tipo de cinema que começava a visualizar. Neste filme de 45 minutos uma delegação de sionistas mexicanos visita Israel de maneira inocente, sem sobressaltos; mas quando a delegação encontra-se com as tropas israelenses no Sinai, cinco meses depois da guerra, coquetéis molotov são lançados por manifestantes no hotel Hilton Mexicano e a reportagem ganha uma densidade política inesperada. Perlov ainda inseriu uma fala de Kissinger e um massacre ocorrido quando ele montava o filme. Os produtores "gostaram muito" do resultado, mas como o objetivo da reportagem era pedagógico, suprimiram os 15 minutos finais. Aquele filme, sem os cortes, era o que Perlov gostaria de fazer na TV, mas percebeu que isso era impossível[68].

Em Israel, literatura, poesia, e mesmo os jornais tinham plena liberdade de expressão, mas a TV sofria pressões, pois dependia das verbas do governo. O teatro era parcialmente subvencionado pelas municipalidades, mas não tinha o poder da TV e por isso os artistas de teatro tinham ampla liberdade de expressão. Já na TV a liberdade não podia ser completa: os editores costumavam receber telefonemas com puxões de orelha

---

67 Entrevista Inédita a Alberto Dines.
68 Idem.

do Primeiro Ministro e do Exército e precisavam ser fortes para manterem suas opiniões. O governo, que controlava a TV antes da eleição de Menachen Begin, em 1977, era socialista. Perlov era um judeu de esquerda cuja independência incomodava também esse governo de esquerda. Seu ressentimento com a política que a esquerda ocidental chama, indistintamente, de "direita" israelense era mais complexo que o jogo de esquerda versus direita nos países ocidentais.

Encontrando-se assim numa encruzilhada, aos 43 anos, Perlov decidiu mudar o eixo de sua câmera: em vez de dirigi-la para os outros, para filmar o mundo, passou a dirigi-la para si mesmo e começou a realizar ensaios autobiográficos, conforme escreveu Talya Halkin[69]. Contudo, esse "filmar a si mesmo" não excluía, no caso de Perlov, o "filmar o mundo": seus *Diários* (1973-1983) não estão voltados para sua vida íntima, mas para a Realidade, tal como ele a percebia sem as mediações normalmente utilizadas para seu registro. É justamente a Guerra de Iom Kipur, no Dia do Perdão, em 1973, que despertou em Perlov a necessidade de iniciar os *Diários*.

Nestes ensaios semidocumentários e semiautobiográficos, a justaposição entre o familiar e o social, entre a realidade interior e a exterior, encanta e aborrece como em todos os diários literários, com a diferença de que se trata, aqui, de um diário escrito com a câmera. Perlov não foi o primeiro a registrar em película os momentos de sua existência privada. Desde os anos de 1960, os filmes "cotidianos" de Andy Warhol forjavam o novo estilo em filmes monotemáticos, radicalmente subjetivos e desprovidos de *plot*, ou trama narrativa, como *Sleep* (Dormir, 1963), *Blow Job* (Felação, 1963), *Haircut* (Corte de Cabelo, 1963), *Kiss* (Beijo, 1963), *Eat* (Comer, 1963), *Couch* (Sofá, 1964), *Drunk* (Bêbado, 1964), *Restaurant* (Restaurante, 1965) etc.

Em sua tese sobre o cinema autobiográfico, Dominique Bluher traçou um panorama bastante completo da onda curiosa, nascida em 1967 – excluindo os filmes do primeiro cinema, como

---

69 The Diary of David Perlov, *Jerusalem Post*, 23 out. 2003, p. 34-35. Disponível em: <http://www.davidperlov.com/text/The_Diary_of_David_Perlov.pdf>. Acesso em: 24 abr. 2011. Ver também P. Chorodov; M. Perlov (ed.), *David Perlov's Diary*, p. 51-53.

Le Repas du bébé (A Refeição do Bebê), dos Irmãos Lumière – dos registros fílmicos do dia a dia de cineastas *underground* facilitados pelas novas câmeras super 8 e 16 mm, fáceis de carregar.

Joseph Morder iniciou seu diário filmado em 1967, mas decidiu não exibi-lo na íntegra[70]. *David Holzman's Diary* (O Diário de David Holzman, 1967), de Jim McBride, foi o primeiro diário *fake*: parodiando o *cinema-vérité*, ele apresenta o jovem cineasta David Holzman tentando encontrar a verdade sobre sua vida, filmando-a detalhadamente minuto a minuto. Só no final o público descobria que se tratava de uma personagem inventada.

Kodak Ghost Poem/Huge Pupils (Poema Fantasma Kodak/ Pupilas Enormes, 1968), de Andrew Noren, abre o ciclo diarista *The Adventures of the Exquisite Corpse* (As Aventuras do Cadáver Delicioso), com mais de seis horas de registros em super-8[71].

Jonas Mekas mostrou a primeira versão de seus *Diaries, Notes and Sketches/ Walden* (Diários, Notas e Sketchs/Walden, 1968), que somarão dezoito horas de registros, incluindo *Reminiscences of a Journey to Lithuania* (Reminiscências de uma Viagem à Lituânia, 1972), que reporta seu retorno à Lituânia, depois de 25 anos de exílio, para reencontrar sua mãe. O estilo de Mekas é impressionista – como se a câmera não parasse de "piscar", produzindo *glimpses* ou "cascatas de imagens evanescentes", como observou Bluher[72].

Johan Van der Keuken rodou seu *Journal* (Diário, 1972) partindo do nascimento do filho, mas abordando, sobretudo, as relações entre países ricos e países pobres[73]. Stephen Dwoskin realizou *Behindert* (1974). Boris Lehman, em *Album 1* (1974), filma e é filmado por 150 pessoas[74].

---

70 Atualmente, são ainda projetados apenas sete episódios de junho de 1978 a dezembro de 1981, e um *fake* de julho a dezembro de 1982. Joseph Morder realizou um filme sobre seus avós judeus poloneses: *Avrum et Cipojra* (1973); e o autobiográfico *La Maison de Pologne* (A Casa da Polônia, 1983).

71 O filme foi restaurado, mas retirado de circulação pelo autor devido ao seu caráter demasiado íntimo.

72 Perlov, Mekas, Morder, Lehman et les autres: à la recherche d'imprédictibles frémissements du quotidien, em P. Chorodov; M. Perlov (eds.), op. cit., p. 56.

73 O filme forma com *La Forteresse blanche* (1973) e *La Jungle plate* (1978) a trilogia *Nord/Sud*. Realmente autobiográfico será seu *Les Vacances du cinéaste* (1974).

74 O diretor incluirá uma entrevista com Perlov no terceiro capítulo de *Mes Entretiens filmés* (Minhas Entrevistas Filmadas, 1995).

Entre 1971 e 1976, o documentarista e professor no Massachusetts Institute of Technology, Ed Pincus, decidiu registrar sua vida com a esposa Jane, os dois filhos, Sami e Ben, e o cãozinho Tapper. Incluiu também seus *affaires* extraconjugais; seus encontros com colegas; suas viagens de ida e volta a Vermont, Califórnia, Arizona e Nova York. Finalizados em 1982, seus *Diaries* somam três horas e meia de memórias audiovisuais.

Segundo Vincent Canby, Ed, Jane e seus amigos falam sem parar sobre si mesmos, suas relações, seus sentimentos. O único momento "real" dessa *ego trip* seria, a seu ver, a visita de Dennis Sweeney, jovem ativista dos direitos civis, ex-aluno de Ed, que o procura para dizer que tem recebido mensagens ameaçadoras através de seus dentes. Ed e Jane tentam falar racionalmente com Sweeney, e sugerem que ele procure "ajuda". Logo eles descobrem que o jovem agora os culpa pelas mensagens e ameaça seus filhos. Mais tarde, ouvem a notícia de que Sweeney assassinou o ex-político Allard Lowenstein.

Nos *Diaries* de Ed, ele e a esposa permanecem indiferentes ao Vietnã, a Watergate, ao custo de vida, à História. Assim, para Canby, a visita de Sweeney ilumina o filme: o drama real interrompe a obsessão egocêntrica do cineasta. Para o crítico, "é difícil entender por que alguém quereria fazer um filme de sua própria vida, a não ser que seja um cineasta em busca de um tema". Para ele, não é a mesma coisa que escrever sobre sua vida; a câmera não é uma caneta nem uma máquina de escrever: "filmar não tem nada a ver com repouso e reflexão, exceto quando o material filmado é subsequentemente formatado na mesa de edição. A câmera invade todo espaço que ocupa quase da mesma maneira que um estranho. Ela destrói toda privacidade". Ao mesmo tempo, Canby considera fascinantes esses documentos visuais dos anos de 1970: "Não é apenas sobre a geração outrora dita do 'eu'; é uma demonstração disso. Eu, eu, eu!"[75].

Em seu livro *Cineastas Frente al Espejo* (Cineastas Diante do Espelho, 2008), Gregorio Martin Gutiérrez abordou essas "escritas do eu" que passaram a abundar no cinema: os diários filmados, os autorretratos de cineastas, as confissões e as

---

75 Ed Pincus Makes "Diaries" of his Own Life, *The New York Times*, 17 nov. 1982. Disponível em: <http://www.nytimes.com/1982/11/17/movies/film-ed-pincus-makes-diaries-of-his-own-life.html>. Acesso em: 24 abr. 2011.

cartas filmadas e gravadas, as colagens com reciclagens de filmes caseiros e fotos pessoais. O número dos cineastas que passaram a entregar-se a essa forma de narcisismo é crescente: Alan Berliner, Sophie Calle, Albertina Carri, Alain Cavalier, Raymond Depardon, Naomi Kawase, Robert Kramer, Ross McElwee, Nanni Moretti etc. Numa mostra sem precedentes, a edição de 2008 do Festival Internacional de Cine de Las Palmas de Gran Canária exibiu duzentos filmes listados na categoria de cinema autobiográfico, incluindo os *Diários* de Perlov.

No mundo egocentrado do consumismo descrito por Neal Gabler em *Vida – O Filme*, as mídias de massa acabaram com a vida pessoal dos "famosos". A fama trouxe como corolário a invasão da privacidade das celebridades. Esse corolário foi entendido pelas massas como meta a ser atingida, isto é: se os famosos são os que não têm mais privacidade, para um Zé Ninguém ficar famoso basta que ele abra mão de sua privacidade. Os anônimos esforçam-se para obter os quinze minutos de fama a que têm direito, segundo a velha fórmula de Andy Warhol, expondo publicamente suas intimidades, exibindo seus corpos e suas almas nuas para as câmeras da TV, em programas de lavagem pública de roupas sujas ou de competições despudoradas tipo *Big Brother*.

O projeto de todo cineasta que se coloca ou coloca sua vida "diante do espelho" implica talvez o mesmo grau de narcisismo e egocentrismo. Mas é preciso analisar cada caso. Ilana Feldman faz questão de distinguir a construção da intimidade familiar, nos *Diários* de Perlov, da

> exploração intimidante que o termo primeira pessoa vem assumindo, seja em documentários mais recentes, como *Tarnation* (2003), de Jonathan Caouette; *TV Junkie* (2006), de Michael Cain e Matt Radek; *Capturing the Friedman* (2003), de Andrew Jarecki; ou *Le Filmeur* (2005), de Alain Cavalier; ou em toda sorte de dispositivos tecnológicos confessionais (como *blogs*, *fotologs* e redes sociais)[76].

Joseph Morder filmava tudo, até seus encontros amorosos, "sempre para os arquivos, para o diário, para o futuro, para

---

[76] *David Perlov: Epifanias do Cotidiano*.

o passado, para o presente"[77]. Lehman, ainda mais exibido, centrava-se em seu próprio dia a dia. Já com uma visão mais sociológica que autobiográfica, Barbara e Winfried Junge rodaram o inacreditável documentário *Die Kinder von Golzow* (As Crianças de Golzow, 1961-2007), a mais longa crônica cinematográfica de que se tem notícia na história do cinema, somando 43 horas, num decurso de 46 anos. Eles começaram a registrar em película o dia a dia das crianças da cidade de Golzow (Oderbruch) em 1961, quando foi erguido o Muro de Berlim. A vida das crianças foi seguida ao longo de oito a doze anos, cada qual tomando um rumo diferente, contando pedaços da história da República Democrática Alemã (RDA). O filme é um monumento da Deutsche Film-Aktiengesellschaft (Defa) e da história do documentário. Após o fim da RDA e da Defa, em 1990, um novo episódio documentou a Reunificação da Alemanha e, em 2007, Winfried e Barbara Junge concluíram a saga documentária com *Dann Leben sie noch Heute* (Então Eles Ainda Vivem Hoje).

Perlov limitava seu registro ao círculo de familiares e amigos, ou a alguns poucos figurantes que conhecia em suas viagens, permanecendo sempre atrás da câmera, encarregando sua bela voz grave, de sotaque indefinido, de comentar as imagens: seus *Diários* são *reflexões audiovisuais* sobre seu estar no mundo. Se esses *Diários* se inserem, a princípio, na cultura do "eu" e na onda dos *home-movies*, o registro do cotidiano em Israel pode tornar-se, de uma hora para outra – e Perlov logo percebeu –, um drama histórico. Já no começo do primeiro capítulo, ao filmar os fiéis a rezar na sinagoga durante o Iom Kipur, através da janela de seu apartamento em Tel Aviv, Perlov registrou uma movimentação estranha: mulheres colavam rádios de pilha aos ouvidos e homens saíam às pressas do recinto. Depois, ao ligar o rádio, soube ter registrado o começo da Guerra do Iom Kipur, que estourara duas horas antes de sua filmagem.

Além disso, dentro do *home-movie* documentário, o gênero dramático também se insinua no registro, levando não-atores a se transformarem em atores, sob o mero efeito de estarem sendo filmados: no segundo capítulo, Perlov pediu a Yael

[77] Apud D. Bluher, op. cit., p. 57.

que falasse sobre seu estado de espírito depois que ela voltou inquieta de uma viagem à Europa: ao revelar seus sentimentos ao pai – à câmera –, expôs sua intimidade dentro de uma "personagem" improvisada, quase como uma atriz profissional: "Eu estava falando com meu pai ou interpretando um papel?"[78], ela se perguntou anos depois.

O *home-movie* também não bastava para Perlov, o gênero *caseiro* não se adequava à sua existência desenraizada. Afinal, ele se perguntava: "Onde é meu lar?"[79]. Pouco a pouco, seus *Diários* evoluíram para um misto de documentário político, registro autobiográfico, *cinema-vérité* (cinema-verdade), ensaio fotográfico, jornal de atualidades e até *road movie* (filme-de-estrada) aéreo, percorrendo uma trajetória que parte de Tel Aviv e vai para a Galileia, Paris, Londres, Dusseldorf, Rio de Janeiro, São Paulo, Belo Horizonte, Lisboa, até voltar a Tel Aviv. Perlov registra suas *ideias* sobre a vida e não sua intimidade, que permanece resguardada; dela, ele só revela o que *filtra com sua mente*.

A abordagem *mental* de Perlov também difere da abordagem *antropológica* ou *sociológica* de documentaristas como Jean Rouch e Frederik Wiseman. Perlov apreciava a abordagem destes cineastas, mas gostava de distinguir-se deles:

> Minha abordagem é diferente. O comentário é um instrumento do pensamento e não dos sentidos, gravado em estúdio, enquanto que a rodagem é mais espontânea. Optei por uma câmera estática quando filmo alguém falando. A palavra é também uma forma de representação, de espetáculo, e minha câmera tende então a desaparecer. A dimensão linguística é muito importante nos *Diários*: a língua é um instrumento do pensamento, enquanto que a visão e a audição são instrumentos dos sentidos e da percepção[80].

Como Perlov filmou seus *Diários* com uma câmera 16 mm muda, foi preciso trabalhar intensamente a edição, pois o som havia sido gravado separadamente. Ele teve de sincronizar perfeitamente os movimentos das bocas dos personagens nas imagens mudas com o som gravado de suas falas, acrescentando

---

78 Y. Perlov, Esboço da Palestra Antes da Apresentação do *Diário* e *Em Jerusalém* no Torino Film Festival, 2006.
79 D. Perlov, original datilografado. Tradução minha.
80 Apud A. Schweitzer, op. cit., p. 77.

depois seus próprios comentários, inspirados nas ideias que ele tivera no momento das gravações, mas bastante refletidos.

Perlov escreveu: "A câmera vê, mas ela não pensa, é o homem que se encontra atrás dela que pensa. Se a câmera não é animada pelo espírito do homem, ela permanece um instrumento *voyeur* e morto". Na verdade, a câmera não pensa nem vê. Ela não é um instrumento *voyeur*, ela é um instrumento morto apenas. É o homem pensante que vê através do visor e da lente. É sempre o homem que seleciona o campo de visão que sua máquina de registros deverá abarcar; é ele quem enquadra o objeto a ser filmado, quem focaliza e faz a tomada que imaginou ou a que simplesmente pode fazer, no calor da hora. Perlov estava perfeitamente consciente disso:

> Em meu filme *Diários* há muita seleção, antes e depois de filmar, e é extremamente tendencioso, mesmo se parece acidental. No meu filme há uma ordem na seleção, uma ordem em pensar antes de filmar e ainda depois disso [...]. Eu viso à máxima escolha, uma escolha tendenciosa [...]. Minhas tesouras fazem essa seleção. Minha própria presença ajuda a introduzir essa ordem; eu produzo a narrativa, e isso cria continuidade para o espectador. Narração é um instrumento da mente e não dos sentidos [...]. Eu faço um grande número de tomadas, cerca de seiscentas para cada capítulo, quando o normal é aproximadamente duzentas tomadas para um filme dessa duração [...]. Meus filmes não são jornalismo[81].

Assim, mesmo na distinção que Perlov faz entre o ver e o pensar (como se o ver, qualidade sensível, fosse inferior, ou mecânico diante do pensar, humano e superior), todo o acento do filme é dado ao *pensamento* e à sua expressão fílmica mais direta, o *comentário*, registrado com a voz do cineasta. Daí o caráter ao mesmo tempo ensaístico e pessoal dos *Diários* de Perlov. Não há neles momentos picantes, como encontramos nos diários literários escritos sem a intenção de serem publicados por seus autores, ao menos enquanto estivessem vivos e a escrevê-los ainda, como os *Diários* de Susan Sontag, publicados por seu filho, David Rieff, ou os de Simone de Beauvoir,

---

81 A Conversation in Two Parts with David Perlov, em R. Bilsky-Cohen; B. Blich (eds.), *The Medium in 20th Century Arts*. Disponível em: <http://www.davidperlov.com/text/My_Diaries.pdf>. Acesso em: 15 mar. 2011.

que serviram de fonte para suas *Memórias*, depois de cuidadosa depuração da escritora, postumamente publicados por sua filha adotiva, Sylvie Le Bon de Beauvoir[82]. Assim, de certo modo, os *Diários* de Perlov estariam mais próximos das memórias literárias – refletidas e censuradas por seus autores para publicação – do que dos diários sempre sujos de estripulias sexuais, casos ilícitos, fraquezas de caráter e torpezas de julgamento, menos submetidos, na pressa do registro, à censura do pensamento reflexivo. Essa observação é coerente com a afirmação de Perlov: "Sempre quis escrever uma autobiografia que tivesse ao mesmo tempo um caráter pictural"[83]. Os *Diários* são a concretização de sua acarinhada "autobiografia pictural".

Se o formato cinematográfico dos *Diários* de Perlov não era de todo inovador na história da sétima arte, seu mérito foi o de articular na língua hebraica do moderno cinema de Israel uma vertente cinematográfica de vanguarda até então inédita nesse espaço histórico, geográfico, cultural e linguístico. Perlov descortina nos seus *Diários* o mundo a partir de um ponto de vista judaico, errante, cosmopolita: "Meu diário é minha carteira de identidade", escreveu[84]. Arquivo vivo de suas lembranças pessoais, esses registros realizados ao longo de dez anos fixam momentos fugidios da vida, com suas inquietações particulares e enigmáticas, encontros com parentes e amigos em gestos anódinos, mas de certo modo envolvidos no turbilhão da História. Não se trata, porém, de nostalgia:

> Não há busca proustiana pelo passado em meus filmes, entre Proust e Dickens, eu me sinto mais próximo de Dickens. Li recentemente *Hard Times*, e me comovi com certa passagem, que fotocopiei e carrego comigo. [...] Não estou em busca do tempo perdido. Quando vou para o Brasil, estou lá. O filme é um documento do presente[85]

O processo diarista de Perlov foi desencadeado mais profundamente a partir de uma discussão que ele e Mira tiveram com o escritor André Schwartz-Bart e sua esposa Simone, que

---

82 Ver respectivamente S. Sontag, *Diários, 1947-1963*; e S. de Beauvoir, *Cahiers de jeunesse 1926-1930*.
83 Apud A. Schweitzer, op. cit., p. 77.
84 A Conversation in Two Parts..., op. cit.
85 Apud A. Schweitzer, op. cit., p. 77.

visitavam Israel, e na qual os dois casais puderam retomar antigas conversas, mantidas na Paris dos anos de 1950, a partir da leitura dos manuscritos de *Le Dernier des justes* (O Último dos Justos): além da questão judaica, sob o impacto do Holocausto, outro tema recorrente nas conversas era por que um cineasta não podia, como o escritor, "escrever com a câmera" seus diários. Era mais fácil para um escritor fazê-lo, mas isso não deveria impedir o cineasta de tentar se virar com a câmera: era preciso apenas encontrar a forma adequada.

Nos seus primeiros registros, o diretor revela ter se cansado do cinema, da realidade, dos documentários: "Mas para que serve o cinema? Não quero mais fazer esse cinema real. A realidade não basta, os documentários não bastam"[86]. Recordando o movimento francês da *caméra-stylo* teorizado por Alexandre Astruc, Perlov quer "escrever" com a câmera um livro em película, registrando sua vida ao longo de dez anos e seu espanto permanente diante da existência.

Pouco antes de iniciar seus *Diários*, Perlov negociava com o Ministério dos Assuntos Exteriores um projeto de filme que acabou não se realizando, intitulado *Identidade*. Impaciente para começar a rodar as cenas, mesmo sem receber o sinal verde da burocracia oficial, Perlov fez algumas tomadas prévias: da janela de seu apartamento, filmou o Iom Kipur e a dupla sinagoga, em frente, com os asquenazis no andar de cima e os sefardis no andar de baixo, e as mulheres do lado de fora com seus leques. Como o filme não decolou, ele acabou inserindo essas cenas nos seus *Diários*: o início mesmo da Guerra do Iom Kipur, em outubro de 1973. Politicamente, Perlov estava desencantado: percebia o fim das utopias que, bem ou mal, haviam movido Freud, Marx e Darwin; percebia agora no mundo uma dimensão de *medo*: os homens *temiam* o futuro, "como os macacos no filme de Kubrick"[87]. Perlov pode não ter lido *One-Dimensional Man* (A Ideologia da Sociedade Industrial), de Herbert Marcuse, mas intuía que o capitalismo avançado superava o marxismo através da tecnologia:

---

86 As Seis Horas do Diário de David Perlov, *Folha de S. Paulo*, 28 maio 1985, p. 29.
87 Entrevista Inédita a Alberto Dines.

Tecnologia quer dizer: você inventa um trem de subúrbio que viaja dez vezes mais depressa do que viajava antes. E resolve o problema do subúrbio [...]. É uma concessão do capitalismo ao marxismo [...]. Não haverá mais pobreza na Europa e nos EUA, haverá mais higiene, meios de transporte bons e tudo o mais para o operariado [...]. Mas o obscurantismo dessa segunda Idade Média [...] é a bomba atômica. Nossa época tende para o mal. Se você tem uma superpopulação, precisa ter supermeios de destruição em massa[88].

A política em Israel também o desencantava. Admirara a grandeza dos pioneiros que haviam fundado a nação – Ben-Gurion, Golda Meir – mas acreditava que os novos líderes, já nascidos em Israel, como Ariel Sharon, Shimon Peres, Yitzhak Rabin, Moshe Dayan, eram apenas líderes locais, sem a grande visão irradiadora judaico-europeia que tivera o poder de exigir sacrifícios, de conduzir um povo:

Israel de hoje é menor do que a Israel dos anos de 1930. Três milhões e meio ou quatro de hoje é menor do que a Israel do meio milhão de habitantes. Tinha élan naquela época, tinha uma coisa a caminho, tinha tudo [...] Israel tornou-se incestuosa, mas talvez o *schtetl* também o fosse, não sei se o *schtetl* era tão sadio[89].

Perlov rodou os dois primeiros *Diários* entre 1973 e 1980, em 16 mm, com recursos privados. Durante a produção, Perlov realizou *Isaac Stern* (1976), para o décimo aniversário da Fundação Jerusalém, e obteve financiamento para realizar um projeto seu: *Biba* (1977), filme sobre uma viúva da Guerra de Iom Kipur, com música de Oeden Partos (último trabalho deste compositor) e vocal da meio-soprano Mira Zakai. O filme foi um sucesso e ganhou dois prêmios: o de melhor diretor e melhor filme no concurso do Culture and Arts Council e Instituto do Filme Israelense[90].

David Perlov também dirigiu um episódio da famosa série da TV israelense *Pillar of Fire* (Pilar de Fogo, 1978); e o documentário *Memories of the Eichmann Trial* (Memórias do Julgamento de Eichmann, 1979), onde entrevistou testemunhas

---

88 Idem.
89 Idem.
90 Original datilografado. Tradução minha.

do célebre processo na sala de estar de seu próprio apartamento, "fundindo nesse simples gesto, literalmente, o privado e o público"[91]. Seguiram-se três anos de exaustão, insônia e depressão. Perlov parecia roído pela angústia, fumando um charuto Davidoff atrás do outro[92]. Contudo, sua relação problemática com as filhas gêmeas Yael e Naomi melhorava à medida que elas se tornavam adultas.

Finalmente, em 1982, Perlov conseguiu um financiamento da emissora britânica Channel 4 para concluir, com um *transfer* para 35 mm, seus *Diários* gravados em vídeo digital. Não era um financiamento espetacular, mas bastava-lhe: "É pouco, mas para que mais? Os cineastas precisam de sofisticação para se convencer de seu profissionalismo. Mas não é preciso mais do que uma camerazinha e um gravador comum para se respirar como cineasta e chegar aos prazeres vitais"[93]. Nesse processo, foi fundamental a atuação de Michael Kustow, um dos fundadores – junto com Jeromy Isaacs – daquela emissora britânica, da qual foi, desde o começo, o programador. Foi ele quem decidiu apoiar Perlov assim que viu os primeiros capítulos dos *Diários*.

Ao longo de dez anos, Perlov registrou sua vida familiar, suas viagens e seus encontros com amigos, famosos ou não; suas reflexões sobre a arte, a vida e os acontecimentos, anódinos ou dramáticos. Divididos em seis episódios com 52 minutos cada um, os *Diários* foram ordenados em ordem cronológica de registro:

Yoman – 1 (Diário – 1, Israel, 1973-1977). David Perlov inicia o filme explicando seu projeto: "Maio de 1973, compro uma câmera. Começo a filmar eu mesmo e por mim mesmo. O cinema profissional não me atrai mais. Eu filmo dia após dia em busca de outra coisa. Procuro antes de tudo o anonimato. Preciso de tempo para aprender a fazer isso". Seguem imagens de Mira e as filhas gêmeas Yael e Naomi. Os noticiários da Guerra de Iom Kipur na TV. O Muro das Lamentações, em

---

91 I. Feldman, op. cit.
92 T. Halkin, The Diary of David Perlov, op. cit., p. 34-35; ver também P. Chorodov; M. Perlov (eds.), op. cit., p. 51-53.
93 As Seis Horas do Diário de David Perlov, op. cit., p. 29.

Jerusalém. Uma viagem ao Brasil, em 1974, com as ruas de São Paulo. As aulas na Universidade de Tel Aviv. Encontros com o violinista Isaac Stern. O ator Klaus Kinski e o poeta Nathan Zach. O novo apartamento em Tel Aviv. Os amigos Julio Mester e Felá. As eleições. Viagens a Bruxelas, Paris, Romênia. A amiga Marguerite. Visita ao velho amigo Abrasha (Abrasza) Zemsz que se encontrava doente. Anuar Sadat em Israel. A marcha de Jerusalém.

Yoman – 2 (Diário – 2, 1978-1980). Imagens do Cemitério dos Pioneiros no vale de Harod, na Galileia[94]. Perlov interessa-se por tumbas que parecem ter sido colocadas de lado, excluídas. "Por quê?", pergunta. Um amigo explica, e textos em hebraico sobre as pedras confirmam que se trata de túmulos de jovens judeus que vieram no início da colonização de Israel, em busca da Terra Prometida, encontrando apenas o árido deserto, que lhes pareceu insuportável: incapazes de adaptarem-se às condições de vida, eles se mataram. Estavam quase todos na faixa dos vinte anos de idade. Perlov não entende por que seus túmulos deviam ficar à margem: não haviam lutado o mesmo combate? Apenas por que foram derrotados pela História? Mais tarde: Yael e Naomi entram para o Exército. O cineasta sofre de insônia. Ária de Bach e as crianças. Perlov no oculista Bonnard: tem medo de ficar cego. Encontro com o intelectual de extrema-esquerda Pierre Goldman, que seria assassinado pela ultradireita em 1979. Reflexões sobre o dialeto ladino. Naomi fala do pintor renascentista Piero de la Francesca. Yael é traída pelo namorado. Um passeio com Mira em Creta. No quarto de hotel, ela mostra à câmera – a Perlov – um cartão postal com um fauno de falo ereto. Reflexões sobre a mulata brasileira.

Yoman – 3 (Diário – 3, 1981-1982). Eleições em Israel; Yael discorre sobre a montagem no cinema e analisa com lucidez o filme *Le Sang des bêtes* (O Sangue dos Animais), de Franju. O suicídio de Zemsz, que se jogou do sexto andar do Hotel de l'Avenir (Hotel do Futuro) em Paris. Encontros com Joris Ivens. A praia e os amigos Julio Mester e Fela em Tel Aviv. Fela canta "Angelitos Negros", a canção que persegue Perlov

---

[94] C. Schulmann, David Perlov (1930-2003): Chronique persistante, *Geste*, nov. 2006. Disponível em: <http://www.davidperlov.com/text/Perlov_geste.pdf>. Acesso em: 16 mar. 2011.

pela "ascendência espiritual negra" que ressente por ter sido criado pela neta de escravos dona Guiomar. Naomi e o namorado Jean-Marc. A primeira manifestação contra a Guerra do Líbano, com pacifistas usando máscaras que representam a Morte. Perlov passa os nove meses seguintes angustiado. Seus alunos são convocados para a guerra – despedem-se dele – retornarão todos?

Yoman – 4 (Diário – 4, 1982-1983). A guerra do Líbano. A cantata "Aleksandr Névski". Goya e a guerra. Funerais. Sabra e Shatila: Sharon recusa renunciar. Emile Greenzweig. Surge um arco-íris durante a Guerra do Líbano. Leitura de *Cem Anos de Solidão*, de Gabriel García Márquez. Aniversário de Yael. Citação de um poema de Zach: "Vi um pássaro de rara beleza. / O pássaro me viu também. / Um pássaro tão belo, eu sei / que jamais outro igual verei. // Um arrepio de sol me invade. / Digo palavras de adeus. / Hoje não poderei mais dizer / As palavras de ontem à tarde"[95].

Yoman – 5 (Diário – 5, 1983). Paris em agosto. Centre Pompidou. A rue Poissonnière – a sinagoga e as igrejas. Colônia. Amsterdã. Londres, onde Perlov adoece e convalesce. Irving Howe. Paris, Gare de l'Est. Naomi na Scola Cantorum. Jogos de azar com a câmera. Yael torna-se assistente de Lanzmann e edita o filme *Shoah* (1985). Conversas com André Schwartz-Bart. Yael decide viver em Paris.

Yoman – 6 (Diário – 6, 1983). Retorno ao Brasil. O bairro judeu de São Paulo. A estação da Luz. O amigo libanês Fauze. A cidade natal, Rio de Janeiro – para Perlov a mais sensual do mundo. Copacabana, o Paraíso dado por Deus a um homem dotado de beleza, inteligência e criatividade – o brasileiro – resultado da miscigenação de povos indígenas, africanos, europeus. Uma procissão religiosa em Ouro Preto. As obras de Aleijadinho. Tiradentes. Quase ao final, retornando de trem da Estação da Luz para Belo Horizonte, antes de voar para Lisboa – onde as rádios insistiam em tocar "Ave Maria" de Schubert –, Perlov pergunta: "Não terá sido aqui, vendo estas imagens [enquadradas pela janela do trem], que o meu amor ao cinema nasceu?". Parodiando a máxima de Glauber Rocha,

---

95 Tradução minha a partir da versão francesa de Nathalia Jungerman.

Perlov conclui: "Essa câmera na cabeça é uma máscara". Ele voltou a usar a expressão durante uma entrevista feita por Talya Halkin: logo que ela chegou a seu apartamento, Perlov quis tirar uma foto dela: "Essa é a minha máscara", ele disse, erguendo sua câmera Polaroid prateada.

Perlov considerava suas câmeras como espécies de máscaras que, de tanto usá-las, já se colavam a seu rosto: quando não estava olhando pelo visor da filmadora, tinha o olho grudado no visor da máquina fotográfica. Não conseguia mais livrar-se dessas próteses: via o mundo sempre *através* das câmeras. Por isso, "escrevendo" seus *Diários*, ele *representa* a câmera que vê por ele – e dá *seu* ponto de vista, comentado por sua voz que, apesar do texto refletido e da entonação possivelmente ensaiada, funciona como a voz interior de sua consciência, exprimindo seus pensamentos íntimos.

Há, nos *Diários*, registros extremamente felizes. A presença de Mira é silenciosa: ela quase não fala, mantém-se sempre um pouco escondida, evitando a câmera, ao contrário das filhas, bastante registradas e entrevistadas. O crítico Élie Castiel entende que em oposição aos cineastas sabras, que nasceram em Israel, Perlov permaneceu o eterno errante, o meteco em Israel, o imigrante do Brasil. Seria o sentimento de eterno estrangeiro que explicaria sua insistência em filmar as duas filhas ao invés de Mira, sua companheira de vida, "uma meteca também". Querendo compreender seu país, Perlov interrogaria de preferência as que nasceram ali[96].

Das duas filhas, contudo, é Yael a privilegiada nos *Diários*. Noemi tornou-se dançarina e coreógrafa, trabalhando com o coreógrafo Angelin Preljocaj. Já Yael, de personalidade exuberante, tornou-se editora de cinema. Seu jeito de falar é apaixonante: poderíamos ouvi-la contar histórias por horas a fio. Parece que Perlov sentia o mesmo: o filme deixa entrever seu carinho especial por essa filha, que acabou seguindo seus passos ao escolher o cinema como profissão.

Os comentários com que Perlov pontua sua obra são sempre interessantes; eles contêm toda uma filosofia de vida, uma ansiedade que devia ser permanente nele, a angústia de uma

---

96 Journal d'un Méteque. *L'Incontournable*, n. 3 e 4, dez. 1989/jan. 1990.

geração de sionistas de esquerda que amaram Israel com um amor dilacerado pelas contradições entre sua visão ideal de Israel e Israel concreto; aquilo que o país se tornou ou foi obrigado a tornar-se, em confronto com os palestinos que disputam o mesmo espaço, e os árabes que o cercam.

Perlov gostava de registrar os pés, as pernas, os passos das pessoas. Permanecia de tocaia numa janela, num café, até ouvir passos na calçada. E ficava radiante quando conseguia capturar as imagens pelas quais ansiava. Gostava de registrar o anódino, aquilo em que ninguém presta atenção; numa cidade como Paris, filmava tudo, menos o que interessaria à maioria das pessoas. Procuraria um ponto de vista diferente pelo prazer de inovar, de ser diferente, ou se encantaria, realmente, com o anódino por si mesmo?

Em 1985, Perlov retornou ao Brasil, convidado por J. Guinsburg que, juntamente com Rifka Berezin, dirigia o setor de eventos da Associação Universitária de Cultura Judaica, para apresentar alguns de seus filmes e apresentar um curso em doze lições sobre música e cinema na Escola de Comunicação e Artes da Universidade de São Paulo (ECA-USP). Ali, Perlov reencontrou Paulo Emílio Sales Gomes, que – como testemunhei uma vez – ilustrava suas explanações com trechos de cópias de filmes em 16 mm que colocava no projetor e exibia, após localizar a cena, olhando os fotogramas no rolo de película: sem os atuais recursos instantâneos do DVD, as aulas de cinema de então transcorriam de modo incrivelmente lento.

Perlov procedia do mesmo modo em suas aulas na Universidade de Tel Aviv, como lembrou Noa Steimatsky, ao citar uma aula de Perlov na Universidade de Tel Aviv, sobre *L'Avventura* (A Aventura, 1960), de Michelangelo Antonioni, "nos velhos dias em que ainda manuseávamos e estudávamos filmes em 16 mm"[97]. Mesmo assim, uma aula de 1973, na qual Perlov fez uma conexão entre o impressionismo e a *nouvelle vague* e entre *Vivre sa vie* (Viver a Vida, 1962), de Jean-Luc Godard, e *Accattone* (Desajuste Social, 1961), de Pier Paolo Pasolini, foi

---

97 In Memoriam David Perlov, *Ha'Aretz*, 31 dez. 2004. Disponível em: <http://www.davidperlov.com/text/Perlov_in_memoriam.pdf>, Acesso em: 16 mar. 2011.

decisiva para o crítico Uri Klein: "Essa aula foi um dos momentos mais significativos de minha vida"[98].

Perlov criticava a tendência estéril de inserir nos roteiros sempre as mesmas coisas que encontrava entre seus alunos: Pink Floyd, sexo, haxixe. Lembrava que Serguêi Eisenstein dizia, na Escola de Cinema de Moscou, que era preciso lutar contra o triângulo sagrado da dramaturgia burguesa: ela, ele, o amante. Por analogia, ele combatia o novo triângulo de sexo, droga e *rock'n' roll* que dominava a juvenília: "Estudantes destituídos de interesse, que farão no futuro filmes destituídos de interesse"[99]. Perlov apreciava os filmes do novo cinema israelense realizados por sabras de visão aberta, alguns deles ex-alunos seus, sem a excessiva politização dos diretores dos documentários.

Citava, por exemplo, *Noa at 17* (Noa com Dezessete Anos, 1982), de Yitzhak (Tzepel) Yeshurun. Esse diretor, após uma série de fracassos, encontrava-se falido e precisava fazer um filme de sucesso. Sem produção, decidiu rodar dentro de uma casa de dois quartos, durante dez dias, com apenas duas câmeras. A trama se passa em Israel, no ano de 1951. Noa, uma garota engajada no Mapai, a esquerda que governou Israel até 1968, defende, contra os conformistas, sua individualidade e seu direito de pensar por si mesma. Uma batalha ideológica tem lugar no *kibutz*, quando se torna necessário tomar a decisão de seguir a Rússia soviética ou o mundo ocidental. Dentro do *kibutz*, o debate divide as famílias e o grupo de amigos de Noa. Ela não aceita compromissos e recusa um mundo de valores relativos. Perlov elogiou a narrativa sólida e enérgica do filme: "As discussões são de uma intensidade impressionante, cada personagem atinge a essência de suas experiências de vida, com o fim próximo do stalinismo".

Na mesma entrevista inédita, infelizmente mal transcrita e, portanto, impublicável, Perlov mencionou outro filme que não conseguimos identificar e que, segundo sua descrição, concentra-se numa família vivendo num *kibutz* onde ninguém se entende. Os irmãos não se falam e os pais não ouvem os filhos. A trama encena, segundo Perlov,

---

[98] In Jerusalem, op. cit.
[99] I. Klein; U. Klein, Un Entretien avec David Perlov, op. cit., p. 46.

o prazer quase mórbido que os judeus têm em discutir, argumentar, contradizer, discordar, sem procurar entender o que o outro disse ou quis dizer, nem mesmo tentando convencê-lo. Não há propriamente conversas, discussões, debates, mas *monólogos simultâneos*. Não se vê no filme uma paisagem, uma rua, nada além dos rostos dos membros da família a falar e gritar a portas fechadas[100].

Outro filme apreciado por Perlov é *Khamsin* (Siroco, 1982), de Daniel Wachsmann, uma alegoria em estilo realista das relações entre árabes e judeus. Ao contrário dos anteriores, é um filme de paisagens, agressivo e silencioso. Dois jovens, um árabe e um judeu, crescem juntos e se gostam. O judeu emprega o árabe em sua velha fazenda na Galileia. A irmã do judeu, masculinizada, mas atraente, cria um romance de olhares com o jovem árabe, até que este se deita com ela num curral de touros. Enciumado, o judeu faz o touro avançar sobre o árabe. Quando o touro retorna, tem uma mancha de sangue: a cena encantou Perlov pela sua elipse.

Perlov também cita como dignos exemplares do novo cinema israelense que ele viu nascer e do qual se sentia um pouco responsável, um curta-metragem de temática homossexual com atuação de um jovem de extrema beleza; e um filme sobre a guerra do Líbano, filmado como um diário de guerra por alunos seus – os títulos desses filmes não foram transcritos na entrevista[101]. Curiosamente, Perlov não cita cineastas israelenses premiados e reconhecidos em todo o mundo já em sua época, como Amós Gitai, Amós Guttman ou Uri Barbash[102].

[100] Entrevista Inédita a Alberto Dines.
[101] Idem.
[102] AMÓS GITAI: Nascido em Haifa, em 1950, o jovem arquiteto Gitai serviu como soldado na Guerra do Iom Kipur. Estava num helicóptero que foi bombardeado, e sobreviveu por milagre. Depois da experiência, abandonou a arquitetura para fazer cinema, a princípio documentários como *Political Myth* (Mito Político), *Field Diary* (Diário de Campo), *Berlin-Jerusalem*. Seus filmes de ficção guardam o estilo do documentário: a trilogia *Golem*, *Devarim*, *Day after Day* (Dia Após Dia), *Kadosh*, *Kippur*, *Alila*, *Promised Land* (Terra Prometida), *Free Zone* (Zona Livre), *Disengagement* (Separação), entre outros. Polêmico em Israel, Gitai acumula prêmios em festivais internacionais.
 AMÓS GUTTMAN: Autor do já clássico *Himmo Melech Yerushalaim* (Himmo, o Rei de Jerusalém, 1987), baseado na novela de Yoram Kaniuk, ambientado durante o cerco de Jerusalém e a Guerra de Independência em 1948. Kimche, jovem enfermeira voluntária, cuida do misterioso Himmo, soldado que fora belo e sedutor, o "Rei de Jerusalém", agora cego e mutilado, inteiramente

O curso de Perlov na ECA-USP abordou um aspecto da prática cinematográfica que ainda merecia pouca atenção entre nós: o papel da música no filme. Por três semanas, Perlov saía apenas para dar suas aulas e apresentar seus filmes, aproveitando o tempo livre para rever seu pai, seu irmão, o jornalista Aarão Perlov, e amigos. Aproveitou para registrar os marcos de sua infância e juventude: Estação da Luz, Bom Retiro, Estação do Brás. Excetuando esses marcos, São Paulo não interessava a Perlov: a cidade moderna, mas nem tanto, não lhe causava impacto nem instigava sua curiosidade. Na casa de Rifka Berezin, o primeiro capítulo dos *Diários* estreou no Brasil numa apresentação particular para convidados. Rifka não se impressionou. O filme, a seu ver, não tinha muito conteúdo e se concentrava no familiar: filhas, esposa, ego. Somente anos mais tarde, ao ver os últimos capítulos dos *Diários*, sentiu-se comovida por eles, apreciando a forma mais profissional que haviam tomado. Também hoje, depois de ignorar sua existência, a crítica israelense considera os *Diários* um dos trabalhos mais importantes de criação da história do cinema israelense.

Embora idealizasse sua independência como cineasta "diarista", Perlov continuou a realizar filmes-reportagens de encomenda, segundo interesses próprios ou alheios – uma vez documentarista sempre documentarista: *Tel Katzir '93* (1993), sobre o *kibutz* Tel Katzir; *Purim Every Day* (Purim Todos os Dias, 1993), para o canal 2 da TV israelense; *Shlomi* (1994), para o canal 1 da TV israelense; *Yavne Street* (Rua Yavne, 1994), para o canal 2 da TV israelense; *A New Opera* (Uma Ópera Nova, 1995), para o canal 1 da TV israelense; *Silver Train* (Trem de Prata, 1995), sobre *stills* fotográficos, poemas e canções heroicas

> enfaixado, sem poder mexer-se ou falar, com ferimentos tão graves que poderá morrer a qualquer momento. Os sentimentos ambíguos de Kimche em relação a Himmo são tratados com delicadeza nesse filme impactante. Pouco antes de morrer, vitimado pela Aids, Guttman realizou – finalizando algumas cenas internado no hospital – o belíssimo *Amazing Grace* (Dádiva Incrível), primeiro filme israelense sobre a Aids.
>
> URI BARBASH: Diretor do inquietante *Me'Achorei Hasoragim* (Atrás dos Muros), onde prisioneiros políticos árabes convivem com criminosos judeus no mesmo presídio de segurança máxima. O *huis clos* converte-se aos poucos em poderosa metáfora sobre Israel, com árabes e judeus obrigados a compartilhar o mesmo espaço contaminado pelo ódio, território comum que gera também uma estranha solidariedade.

da Guerra de Independência de Israel, com texto de Y.H. Brenner e S. Izhar, música de Shem Tov Levi e fotografia de Y. Hirsh.

Deste período, seu trabalho mais importante é *Meetings With Nathan Zach* (Encontros com Nathan Zach, 1996). Velho amigo de Perlov[103], Zach teve uma infância difícil e infeliz em Haifa, devido à bancarrota do pai, rico empresário que, ao falir, foi despojado de todos os seus pertences, tendo a casa esvaziada de seus móveis, com exceção de uma cama para todos e uma cadeira para cada membro da família, segundo a lei turca da época. A família inteira passou a dormir na mesma cama e a controlar a luz elétrica: apenas uma lâmpada podia ser acesa na casa. Incapaz de reerguer-se, o pai soçobrou na amargura. Zach fugia do clima opressivo do lar em passeios solitários, contemplando o mar, com sua eterna promessa de renovação. Depois, entregou-se ao álcool e à poesia. Voltando a morar em Haifa quando a mãe, já idosa e doente, não encontrava outro hospital que a aceitasse senão o daquela cidade, Zach dividia seu tempo entre as aulas de poesia na Universidade de Tel Aviv, as viagens de trem, os retornos a sua casa com bela vista para o mar e as noitadas nos cafés; seus poemas refletiam sua existência limitada e sonhadora, sempre em busca da essência das coisas.

Antes e depois do curta-metragem *Anemones* (2000), que Perlov produziu com seus alunos do Departamento de Cinema e Televisão da Universidade de Tel Aviv, ele atualizou seus *Diários* em *Revised Diary 1990-1999* (Diário Revisado, 2001), com três segmentos temáticos gravados entre 1990 e 2000: *Updated Diary Part 1: Sheltered Childhood* (Diário Atualizado, Parte 1: Infância Amparada, 1990-1999), centrado em suas memórias de infância; *Updated Diary Part 2: Day to Day and Rituals* (Diário Atualizado, Parte 2: Dia a Dia e Rituais, 1990-1999), sobre suas atividades diárias em Israel; e *Updated Diary Part 3: Back to Brazil* (Diário Atualizado, Parte 3: De Volta ao Brasil, 2000), último "acerto de contas" com o Brasil, onde reencontrou amigos e revisitou as paisagens afetivas de sua infância e juventude passadas no Rio de Janeiro, em Belo Horizonte e em São Paulo. Fez a viagem de barco de Niterói para o Rio e do Rio para Niterói, como costumava fazer na infância. Sua visita

---

103 Zach dedicou a Perlov o poema "Not the Victor's Honor" em *All the Milk and Honey* (1965) e escreveu alguns artigos sobre seus filmes.

coincidiu com a do Papa: ele filmou o Papamóvel ensaiando o percurso que o Papa faria e, depois, a cantora paraense Fafá de Belém cantando, enlouquecida, a "Ave Maria" de Schubert na cerimônia de recepção e correndo para abraçar o sumo pontífice como a um amigo íntimo, num gesto emocionado e teatral: pouco acostumado às efusões brasileiras, o papa delicadamente a tocou no ombro, indicando que ela devia *ajoelhar-se*, e não abraçá-lo, para pedir a bênção.

Seguiam-se imagens do Corcovado, do Pão de Açúcar, de uma famosa gafieira, onde Perlov se demorou filmando casais de todo tipo. Ele seguiu em viagem a São Paulo no Trem de Prata, na Leopoldina, e recordou suas inúmeras idas e vindas de São Paulo ao Rio na juventude. Depois de visitar o irmão, Aarão, e suas sobrinhas, David seguiu para Belo Horizonte, onde visitou a casa do avô Naftali, onde havia morado com a mãe. Estava modificada, mas de pé. Também o Cine Brasil ainda existia: ali, Perlov havia descoberto o cinema. Chaim não é mencionado nos *Diários*, nem nesse *Updated Diary*, onde Perlov pouco falou também de seus pais Moisés e Anna. Mas só depois de visitar o túmulo da mãe ele pode voltar para Israel, seu lar de escolha. Perlov já não pertencia a seu país natal, mas a memória afetiva permanecia viva dentro dele, como permanece viva dentro de cada um de nós, até a morte.

Já idoso, o pai de Perlov, o mágico Moisés, retornou a Israel quarenta anos depois de sua partida para o Brasil, a fim de rever sua primeira esposa, que havia deixado em Safed. Ele morreria logo depois e sua tumba seria consagrada por um *minian* de mágicos[104]. David continuaria a experimentar repulsa e atração pela magia, que o fazia recordar-se do pai, figura que se tornara tão concreta e pesada em seus ombros devido – paradoxalmente – à sua ausência.

Perlov não se sentia ligado à família do avô adotivo. Ao saber da morte da mãe de Chaim, que ele chamava de "Titia", o cineasta enviou apenas uma nota de condolências declarando sua tristeza e lamentando não estar com Chaim "nesse momento horroroso"[105]. Em outra ocasião, Perlov confessou a um jornalista ser incapaz de emocionar-se com a dor e o

---

104 Cf. M. Kustow, op. cit.
105 Entrevista Inédita a Alberto Dines.

sofrimento. Compreendia-os, sentia compaixão pelos sofredores, mas o que o emocionava de verdade, e o levava às lágrimas, era ver as pessoas felizes[106]. Em seu último texto publicado, Perlov agradeceu o avô, mas afirmou que Julio Mester era seu "único verdadeiro amigo do Brasil".

Retornar ao Brasil para despedir-se da terra natal também foi uma experiência dolorosa por outra razão: Perlov não conseguia ficar indiferente à miséria:

> Dói, dói, porque é um povo bonito e um povo criativo, é um povo cheio de talento, é uma terra bonita. E é um negócio que dói. É um negócio que dói [...]. O que eu vi ontem no Rio de Janeiro era de cortar o coração, a ponto de revolta. Depois corta ainda mais porque você sente a sua impotência. É uma tristeza. O menino dos amendoins [...] O menino inválido correndo a cem quilômetros por hora no carrinho com rolimã [...]. Não, eu não aceito ver isso [...]. Eu não sei dizê-lo. Eu tenho uma sensação muito forte com o Brasil. Porque o Brasil é um pouquinho a minha terra [...]. E dói[107].

Perlov tinha planos de voltar ao Brasil para uma temporada maior, de seis meses ou um ano, para poder desenvolver um projeto aqui, filmar "algo de especial, algo de muito especial. Porque eu estou há muito tempo longe, em países estranhos"[108]. Mas o projeto nunca se realizou. Restam os diversos trechos de seu *Diário* que tratam do Brasil e das cidades em que havia vivido e às quais sempre retornava, como se procurasse reencontrar algo perdido que não conseguia definir: Perlov sentia-se deslocado em toda parte, desejando fixar sua vida em algum lugar, deitar ali raízes, mas sempre lhe faltava o chão adequado, o *seu* chão.

Muitos críticos definem o tom dos *Diários* como nostálgico, mas Perlov não concordava com a avaliação. Talya Halkin observou que o tom dos *Diários* era antes *elegíaco*, como se "o ato de gravar as imagens fosse, na verdade, o primeiro passo para o esquecimento"[109]. Perlov fala da vida como cinema e do

---

106 L.C. Merten, Perlov Faz Arte Para Juntar o Público e o Privado, *O Estado de S. Paulo*, 30 nov. 2003, p. 10.
107 Entrevista Inédita a Alberto Dines.
108 Idem.
109 The Diary of David Perlov, op. cit., p. 34-35; ver também P. Chorodov; M. Perlov (eds.), op. cit., p. 51-53.

cinema como vida, segundo a teoria pasoliniana sobre a realidade enquanto plano-sequência infinito. Segundo Pasolini, a montagem opera na película registrada o que a morte opera na vida: dá o seu verdadeiro sentido. Essa teoria aplicada aos *Diários* marca a singularidade do cinema do cotidiano (e não apenas o de Perlov, mas também o de Jonas Mekas ou o de Andy Warhol) em relação aos gêneros cinematográficos consagrados.

Há uma cena pasoliniana nos *Diários*, quando a câmera de Perlov fixa-se no rosto de um adolescente e a mesma trilha de Bach que Pasolini utilizou em *Accattone* e *Il Vangelo secondo Matteo* (O Evangelho segundo Mateus) sacraliza esse rosto. Em Perlov, contudo, a sacralização evoca Israel e não podemos deixar de pensar que o rosto angélico é o de um jovem sabra, o que conota a cena de um sentido político sutil, recordando seu engajamento juvenil no movimento sionista de esquerda. Se não há propaganda no cinema de Perlov, nunca deixou de haver um sentimento político forte de sionismo esquerdista.

Michael Kustow via poucos precedentes para os *Diários* de Perlov: *O Homem Com a Câmera*, de Dziga Vertov (influência que Perlov negava, preferindo a dos pintores impressionistas franceses) e os *Diários*, de Franz Kafka, por suas reticências e sua precisão. Mas Perlov tinha outra trajetória de vida: judeu brasileiro europeizado, que se tornou, sob o impacto do Holocausto, um sionista engajado, mas cético, sentia-se *estrangeiro* mesmo em Israel, até que a paternidade enraizou-o numa pátria que ele ainda não sentia como sua, ou inteiramente sua: "Plantei duas árvores em Israel – minhas filhas – e não concebo a ideia de deixar o país". Mas a paternidade que parecia enraizá-lo não resolveu o problema, pois o enraizado não pode livrar-se do passado, como se percebe por essa sua declaração: "Pela natureza, sou brasileiro; pela ética, israelense". Assim Dines explicou a dualidade de Perlov: "Por natureza entenda-se impulso vital, intensidade, força telúrica; por ética, confronto contínuo com a sua consciência"[110].

Não há como negar que as escolhas de temas, personalidades, objetos de admiração e de focos em toda a obra de Perlov são determinadas pela sua condição de "estrangeiro em toda

---

110 Apud M. Kustow, op. cit.

parte". Uma de suas canções prediletas, da cantora norte-americana Odetta, fala desse sentimento profundo de não pertencer a lugar nenhum[111].

Perlov sentia-se isolado dentro do próprio cinema israelense: "Quanto mais o cinema israelense se desenvolve, mais minha própria vida profissional parece declinar. Por quê? Seria xenofobia contra um imigrante numa terra de imigrantes? Numa terra de promessa? Eu não sei"[112].

Tal sentimento não se justificaria mais nos anos de 1990, quando sua obra passou a ser oficialmente reconhecida em Israel através de uma série de prêmios: de diretor da década da Associação dos Críticos de Cinema de Israel (1990); o latino-americano por sua contribuição ao Cinema Israelense (1994); o Uzi Peres da Academia do Filme de Israel (1994); o da Academia de Israel pelo conjunto da obra (1995). A sensação de isolamento que Perlov então ainda sentia corresponderia mais ao trauma de exilado do mundo que lhe vinha da infância que da realidade objetiva. E do alcance de sua própria obra, cujo interesse universal ele talvez idealizasse. Por isso, ele mesmo se isolava, refugiando-se do mundo em seus *Diários*, como escreveu o crítico Jacques Mandelbaum: "evocação de um exílio […] os *Diários* se tornam o lugar mesmo do exílio, que é também o da arte"[113]. Exilado, estrangeiro, e ainda frequentemente separado dos seus – primeiro da esposa, depois das filhas –, Perlov amava a carta como meio de comunicação e seu simbolismo no cinema.

Um dos primeiros filmes que viu no Brasil foi *A Brivele der mamen* (Uma Carta da Mamãe, 1938), de Joseph Green e Leon Trystan, um dos últimos filmes ídiches realizados na Polônia antes da invasão nazista. É considerado pelos fãs do cinema ídiche como uma das obras máximas do cinema. A narrativa trata da luta de uma mãe para sustentar seus três filhos no território hoje pertencente à Ucrânia, sob domínio polonês antes da Segunda Guerra, em meio à pobreza e às conturbações políticas. Ela pede ajuda à Hebrew Immigrant Aid Society para imigrar com seus filhos para Nova York. Morrendo de saudades de um dos filhos imigrados, envia-lhe cartas

---

111 Ver epígrafe, infra p. 43.
112 Original datilografado. Tradução minha.
113 Le Journal d'un exil du cinéaste David Perlov, *Le Monde*, 23 fev. 2007, p. 32.

e, através da sobreimpressão de imagens, os envelopes parecem atravessar a distância entre os dois continentes, flutuando através do oceano – segundo as lembranças de Mira Perlov[114]. Perlov também amava a sequência de *Les Parapluies de Cherbourg* (Os Guarda-Chuvas do Amor, 1964), de Jacques Demy, em que a personagem de Catherine Deneuve, grávida do amante que lutava na guerra da Argélia, lê a carta que ele havia lhe enviado.

Em 1998, Perlov aposentou-se como professor emérito do Departamento de Cinema e TV da Universidade de Tel Aviv. Ainda se via rejeitado pelo *establishment* cinematográfico e televisivo israelense. Mas com o Prêmio Israel na categoria Cinema (1999), que o governo de Israel concede a personalidades que tenham contribuído para o enriquecimento da vida artística e para o fortalecimento da noção de cidadania no país, o reconhecimento nacional de Perlov chegou ao máximo e sua obra passou a ser apreciada em festivais internacionais, sendo então exageradamente cultuada em Israel, como uma espécie de mito cinematográfico: transmitidos pelo canal de cinema israelense Yes, os *Diários* tornaram-se, nas palavras de Uri Klein, "um grande holofote ao qual todo o cinema israelense estava direcionado". Sem contestar o mito, ele o reafirma; em sua opinião, os *Diários* seriam "a obra mais importante do cinema israelense e uma das mais importantes da cultura israelense". E parodiando uma citação do próprio Perlov sobre os *Diários* como sua carteira de identidade, ele proclama: "O seu cinema é a nossa carteira de identidade"[115].

Contudo, como notou o próprio critico, o mito ofusca por igual as qualidades e os defeitos dos *Diários*: nem tudo ali é interessante. Assim, ao contrário do que ele afirma sobre nada ser fortuito nos *Diários*, possuindo o filme uma "estrutura meticulosamente planejada", a verdade é que os *Diários* foram rodados sem roteiro, e muitas vezes o acaso registrado só corresponde aos interesses pessoais de Perlov, indiferente ao que poderia interessar à imagem que todo cineasta faz de seu público. É como se Perlov não fizesse imagem alguma de seu público, ou fizesse

---

114 Le Journal de David Perlov. Diary, 1973-1983. Entretien avec Mira Perlov, *Florilettres*, n. 75, 7 jul. 2006.
115 Not a Myth, *Ha'Aretz*, 22 fev. 2007. Disponível em: <http://www.haaretz.co.il/hasite/spages/828359.html>. Acesso em: 25 abr. 2011.

deste a imagem de um grupo de pessoas que o adorariam a ponto de se manterem interessados em cada detalhe de sua existência.

Uri Klein acerta, contudo, ao afirmar que os *Diários* são uma criação política, sendo essa a mensagem mais importante: "o pessoal e o particular são políticos; o público e o coletivo são políticos; a própria criação cinematográfica, o direcionamento da câmera à janela, à rua, ao céu ou à cozinha, são políticos"[116]. Mas também é preciso precisar que ideologia se expressa através desse olhar político do cotidiano. Uma pista seria a frase da poeta israelense Dalia Rabikovitz, que Perlov gostava de citar: "Diante da realidade, a única bandeira que posso levantar é a bandeira branca"[117].

Perlov plasmou nos *Diários* sua desilusão tanto da política tradicional do mundo quanto do fazer tradicional do cinema. "Caderno de notas audiovisual", os *Diários* são calcados na pura observação do movimento de corpos nos espaços públicos e privados, na captura de pequenos gestos e expressões anônimas[118]. Mira, produtora dos *Diários*, declarou que Perlov "queria fazer filmes sobre pessoas, enquanto o *status quo* israelense preferia filmes sobre ideias".

A narração em *off* é a voz rouca e ríspida do cineasta, em permanente tensão, buscando sentidos para o que filma. Não foi contemporânea à captação das imagens: Perlov *construiu* suas memórias a partir das imagens captadas, organizadas de forma cronológica na mesa de edição. Judeu laico, Perlov sacralizava o ordinário, sempre enquadrado por janelas dos mais variados tipos: as de seu apartamento e dos apartamentos que visitava; as dos hotéis e hospitais; as dos automóveis, trens e bondes; as das telas de TV. Perlov acompanhava, estático, o movimento do mundo, sem conferir sentido prévio às coisas, testemunhando o acaso que se desenhava a seu redor. Era um *voyeur*: "A observação é parte do meu ser".

No ano 2000, por ocasião da estreia dos três novos capítulos do *Updated Diary*, foi montada uma exposição de seus *stills* na Cinemateca de Tel Aviv. Até então, Perlov fotografara somente

---

116   Idem.
117   Apud A. Schweitzer, op. cit., p. 77.
118   Cf. I. Feldman; C. Eduardo, Paisagens Afetivas – Diários de David Perlov, *Cinética*. Disponível em: <http://www.revistacinetica.com.br/diariosperlov.htm>. Acesso em: 18 mar. 2011.

em preto e branco. Foi Shuka Glotman quem sugeriu a Perlov que apresentasse algo novo, fotografando em cores. Após uma discussão filosófica, o cineasta cedeu e começou a tirar fotos coloridas, o que o levou a uma explosão de criatividade[119].

Perlov colaborou com o episódio "From Now to Now" (De Agora para Agora), para o filme coletivo *Mabatim Israel, 2002* (Momentos Israel, 2002). Dezessete cineastas uniram-se para transmitir uma mensagem de paz:

> A intensidade da vida em Israel e a complexidade do conflito entre israelenses e palestinos constituem a fundamentação deste projeto. Nós, cineastas, não temos nenhuma arma além das nossas câmeras, e assim deveria ser. Os dezessete filmes que compõem este ensaio audiovisual são assinados por dezessete artistas e cobrem uma grande variedade de gêneros, técnicas e assuntos. De documentários, animações e sátiras a depoimentos pessoais. A diversidade é um reflexo fiel da quase insustentável complexidade de nossos sentimentos e interpretações da presente realidade. Esperamos que esses trabalhos nos permitam olhar para nós mesmos e imaginar que as coisas poderiam, certamente, ser diferentes[120].

Em 2002, David Perlov mudou-se para um novo ateliê. É o ponto de partida de seu último filme: *My Stills: 1952-2002/ Mes Photos: 1952-2002* (Meus *Stills*: 1952-2002, 2003), que resgata cinquenta anos de dedicação à arte da fotografia e faz o balanço de sua vida, marcada pelo amor ao ser humano, aos gestos cotidianos e à arte da imagem[121]. Na primeira parte do filme, Perlov propõe uma reflexão sobre o dispositivo fotográfico e cinematográfico, e homenageia quatro fotógrafos: o

---

119   Cf. S. Glotman, You Could Call It Normality, op. cit.
120   Os outros episódios: "Longing", de Dina Zvi Riklis; "Three Minutes to Four" (Três Minutos para as Quatro), de Eliav Litti; "Mouth of the Abyss" (Boca do Abismo), de Sholomit; Aitman e Oded Davidoff; "Status Quo", Gur Bentwich, Nir Miterasso; "You for Your Mother" (Você para a Sua Mãe), de Taer Zoabi; "Saturday in Jenin" (Sábado em Jenin), de Anat Even; "The Journey" (A Viagem), de Eyal Zaid; "72 Virgins" (72 Virgens), de Uri Bar-On; "Times are Bad" (O Tempo é Ruim), de Gitai; "Survival and the Art of Joystick" (Sobrevivência e a Arte do Joystick), de Tsipi Houri; "That's the Situation" (Essa é a Situação), de Rafi Bukaee; "Security Groove", de Idan Alterman; "Nira and Sausan – Mothers" (Nira e Sausan – Mães), de Nira Sherman e Sausan Quoud; "Crazy" (Louco), de Uri Barbash; "Kheira's Smile" (Sorriso de Kheira), de Ariella Azouly; "For Yotham" (Para Yotham), de Eyal Halfon.
121   Cf. A. Schweitzer, op. cit., p. 77.

escritor Émile Zola que, nos últimos anos de sua vida, apaixonou-se pela fotografia e bateu milhares de chapas, legando-nos um verdadeiro "diário fotográfico"; David Seymour "Chim", o "fotógrafo da guerra", que retratou as crianças durante a Guerra Civil Espanhola e cobriu a Segunda Guerra; Jacques-Henri Lartigue, "o fotógrafo da *joie de vivre*", que valorizava o cotidiano, mostrando o que havia de encantador nos eventos comuns; e Henryk Ross, que fotografava os judeus do gueto de Lodz para os certificados de morte elaborados pelos nazistas antes das deportações para o extermínio. Para além de sua atividade macabra, Ross saía clandestinamente (apenas crianças e velhos não estavam proibidos de sair à rua) para fotografar secretamente os transportes, documentando o Holocausto. Sua esposa abria caminho, olhando se não havia alemães por perto – ele escondia sua Laika dentro do capote e a tirava com rapidez para registrar os eventos com um clique, voltando logo a escondê-la. Quando os alemães começaram a liquidar o gueto de Lodz em 1944, Ross e a esposa foram também para Auschwitz, mas antes enterraram seus três mil negativos dentro de garrafas. O casal sobreviveu ao Holocausto e conseguiu localizar os negativos.

Na segunda parte do filme, Perlov consagra-se às suas próprias fotos feitas em Tel Aviv, ilustrando seu desejo de "encontrar a eternidade na esquina". Auguste Renoir afirmou: "Quando fotografo o cotidiano, eu o faço na urgência. Sempre a partir do mesmo ângulo, que corresponde à minha maneira de viver – eu não corro atrás dos acontecimentos – eu não me mexo e são as pessoas que eu fotografo que se deslocam". *My Stills*, cujo subtítulo é *Esboço para um Filme*, resume a trajetória fotográfica de Perlov, desde a primeira foto que ele tirou em Paris, com o risco de rasgar a imagem devido a um erro de manipulação do negativo, até as últimas fotografias coloridas. *My Stills* é, de certa forma, o último capítulo de seus *Diários*, e sua forma, entrelaçando imagens paradas e imagens em movimento, produz, como notou Shuka Glotman, "a sensação de uma projeção de lanterna mágica em ritmo acelerado".

Perlov observa que o *still* é silencioso e o associa à "natureza morta" ("still life", em inglês) pela ausência de movimento – e também de som. A fotografia é sempre muda e silenciosa. Porque o som é também um movimento que acompanha as imagens em movimento. Daí a concentração do *still*, sua exigência de atenção, como se a fotografia prendesse a respiração, enquanto o filme respiraria sem parar. Na longa e tediosa sucessão de seus *stills*, Perlov tenta compensar a ausência de movimento com um excesso de fala: como se a verborragia pudesse dar vida aos *stills*. Em alguns momentos ele é bem sucedido, mas em geral, não: cinema requer movimento e mesmo quando tudo na imagem está aparentemente *still* sentimos que o ar ventila, a luz declina, as folhas tremem, os olhos brilham.

Perlov amava cada homem e cada mulher, cada criança e cada velho que fotografava. A idade – ele dizia – não o interessava. (Nem o sexo: ele amava *todo* ser humano). Os fotografados na rua estavam fisicamente próximos da câmera e mesmo assim não se sentiam incomodados. Perlov jamais invadia a privacidade de seus fotografados. Sua atuação era delicada e sensível. Ele se esforçava em não perturbar o fluxo da vida – como relata Shuka Glotman:

Perlov já se encontra também de guarda no seu café matinal. Do seu lugar costumeiro no Café Tzameret, situado na calçada do prédio onde mora, ele acompanha o que se passa ao redor. Subitamente, o seu olhar se detém em algo atrás de mim. "Veja, não precisa ir longe para fotografar". O seu olhar está concentrado numa mulher de idade, sentada a certa distância, seus lábios pintados pesadamente, um copo plástico na sua frente, preenchido pela metade com suco de cenoura, sua mão suspensa no ar sem se mexer, e entre seus dedos um cigarro aceso, emitindo uma forte fumaça. Seus olhos estão parados, fixos no ar, dirigidos a um ponto invisível. E ela parece ter abandonado o seu corpo na cadeira por um instante. Não está mais lá. "Incrível! Veja a luz em cima dela! Absolutamente perfeita" [122].

David Perlov vivia talvez seu melhor momento profissional. A situação financeira havia melhorado; tinha agora, pela primeira vez na vida, um estúdio só para ele: "Felicidade!", insiste em dizer, mais de uma vez, em *My Stills*, verdadeiramente encantado com seu novo espaço: "Aqui poderei armazenar meus filmes, minhas fotos, minhas pinturas, ficar sozinho por um tempo". Há anos separado de Mira, por falta de dinheiro

---

[122] You Could Call It Normality, op. cit.

era obrigado a viver com ela no mesmo apartamento, até que o jovem produtor Liran Atzmor o instalou naquele espaçoso e bem iluminado estúdio. Perlov decorou-o com postais de arte[123] e proclamou sua liberdade: tinha finalmente um lugar só seu para o trabalho e para o lazer (não lia jornal, nem via televisão, mas gostava de música e mantinha o rádio ligado). Contudo – ironia do destino – a tardia felicidade não duraria muito tempo.

Em 2003, os *Diários* foram exibidos na TV israelense no Dia da Proclamação da Independência, como um dos cinco melhores filmes de Israel. O Israeli Museum of Photography fez uma ampla exposição de suas fotos, reunidas sob o título *Color Photograph, 2000-2003*. No texto "Thank You", escrito para o catálogo, Perlov agradecia a todos os que o ajudaram ou aqueles que amou na vida: a lista dedicatória já se apresentava como um testamento espiritual. Começava assim: "Para minha mãe, que sofreu brutal violência por anos. Ela era iletrada, e os vizinhos escreveram para ela as poucas cartas que eu recebi dela". Mencionava o meio-irmão Arieh Schreibman, ferido na guerra, mergulhado na bebida e caído na miséria; e outro, Gad, internado num asilo, que ao tentar o suicídio, fora colocado numa ala fechada parecida com o inferno.

Em novembro de 2003, Perlov voltou ao Brasil a convite de Leon Cakoff, para uma retrospectiva de sua obra na Mostra Internacional de Cinema em São Paulo. Ele foi então igualmente homenageado no 7º Festival de Cinema Judaico de São Paulo com a exibição de seus últimos filmes: *Diário Atualizado*, *From Now to Now* e *Meus Stills*. Declarou não apreciar Amós Gitai, que conhecia bem: "É alguém que passa o dia inteiro pensando na melhor forma de se autopromover. É o que determina sua escolha de temas e o próprio estilo. Não me parece a melhor maneira de mostrar integridade como artista". Havia nesta crítica uma ponta de inveja pelo sucesso internacional do colega, já que a autopromoção jamais feriu a integridade artística – Alfred Hitchcock e Lars Von Trier que o digam.

Perlov havia retornado a São Paulo também "para fazer as pazes com o passado e me despedir dele"[124]. Mas durante um

---

123 Cf. M. Kustow, op. cit.
124 F. Guerra, Perlov e Sua "Epopeia do Cotidiano", *O Estado de S. Paulo*, 23 out. 2006, p. D5.

debate público, sentiu-se mal. "Pensaram que eu ia morrer", disse depois a um jornalista. Mas sua fadiga vinha acompanhada de sonolência: "Se não me mexo, se não falo, termino dormindo", revelou. Despediu-se com um dito ídiche: "Até os 120", explicando ser essa uma forma judaica de desejar saúde, esperando que a pessoa vivesse 120 anos. Antes de partir disse que desejaria chegar aos 240, pois tinha muita coisa para viver e filmar[125]. Mencionou uma ideia interessante que poderia resultar em um novo gênero de cinema: "Gostaria de fazer um filme sob a forma de fábulas: rodar um plano – levantar com ele um problema – depois rodar outro, que seria como que uma resposta visual. Eu gosto de pesquisar, de inovar"[126]. Mas ao retornar a Israel, Perlov, que contava 73 anos de idade, foi internado num hospital de Tel Aviv. Continuou fotografando no hospital, onde passou sua última semana de vida. Faleceu no dia 13 de dezembro de 2003. Dentro de sua câmera foi encontrado o negativo das fotografias que tirou no leito de morte[127].

Apesar de ter dedicado sua vida ao cinema, Perlov não foi um cineasta no sentido clássico do termo, permanecendo antes de tudo um *artista* – com todos os ganhos e perdas que essa diferença sempre implicou no cinema. Perlov tem um lugar de destaque no cinema israelense, mas não ao lado de realizadores como Gitai, Guttman ou Barbash, que foram mais cineastas que artistas. Perlov insere-se numa outra *vertente* do cinema. Kustow, co-produtor dos *Diários* para o Channel 4, comparou o cineasta israelo-brasileiro ao documentarista inglês Humphrey Jennings e ao francês Chris Marker. David Perlov seria "um ensaísta da tela" e sua obra constituiria uma "meditação sobre os mistérios do filme". Além disso, "não tivesse vivido e trabalhado a maior parte de sua carreira em Israel, ele teria feito mais e talvez fosse tão conhecido quanto Jean-Luc Godard como um pioneiro cinemático"[128].

De fato, a obra de Perlov tem pontos em comum com o ensaísmo documentário de Jennings, Ivens, Marker, Henri-Cartier

---

125 L.C. Merten, Perlov Faz Arte Para Juntar o Público e o Privado, *O Estado de S. Paulo*, 30 nov. 2003, p.10.
126 A Conversation in Two Parts..., op. cit.
127 Cf. S. Glotman, You Could Call It Normality, op. cit.
128 M. Kustow, op. cit.

Bresson e com o filme autoral militante de Jean-Luc Godard, Glauber Rocha, Jean-Marie Straub, Danièle Huillet. Mas também se associa ao cinema experimental dos artistas plásticos Bert Haastra, Man Ray, Hans Richter e Fernand Léger. Artista de formação, Perlov não aceitava o fato incontornável de que o cinema sempre foi e sempre será, acima de tudo, para seu bem ou seu mal, uma *indústria*. Como afirmou Orson Welles: "Um poeta precisa de uma caneta, um pintor de um pincel, e um cineasta de um exército"[129]. Ou como concluiu, no mesmo sentido, Samuel Fuller, no seu *cameorole* durante uma festa, em *Pierrot Le Fou* (O Demônio das Onze horas, 1965), de Godard: "O cinema é um campo de batalha".

Perlov conhecia essa grandiosa *dimensão militar* do cinema: ele a experimentou em pequena escala em 42:6, uma produção "enorme" de seu ponto de vista, mas que não passava de um filme barato para os padrões da indústria. Experimentou-a ainda de certa forma em *The Pill*, seu segundo e último longa-metragem de ficção. O problema de Perlov com o cinema é que não se sentia à vontade dentro da indústria: recusou trabalhar em Hollywood quando surgiu o primeiro, e último, convite. Preferia o cinema artesanal e caseiro, o pequeno documentário de encomenda, o cinema experimental, o filme de baixo orçamento. Adotara a *caméra-stylo*, seguia Vigo, inspirava-se no neorrealismo italiano e na *nouvelle vague*. Não se furtou, contudo, a inverter, não sem um pouco de orgulho ferido, o sentido da dimensão militar do cinema, assumindo que ele exerceria também essa dimensão no momento mesmo em que a recusava:

"Sou um repórter? Evito as intrigas e os dramas, mas que fazer quando eles perfuram a câmera contra minha vontade? [...] Filmar através da minha janela como através do visor de um tanque", refletiu no primeiro episódio dos *Diários*, utilizando uma metáfora apropriada para o momento (a Guerra de Iom Kipur). Segundo Yael, a metáfora referia-se também à sua guerra particular contra as convenções do cinema industrial. Para Perlov, mesmo no documentário, a arte deveria prevalecer: "O cinema

---

[129] "A poet needs a pen, a painter a brush, and a filmmaker an army". Cf. R. Walter, *Screenwriting*, p. 14. Tradução minha.

documentário só me interessa se nele posso fazer alguma coisa de poético. É somente nesse nível que o cinema me interessa"[130].

Perlov reafirmou esse pensamento sobre o documentário numa entrevista ao crítico e historiador do cinema israelense Ariel Schweitzer, onde expôs uma bela teoria sobre a diferença entre a TV e o cinema:

> O cinema documentário me interessa somente na sua dimensão poética. O gênero documentário tornou-se muito jornalístico, muito técnico [...] a TV não faz parte do meu mundo, ainda que eu sofra sua influência. No cinema, o filme tem um começo, um meio e um fim. A televisão difunde continuamente: ela está frequentemente ligada de manhã até a noite, mas assiste-se a ela por intermitência. É uma espécie de melodia vulgar que se ouve vinte e quatro horas por dia, e que faz parte de nosso cotidiano. Mas, apesar de tudo, ela tem seu próprio charme [...]. Costumo comparar a TV e sua luz refratária do interior aos vitrais e seu efeito condensado de cores fortes e surpreendentes. Nos vitrais das igrejas há alguma coisa de fantástico que lembra um pouco a televisão (por sua tecnologia). Mas os vitrais são inferiores aos afrescos, que não têm luz, mas que conseguem sempre nos espantar porque sentimos neles a marca pessoal do artista. Se comparo a televisão aos vitrais, o cinema é um pouco o prolongamento dos afrescos[131].

A visão de Perlov do cinema como poesia, arte e guerra pessoal é radicalmente oposta à dos cineastas clássicos, e oposta também à dos primeiros cineastas independentes, como Welles e Fuller, que não ousaram recusar a dimensão industrial do cinema, apenas nele exercendo o máximo de autonomia estética possível. Perlov, como tantos cineastas que não conseguiram ou não quiseram fazer parte da indústria do cinema, desertou do campo de batalha e se refugiou no precário abrigo de seu apartamento com uma câmera amadora (onde mesmo aí – observou inquieto – a História "perfurava" a lente contra sua vontade). Imaginava poder continuar a fazer a "guerra" atrás da janela, mas não aquela que o cinema move diariamente contra o mundo, mas a do cineasta contra o cinema, uma guerra pessoal, sem o apoio das Forças Armadas, sem

---

130 A Conversation in Two Parts..., op. cit.
131 A. Schweitzer, op. cit., p. 77.

exército para comandar, "dando ordens" apenas aos seus familiares e amigos visitantes esporádicos.

Sua estratégia de cineasta profissional em fuga da indústria, usando o cinema como arma contra o cinema foi bem sucedida: com a dimensão militar da sétima arte concentrando-se em elites cada vez mais exíguas e poderosas, um número maior de cinéfilos passa a considerar todo tipo de suporte equivalente à película 35mm e toda produção caseira equiparável às superproduções da indústria, cada vez mais grandiosas e milionárias, previsíveis e supérfluas. Cresce o número de cineastas desertores, que fracassam no interior da indústria – seja por incompetência, desejo de manter sua integridade ou temperamento rebelde – e abraçam, como solução pessoal, o cinema independente, marginal e caseiro. Fechando o círculo, essas deserções do cinema passam a ser tão celebradas quanto suas maiores batalhas.

Por sugestão de Schweitzer ao curador Philippe-Alain Michaud[132], o Centre Pompidou realizou em 2005 a retrospectiva "David Perlov, chronologie israélienne d'un cinéaste né au Brésil" (David Perlov, Cronologia Israelense de um Cineasta Nascido no Brasil)[133], tornando o cineasta conhecido (tardiamente) na França. Perlov foi apresentado por Mandelbaum aos leitores do *Le Monde* como "uma das grandes figuras do cinema israelense", e por dois motivos: a qualidade intrínseca de uma obra que recusou tanto o divertimento (da ficção) quanto a pedagogia (do documentário); e a natureza política original de seu projeto artístico, sendo os "artistas heterodoxos", os desertores do cinema, "os únicos que realmente importam"[134]. Com a "descoberta" de Perlov no Centre Pompidou, seu cinema ganhou visibilidade em diversos festivais internacionais[135].

---

132   E. Guerini, O Universo Particular de David Perlov, *Valor*, 29, 30 set. e 1º out. 2006, p. 15.
133   C. Schulmann, David Perlov, Journal (Diary), *Particules*, n. 11, out./nov. 2005, p. 4, disponível em <http://www.davidperlov.com/text/Perlov_Am_I.pdf>. Acesso em: 26 abr. 2011.
134   Le Journal d'un exil du cinéaste David Perlov, op. cit., p. 32.
135   Em 2005, na Cinemateca de Toulouse; em 2006, no Museu do Cinema em Bruxelas, na Mostra Internacional de Cinema de São Paulo, no Festival International do Rio, no Festival Internacional do Filme em La Rochelle, no Festival do Filme em Turim; em 2007, no Festival Internacional do Filme em Viena, no Festival Punto de Vista em Navarra, no Festival do Filme Documentário em

Perlov começara sua trajetória artística acreditando na força política da arte. O cinema parecia-lhe, mais que o desenho e a pintura, capaz de revolucionar o mundo. Acreditava na utopia de um cinema de arte liberto da tirania do Estado e do mercado: "Se o olho branco da tela do cinema refletisse sua verdadeira luz, o universo inteiro estalaria em chamas". Essa promessa feita por Buñuel fora renovada pelo cinema neorrealista que, nas palavras de Cesare Zavattini, era "um coquetel molotov feito em casa"[136].

Com o tempo, porém, Perlov chegou à conclusão de que o poder do cinema, mesmo quando potencializado ao máximo, como em *L'Âge d'or*, de Buñuel, não passava de uma ilusão: "Se todos os filmes fossem feitos por Buñuel – e eu me refiro a *todos os filmes do mundo* – pode ser que o universo estalasse mesmo em chamas", refletiu, logo reformulando seu pensamento, por um instante traído pela fagulha do velho encanto: "Na verdade, eu creio simplesmente que todas as salas de cinema é que seriam incendiadas [...] pelos incendiários, não pelos filmes". Perlov tornara-se cético sobre a força política da arte e seu poder modificador da realidade: "Quem trouxe a permissividade aos anos de 1960 não foram os Beatles, mas o cientista que inventou a pílula. Os Beatles fizeram arte, mas o cientista, antes deles, modificou os fatos"[137].

    Lussas, na mostra Xcèntric em Barcelona, na mostra Cinema do Real, e novamente no Centre Pompidou; em 2008, no Festival Internacional do Filme em Lisboa.
136 Entrevista Inédita a Alberto Dines.
137 Idem.

3. Glauber Rocha: Criptojudeu Acorrentado[1]

> *A condição pura e simples de escravatura é pelo menos alguma coisa; não é o tudo, não é o caos, não é o nada.*
>
> SÖREN KIERKEGAARD

Certa vez, Glauber Rocha (1939-1981) declarou: "Nasci judeu e protestante. Como judeu, sei o que é fazer parte de uma minoria oprimida. Como protestante, defendo o livre arbítrio"[2]. Natural de Vitória da Conquista, na Bahia, filho de Adamastor Bráulio Silva Rocha e Lúcia Mendes de Andrade, Glauber Pedro Andrade Rocha não nasceu numa família judaica, mas cristã, sendo o pai católico não praticante e a mãe membro da Igreja Presbiteriana, por ação de missionários americanos da Missão Brasil Central. Glauber foi batizado na religião presbiteriana, tendo como padrinhos a mãe e um pastor. Não deixa de ser curiosa a escolha, pela mãe, do nome Glauber, em homenagem ao alquimista e químico alemão Johann Rudolf Glauber (1604-1670), descobridor do sulfato de sódio, popularizado como "sal de Glauber".

O nome Glauber parece derivado da palavra alemã *Glaube* (fé), com o sufixo "er" a dar um sentido de "crente", talvez uma forma antiga de *Gläubige (r)*. Segundo Hélio Daniel Cordeiro,

---

[1] Este capítulo corrige, atualiza e amplia os seguintes textos que publiquei sobre Glauber: "Bobinho"; "Um Discurso da Irracionalidade"; "Razões de Mercado, Razões de Estado"; "Glauber Rocha Acorrentado"; "Pela Liberação do Filme Di-Glauber"; e "Populismo x Criatividade".

[2] Apud F.S. Bergwerk, A Glauber Rocha, *O Hebreu*, p. 53.

"são conhecidas as origens e afinidades marrânicas do cineasta Glauber Rocha". Sem fornecer detalhes, ele escreveu ainda que "numa entrevista [Glauber] declarou que sua família veio de Jerusalém para Lisboa e daí para o sertão brasileiro. Definia--se como parte da minoria judaica oprimida". Paulo Valadares aprofundou a pesquisa e precisou que a mãe do cineasta, Lúcia Rocha, de solteira Lúcia Mendes de Andrade, era filha de Marcelina de Oliveira Ferraz Mendes e do fazendeiro Antonio Vicente de Andrade. Por sua vez, Marcelina, avó materna de Glauber, era filha de Ana Vitória, bisavó de Glauber, filha de Lúcia de Oliveira Ferraz com o negociante de animais Plácido da Silva Gusmão, que viera de São Paulo e se estabelecera em Vitória da Conquista como fazendeiro. Seu filho Tertuliano da Silva Gusmão (1831-1919) romperia com o catolicismo ao ler a Bíblia e o núcleo familiar daria origem à Primeira Igreja Batista de Vitória da Conquista. A trisavó de Glauber, Lúcia de Oliveira Ferraz, era por sua vez "filha de Tatá, casada com o judeu legítimo David" (segundo Lúcia Rocha), que Valadares supõe ser "o judeu de Nantes", sepultado em Salvador[3].

O "judaísmo" assumido por Glauber Rocha viria dos antepassados da mãe, supostos cristãos-novos, além do remoto tataravô "judeu legítimo" David, cuja biografia ainda pouco se conhece. A genealogia do cineasta carece, enfim, de estudos fundamentados. Aqui nos interessa apenas destacar a identificação parcial do próprio Glauber com o judaísmo. É essa *autodeclaração de pertencimento à cultura judaica* da parte do cineasta que revela, para nós, uma faceta sua negligenciada pela crítica.

A mãe de Glauber sempre se comportou como ídiche mamma. Ela o alfabetizou quando ele tinha sete anos, antes que fosse à escola em Salvador, para onde se mudaram, em 1947, por causa das atividades do pai comerciante, que passou a construir estradas de ferro. Considerando o filho um ser especial (e ao que parece dando-lhe mais atenção que às filhas Ana Marcelina – que morreria em 1952 de leucemia – e Anecy de Andrade Rocha), Lúcia guardava todos os seus desenhos,

---

[3] Paulo Valadares, Glauber Rocha e Elomar Figueira Melo: Dois Gusmãos de Vitória da Conquista e a Cultura Cristã-Nova, *Blog A Besta Esfolada*, 5 jun. 2011. Disponível em: <http://bestaesfolada.blogspot.com.br/2011/06/glauber--rocha-e-elomar-figueira-melo.html>.

até mesmo os que ele amassava e jogava no lixo –, e tudo o que ele rabiscava desde os nove anos de idade, quando escreveu a peça *El Hijito de Aro*, em espanhol, encenada na escola por ele e seu professor Josué de Castro.

No colégio Dois de Julho, Glauber recebeu uma educação religiosa muito rígida e chegou a participar do coro da escola. Lúcia estimulava as fantasias intelectuais do filho: "Sempre senti que [Glauber] era um menino diferente. O pai dizia que eu o estava estragando, que ele podia ser médico, engenheiro, advogado, mas que poesia não dava futuro a ninguém". Não deixa de ser curiosa, também, a referência ao desejo do comerciante Adamastor de que o filho se tornasse *médico, engenheiro ou advogado* – as três profissões que, tradicionalmente, os pais judeus que sobreviviam do comércio sonhavam então para seus filhos.

Mas o que haveria de "judaico" na obra de Glauber para que ele assumisse parcialmente a herança judaica? Creio que podemos encontrar uma resposta para essa questão no cosmopolitismo que ele abraçou desde criança, e que o conduziria a uma errância existencial e artística. Embora o cineasta seja associado ao cinema novo, e considerado o líder desse movimento, cujos integrantes definiam-se ideologicamente como representantes de uma esquerda nacionalista, a verdade é que Glauber sempre tentou escapar dos limites do nacionalismo, não cessando de criticar os colegas em "revisões" internacionalistas do movimento. Seu esquerdismo diferia daquele em voga no Brasil, por seu viés transnacional que encontramos nos marxistas de ascendência judaica (Karl Marx, León Trótski, August Bebel) e que nunca se sentiram confortáveis com os movimentos nacionalistas, dos quais os judeus eram geralmente marginalizados e excluídos.

As primeiras leituras de Glauber foram dedicadas aos grandes autores da literatura e da filosofia mundiais. Em 1953, quando contava quatorze anos, escreveu a um tio dizendo que estava lendo Edgar Allan Poe, Joseph Kipling, Jorge Amado, Erico Veríssimo, Schopenhauer, Nietzsche, Bacon, Platão, Aristóteles, Sócrates, Spinoza e Voltaire, entre outros. E concluiu de modo simplório depois de toda essa leitura: "Nunca serei 'superior' como Nietzsche, pessimista como Schopenhauer ou cínico como Voltaire"[4]. Na relação dos doze autores citados apenas dois, Amado e Veríssimo, eram brasileiros; e em sua projeção do futuro, o menino Glauber media-se apenas com filósofos europeus.

Aos treze anos, Glauber participou do programa *Cinema em Close-up*, da Rádio Sociedade da Bahia; e, aos quinze, ingressou no curso clássico do Colégio Central da Bahia, passando a integrar o Círculo de Estudo, Pensamento e Ação (Cepa), produzindo o balé *Sèfanu*, criticado pelos líderes intelectuais do terceiro ano. No grupo Jogralescas Teatralização Poética, criado em 1955 por sugestão de Fernando da Rocha Peres, dedicado à encenação de poesias brasileiras, Glauber foi um dos integrantes mais ativos. Em 1956, colaborou no curta-metragem *Um Dia na Rampa*, de Luiz Paulino dos Santos.

Glauber teria escrito o primeiro conto que considerou "publicável" aos dezesseis anos, conforme uma carta datada de 1955 a um professor a quem entregara o texto para exame. Logo enviaria críticas de cinema para *O Conquistense*. Em 1957, a convite de Ariovaldo Matos, começou a colaborar para o jornal esquerdista *O Momento* e para as revistas culturais *Mapa* e *Ângulos*, no semanário *Sete Dias*, nos diários *Jornal da Bahia* e *Diário de Notícias*[5]. Nesse ano passou em primeiro lugar no vestibular e ingressou no curso de Direito da Universidade da Bahia.

Como crítico, Glauber dedicou a maior parte de seus escritos à análise de filmes americanos, franceses e italianos, raramente resenhando um filme brasileiro. Nunca se tornou um nacionalista fanático como Paulo Emílio Sales Gomes, que renegou sua formação cultural afrancesada, que incluía um estudo enfadonho sobre o anarquista Almereyda[6], e um belo estudo sobre o filho deste, o cineasta Jean Vigo[7]:

> Meu caso pessoal é exemplar e deplorável. Em torno da década de 1940 até meados da seguinte eu já me interessava muito por filmes, mas cinema brasileiro para mim era como se não existisse. Não culpo ninguém pelo retrógrado que fui, mas o fato é que durante

---
4 Em I. Bentes (org.), *Glauber Rocha: Cartas ao Mundo*, p. 80.
5 Cf. R. Gerber, Glauber Rocha e a Experiência Inacabada do Cinema Novo, em R. Gerber et al., *Glauber Rocha*, p. 21-38.
6 *Vigo, Vulgo Almereyda*.
7 *Jean Vigo*.

anos a fio – décadas – não conheci uma única pessoa com cultivo de cinema brasileiro. Quando cruzei com Humberto Mauro, no Ince, uma manhã de 1940, não lhe liguei a mínima[8].

Por volta de 1973, Paulo Emílio lançou seu *slogan* pseudorrevolucionário: "O pior filme brasileiro é melhor que o melhor filme estrangeiro". Alguns desculpam o extremismo de Paulo Emílio corrigindo a citação; ele teria escrito, na verdade: "Até o pior filme brasileiro nos diz mais que o melhor filme estrangeiro". Mas Paulo Emílio repetia a frase com diversas variações em suas críticas provocadoras para o *Jornal da Tarde*, ao analisar com seriedade pornochanchadas da pior qualidade em detrimento dos últimos filmes de Kurosawa, Fellini, Pasolini, Visconti, Bergman etc.

Quando o crítico de cinema do jornal *O Globo*, Hugo Sukman, observou que Paulo Emílio "divulgou a ideia absurda de que o pior filme brasileiro era melhor do que o melhor filme estrangeiro, contrariando até mesmo seu culto pensamento cosmopolita, mas dando suas ideias à palmatória de um meio político e cinematográfico colonizado"[9], foi censurado por Bernardo Oliveira, que assim atualizou o terceiro-mundismo:

> Ora, como simplificar um momento fundamental, através da citação de um ato [...]? Paulo Emílio era o "responsável" interlocutor entre o público e os filmes. [...] Vislumbrava a possibilidade de construirmos uma cinematografia que se inscrevesse num lugar de destaque na história. Buscava, através da leitura de nosso passado cinematográfico, algo maior que crítica cinematográfica [...] contrariando a *intelligentsia*, realmente, colonizada do Brasil[10].

Ismail Xavier também justificou, com seu palavreado bonito, o "nacionalismo radical" do "crítico jacobino", que "decide simplificar" e adverte "o espectador ilustrado" para "o horizonte de esterilidade presente em sua relação com o cinema". Para o teórico, Paulo Emílio destacaria:

---

8   Apud C.A. Calil; M.T. Machado (org.), *Paulo Emílio, um Intelectual na Linha de Frente*, p. 320-322.
9   Cf. B. Oliveira, Depois da Polêmica, uma Justificativa. *Revista de Cinema Contracampo*, n. 1-10. Disponível em: <http://www.contracampo.com.br/01-10/depoisdapolemica.html>. Acesso em: 13 abr. 2011.
10 Idem.

a oposição entre recepção passiva – colocada inteira do lado do consumo do filme estrangeiro, sobre o qual não influímos, não devolvemos experiência – e recepção ativa – colocada em conexão exclusiva com o cinema brasileiro diante do qual nossa resposta é vista como momento essencial de um processo de que, queiramos ou não, fazemos parte[11].

Contudo, por mais que se queira ver hoje, numa afirmação deturpadora de todos os valores estéticos, uma "defesa da cultura nacional" num país "sem memória", o fato é que nos lembramos *muito bem* dos efeitos do furor nacionalista que assolava parte da esquerda brasileira *em plena ditadura* que produzia pornochanchadas e colocava bolinhas nas genitálias aparentes de *A Clockwork Orange* (Laranja Mecânica, 1971), de Stanley Kubrick; cortava o desfile de modas para padres de *Roma* (1972), de Federico Fellini; proibia *Ultimo tango a Parigi* (O Último Tango em Paris, 1972), de Bernardo Bertolucci; ou *Salò o le 120 giornate di Sodoma* (Salò, ou os 120 dias de Sodoma, 1974), de Pasolini. Em meio à censura do cinema avançado, o nacionalismo de esquerda deformava uma geração que não via mais nenhum horizonte aberto, apenas irracionalismo em toda parte.

Por seu lado, Glauber se obcecava tanto com a ideologia que devia ser seguida pelas massas quanto com a estética mais adequada para exprimi-la, já que se imaginava como seu arauto privilegiado. Para isso, criou uma nova linguagem cinematográfica, que correspondia visualmente aos seus discursos incongruentes, paranoicos e cosmopolitas. Glauber foi, nesse sentido, dentro do cinema novo, o maior criador de ideologias estéticas e de estéticas ideológicas. Como bem observou Fátima Sebastiana Gomes Lisboa, Glauber rejeitava o nacionalismo de esquerda preconizado por Carlos Estevão Martins e grupos ligados ao projeto de arte revolucionária nos moldes do realismo socialista, e negava a ideia da transposição pura e simples, ou do registro das tradições populares pela obra de arte: a cultura e a tradição populares apareceriam em seus filmes de forma híbrida, transformada e decodificada[12].

---

11 Idem.
12 Cf. F.S.G. Lisboa, A Arte Revolucionária Recusa a Mistificação da Revolução, *Anais Eletrônicos do vii Encontro Internacional da* anphlac, p. 4-7.

O desejo de Glauber de exprimir-se através do cinema enquanto síntese de todas as artes é o mesmo desejo de totalidade que encontramos nos filósofos alemães. Como ele mesmo declarou: "Não sou cineasta profissional, sou amador. Sou pensador, político". A teoria pressupõe certo grau de "desterritorialização", segundo o conceito proposto por Gilles Deleuze e Felix Guattari, em *O Anti-Édipo*. Daí o surgimento de um grande número de filósofos judeus no século XX, quando o cosmopolitismo tornou-se uma realidade. Também por seu cosmopolitismo, os judeus foram perseguidos pelos nazistas. A nova diáspora criou, por sua vez, um novo cosmopolitismo. A identificação de Glauber com o destino dos judeus estaria na sua desterritorialização, que nunca foi, porém, completa, mas sempre parcial. A sua dupla identificação como judeu e protestante permanece obscura. O alegado livre arbítrio dos protestantes é, na verdade, uma herança judaico-cristã, sem exclusivo significado protestante. Mesmo o imaginário de Glauber, geralmente apontado pelos críticos como barroco, seria por isso mesmo mais *católico* que protestante. Subjazem, nessas identificações, as ideias mais fortes do *herege*, do *cosmopolita*, do *iconoclasta*.

Devido a contradições filosóficas e existenciais jamais resolvidas, a desterritorialização glauberiana era sempre seguida de uma reterritorialização. Após uma tentativa de voo, Glauber apressava-se a aterrissar. Ele não tinha medo de voar, mas de voar sozinho. Seus voos solitários eram sempre abortados, e esse desejo de pane acabou diminuindo sua obra, que permaneceu mal acabada, fragmentada, irregular, a meio caminho de seus objetivos, impossível de ser ignorada, impossível de ser exaltada. Como notou Ivana Bentes, o cinema de Glauber é:

assombrado pela história e pelos mitos fundadores e instauradores do que seria uma civilização pan-americana. Constrói um discurso não apenas sobre o Brasil, mas tenta esboçar um pensamento transnacional, pan-americano, luso-afro-brasileiro, ibero-hispânico, euro-latino ou tricontinental, inserindo o devir latino-americano na história do capitalismo[13].

---

13 Apocalipse Estético, *Revista Cult*, n. 67. Disponível em: <http://revistacult.uol.com.br/home/2010/03/conceitos-da-obra-de-glauber-rocha>. Acesso em: 14 abr. 2011.

Esses esboços podem ser entendidos como as fracassadas tentativas glauberianas de desterritorialização, seguidas de reterritorializações excludentes de outros povos, países e continentes. O pan-americanismo excluía os europeus, os africanos, os asiáticos; o luso-afro-brasileirismo excluía a Europa não-lusitana, a Ásia, as Américas espanholas; o ibero-hispanismo excluía os asiáticos, os africanos e os anglo-saxões; o euro-latinismo excluía os afro-americanos, os orientais; o tricontinentalismo excluía a Ásia, a Oceania, e assim por diante. Na raiz dessas exclusões está uma percepção deformada da realidade.

A divisão social limita o saber da humanidade, seu aparato tecnológico, o destino das conquistas científicas e as condições de sua produção e consumo aos membros privilegiados da sociedade. Onde estes se encontram cercados de miséria por todos os lados, a tensão da liberdade é quase insuportável: muitos tentam fazer-se passar por pobres, mascarando sua posição na hierarquia social, através de uma comunhão emocional com o "povo". Sendo uma abstração que a todos envolve e dissolve, o "povo" permite ao que o invoca esquecer as próprias falhas, taras e deficiências, fantasiando grandezas, maravilhas e totalidades inexistentes. Aí, o trabalho não apenas dignifica como ilustra, e o trabalhador, mesmo o mais alienado, torna-se o depositário de um saber inefável às vistas do privilegiado, que se sente culpado por ter podido educar-se e cultivar-se.

Afastar-se do povo é, então, como afastar-se do Rebanho, da Norma, da Lei. Esse mascaramento da condição burguesa, culpada diante da pobreza, não é uma atitude transitória, mas uma operação existencial realizada no próprio corpo: esmagado pela culpa, o privilegiado acredita que o que frustra a plenitude de seu gozo são os *imperativos morais da cultura*. Ele então adota a barbárie como fonte alternativa de energia. A tentação que jaz em seu subconsciente emerge aí sob a forma de sentimentos volatizados em crença, confiança, esperança e fé numa entidade viril e potente, que passa a substituir o objeto real do seu desejo. Esse complexo é uma forma de sadomasoquismo.

O populista sofre pelo povo querido, rejeita seu próprio mundo de ilusões e de privilégios, veste a camisa do pobre, põe o pé na terra, suja as mãos: em compensação, o povo oprimido deverá sofrer por ele, abandonando sua pretensão à riqueza e à cultura, reproduzindo eternamente os pensamentos e os objetos que sua condição popular permite que ele produza. Despojados e irmanados, populista e povo chegarão juntos ao orgasmo da dor. É o maior paradoxo do populista: estigmatizando o espírito como o próprio mal que engendra todos os males, ele luta contra as "elites" para, no fundo, preservar a divisão social, que continua a produzir criaturas opacas, desconfiadas em relação ao estrangeiro, rejeitando o que lhes parece difícil, cultuando as tradições e entregando-se aos costumes para anularem-se ante forças mais poderosas, às quais somam para adquirir potência.

Dominado pelo medo do que é insaciável, absoluto e ilimitado – pelo medo do desejo –, o populista volta seu pensamento para baixo, para o chão, para a terra, para as raízes; e exalta como libertador esse pensamento cabisbaixo: acaba coberto de lama, apreciando minhocas e pedregulhos. Se criasse coragem e olhasse para cima, dar-se-ia conta de que, numa árvore, existem também um tronco e galhos, que se expandem num esforço natural e lúcido para todos os lados, sem fronteiras. O caminho da grande arte nunca foi o das raízes, mas o das estrelas. O homem não é um legume; suas raízes não estão no território, mas no próprio homem. E, por isso, nada que é humano lhe é estranho, nada que é subumano ou super-humano o humaniza. E anti-humano é tudo quanto impede a realização de sua humanidade.

Sob o domínio do "povo", aqueles que poderiam expandir o conhecimento e a sensibilidade são os primeiros a desvalorizá-los, criando um vazio na transmissão da cultura que será preenchido por superstições, costumes e preconceitos contrabandeados da cultura popular. Antropólogos querem ser índios (a escola de Darcy Ribeiro); filósofos afirmam que o homem do boteco é quem sabe das coisas (a escola de Marilena Chauí); sociólogos pesquisam o poder na prática (a escola de Fernando Henrique Cardoso); educadores cedem a palavra aos analfabetos adotando a Pedagogia do Oprimido (a escola de Paulo Freire); psicólogos interrogam o "inconsciente coletivo" (a escola de Nise da Silveira); artistas plásticos e escritores forjam heróis da marginalidade (a escola de Hélio Oiticica); atores engajam-se no Teatro do Oprimido (a escola de Augusto

Boal); cineastas fabricam imagens da "realidade brasileira" (a escola de Nelson Pereira dos Santos).

Conscientes de sua corrupção, os populistas acusam os mais inocentes de não estarem se sujando o bastante: querem todos no grande chiqueiro nacional. Se ainda continuam ligados à cultura é por falta de ocasião: esperam a primeira oportunidade para atirá-la na pira, num último e delicioso sacrifício. Sem encontrar uma recompensa moral e econômica na ordem do mercado, intelectuais e artistas populistas transformam-se, com a frustração acumulada, em funcionários públicos, em servos mais ou menos improdutivos do Estado, não concebendo mais uma sociedade livre de sua tutela.

Visto que os populistas são impopulares, os auditórios onde eles exibem suas produções só são visitados por outros populistas. Para que seus produtos sejam consumidos pela massa, eles precisam do apoio do Estado, através de leis protecionistas que impeçam a concorrência estrangeira. Em seu último estágio de evolução, o populismo transforma-se numa indústria cultural subsidiada pelo Estado. Graças ao Estado, que dificulta a distribuição dos produtos estrangeiros e facilita a produção e a distribuição dos produtos nacionais, antes sistematicamente rejeitados pelo público "alienado", os populistas tornam-se "bem sucedidos", com seus produtos agora consumidos em massa por seu caráter subsidiado.

A conversão de Glauber Rocha ao populismo é exemplar. Como prêmio ao sucesso do filho pródigo no vestibular, Adamastor deu-lhe de presente uma viagem de trinta dias para o Rio de Janeiro e São Paulo, além de um JK, automóvel lançado em homenagem ao presidente Juscelino Kubitschek. Da capital paulista, Glauber pediu num telegrama que lhe enviassem o dinheiro do carro. Ao voltar, desembarcando no porto de Salvador, telefonou à mãe para ir retirar o caixote na alfândega, que não o havia liberado para ele, que tinha apenas dezessete anos. Dona Lúcia não entendeu nada ao ver o pequeno caixote: "Então, é assim que fabricam carros lá no Sul? Desse tamanhinho?". Glauber havia preferido comprar uma câmera de filmar. Ideias não lhe faltavam. Certa tarde, com a câmera na mão, Glauber ordenou à empregada: "Morra, Maria, morra!". Mas a atriz improvisada recusava-se a atuar. Glauber foi então até o quarto do pai, pegou um revólver e deu um tiro para o alto. A empregada desmaiou. Glauber pode então filmar Maria estatelada no chão: a cena pareceu-lhe muito promissora.

O primeiro filme de Glauber ainda era bastante desterritorializado: o curta-metragem *O Pátio* (1957-1959), em que lançava como atriz sua colega de faculdade, Helena Ignez. Nesse experimento, rodado em preto e branco, usando sobras de material do primeiro longa-metragem baiano, *Redenção* (1957), de Roberto Pires, um homem e uma mulher se contorcem sob o sol, estirados num pátio cujos ladrilhos têm a forma de um tabuleiro de xadrez. As imagens evocam, por um lado, o racionalismo (nos ladrilhos geométricos) e o desespero existencial (o casal não consegue fundir-se numa cópula) e, por outro, o tropicalismo (o sol a pino) e a irracionalidade preguiçosa (o que pretende aquele casal à toa contorcendo-se no pátio?).

Em 1959, Glauber Rocha colaborou para a coletânea *Panorama do Conto Baiano*, organizada por Vasconcelos Maia e Nelson Araújo, com "A Retreta na Praça", cujo cenário o inspiraria a realizar seu segundo curta-metragem *A Cruz na Praça* (1959). O conto de estilo intimista relatava o encontro entre um homem e uma mulher no centro de uma praça, ao som desafinado de uma banda cansada de negros desvalidos. A escrita vanguardista utilizava repetições de palavras remetendo à circularidade da praça: "a retreta muito lenta narra soldados deslizando sobre mortos sobre mortos sobre mortos sobre mortos o regente, sua crença em sua música, executa a linda melodia ao sopro dos metais"[14]. Se, no conto, as personagens são um homem e uma mulher numa ação abstrata (como em *O Pátio*), no filme, um homossexual tenta seduzir um heterossexual. Clarival do Prado Valladares teve acesso ao copião de *A Cruz na Praça*, e assim descreveu o filme:

Glauber tomou as cenas do Cruzeiro de São Francisco, dos ornatos barrocos da nave, da escadaria da igreja do Paço, das grades, das ruas e, sobretudo da cruz. De uma cariátide obteve o símbolo do Bem, de outra o do Mal. Abel e Caim, porventura? De uma a outra

---

14 A Retreta na Praça, em V. Maia; N. de Araújo (orgs.), *Panorama do Conto Baiano*, p. 9-10.

a objetiva vai e volta, em velocidade crescente, como um pêndulo, que se transfere para a ocorrência humana. Esta se processa no movimento circular das duas figuras em torno do cruzeiro, exaustivamente, e por fim da própria câmera que, girando, faz a cruz flutuar e andar como um andor[15].

No clímax dessas circunvoluções barroquistas da câmera, o homossexual sedutor é castrado pelo outro homem. Mas como teria se dado a castração? Teria o homofóbico arrancado a dentadas ou a navalhadas o pênis do homossexual durante a felação? Ou o homossexual, arrasado com a rejeição, teria punido a si próprio, loucamente, com uma autocastração? A descrição do filme por Valladares não deixa clara a cena-chave:

Dois temas se situam nesse roteiro fílmico: a existência inexorável do Bem e do Mal projetada num episódio de homossexualidade. A revelação. O trauma. A mutilação. A fuga. A sequência final da figura do jovem mutilado correndo sem parar é simbolização do complexo de castração. Isto é, de todos aqueles para quem o sexo se revelou mediante sofrimento, dor, decepção e para sempre se condenaram. A figura gravitando, sem parar, em torno da cruz[16].

Guilherme Sarmiento, que não viu o copião, arriscou outra descrição:

A Cruz na Praça [...] mostrava as perambulações de dois rapazes, interpretados por Luiz Carlos Maciel e Anatólio Oliveira, até a realização de um ato controverso: uma das personagens agarra o membro do outro, desencadeando uma série de imagens reprimidas e culminando com uma cena de castração em torno da cruz[17].

As imaginações se excitam porque Glauber não forneceu detalhes sobre a cena-chave. O filme não mostraria o fato concreto, deixando sugestões da "retreta" pairando no ar a partir de imagens de anjos, santos e monstros barrocos em edição

---

15 "Uma Nota Sobre 'A Cruz na Praça'", em Cruz na Praça. Disponível em: < http://www.tempoglauber.com.br/f_cruz.html>. Acesso em: 15 abr. 2011.
16 Idem
17 G. Sarmiento, O Homoerotismo segundo Glauber, *Cine Cachoeira*, n. 2, 28 jun. 2011. Disponível em: <http://www.ufrb.edu.br/cinecachoeira/2011/06/cruz-na-praca>. Acesso em: 8 set. 2011.

acelerada e caleidoscópica: "Maciel é perseguido por Anatólio girando em torno do Cruzeiro de San Francisco enquanto dentro da igreja imagens de anjos, santos e monstros barrocos se precipitam até a abstração. Maciel se liberta de Anatólio nas escadarias da Igreja de Nosso Senhor [...] e subindo o Pelourinho com a mão nos culhões continua girando em torno da cruz"[18].

Para Sarmiento, contudo, o abstracionismo de *O Pátio* e do conto "A Retreta na Praça" teria evoluído em *A Cruz na Praça* para "a consecução de um olhar mais humanista, atento para realidades sociais adversas". Tal interpretação escorava-se na afirmação de Fred Souza Castro, poeta amigo de Glauber na época, de que

o homossexualismo na Bahia na década de 1950 era condenado com violência, sendo comum a criação de falanges que saíam à noite para espancar e até matar homossexuais nas ruas de Salvador. Um dos pontos de encontro e flertes do grupo ficava justamente nas imediações da Cruz do Cruzeiro de São Francisco. Sensibilizado por essa condição marginal, o diretor, de forma corajosa e pioneira, resolveu focalizar esse universo[19].

Entretanto, Glauber não finalizou nem quis exibir o filme, devido "à percepção íntima de que o curta não mais condizia com seus anseios estéticos e ideológicos". Sarmiento concluiu que "a temática homossexual não contemplava suas inquietações mais abrangentes com relação às questões envolvendo a sociedade brasileira". Ou seja, seu "olhar humanista" e "atento para realidades sociais adversas" teria contemplado só por um breve momento as minorias, logo superando esse "desvio individualista" para criar personagens representativas da "totalidade"[20].

De fato, Glauber analisou assim o filme: "Nos princípios dos anos 60, eu tinha uma ideia muito vanguardista do cinema, no mau sentido da palavra, fiz dois curtas-metragens com esse espírito: *Pátio* e *Cruz na Praça*. Este último não o acabei, porque quando vi o material montado, compreendi que essas ideias já não funcionavam, que minha concepção estética havia

18 G. Rocha, *Revolução do Cinema Novo*, p. 327-328.
19 Apud G. Sarmiento, op. cit.
20 Idem.

mudado"[21]. Glauber nunca sonorizaria o filme[22]. A Iglu Filmes perdeu mais tarde os negativos de *O Pátio* e *A Cruz na Praça*, deste "não sobrou cópia que pudesse gerar um novo contratipo, como foi feito com *Pátio* [...] e nas sessões de que se tem notícia, foi exibido sempre sob forma de copião, que deve ter sido perdido numa alfândega em Paris, depois de participar de 'um Congresso do III Mundo' na Europa"[23].

Em 1957, Glauber Rocha esteve em Belo Horizonte, visitando o Centro de Estudos Cinematográficos (CEC), formado pelos críticos Frederico de Moraes, Maurício Gomes Leite, Flávio Pinto Vieira, Fritz Teixeira Salles, Geraldo Fonseca (editores dos periódicos *Complemento* e *Revista de Cinema*). Glauber propôs uma união do CEC com os grupos de Salvador para construir um novo cinema no Brasil: "O negócio é o seguinte, a *Revista* e o CEC são as trincheiras do cinema tupiniquim, vocês ainda têm a revista *Complemento* e daqui nós vamos começar a guerra, vamos derrubar o que sobrou da Vera Cruz"[24]. Expulso de Belo Horizonte[25], partiu para o Rio de Janeiro à procura de Nelson Pereira dos Santos.

De volta a Salvador, Glauber assumiu em 1958 a editoria de polícia do *Jornal da Bahia*. Ali trabalhou com Fernando da Rocha Peres, Paulo Gil Soares, Inácio de Alencar, Ariovaldo Matos e Calazans Neto. Escrevia também sobre cinema e logo se tornou diretor do *Suplemento Literário*. Apaixonado por Helena Ignez, Glauber acabou por desposá-la em 30 de junho de 1959. Provavelmente seguindo o desejo da família da noiva, o casamento realizou-se dentro de tradicionais ritos católicos, como revela seu curioso registro no documentário: *Cinemateca Brasileira*, de Vera Roquette Pinto.

Depois de cursar três anos de faculdade de direito, Glauber decidiu abandonar os estudos formais para dedicar-se inteiramente ao cinema. Na aurora do cinema novo, Glauber afastou-se do experimentalismo e rodou *Barravento* (1961), seu primeiro longa-metragem. Nele encontramos os primeiros traços de um

21 Cf. Cruz na Praça, op. cit.
22 Idem.
23 Idem.
24 Apud M. Leite, É Verdade Glauber, *O Estado de Minas*.
25 Glauber Rocha, uma Vida Dada ao Cinema!. Disponível em: < http://ibahia.globo.com/sosevenabahia/glauber.asp>. Acesso em: 23 abr. 2011.

cinema politicamente engajado, em estilo "épico-popular": filmado na praia do Buraquinho, em Itapoã e Vila Flamengo, sua narrativa rendia homenagem ao folclore baiano, com cenas de samba de roda, capoeira, candomblé e cantos de pescadores. Graças a essa reterritorialização, o filme agradou aos comunistas esclarecidos, sendo premiado no Festival de Karlovy, na ex-Tchecoslováquia.

No filme, um pai de santo domina a população com seu misticismo, proibindo o jovem pescador Aruan de ter relações sexuais por ser "o escolhido de Iemanjá". Mas o negro Firmino, educado na cidade grande, decide desmascarar o candomblé convencendo a prostituta Cora a seduzir Aruan. Ao perder a virgindade, Aruan deixa de ser um dos favoritos da deusa e passa a trazer má sorte aos companheiros. Lançado com a infeliz chamada: "A beleza satânica de uma mulher no mais excitante nu do cinema!", *Barravento* criticava a alienação dos pescadores, mergulhando ao mesmo tempo no seu universo místico. Para José Gatti, o filme não documentava nem romantizava o candomblé, mas o recriava segundo os conceitos do teatro épico. Essa estilização incomodou tanto os teóricos do realismo socialista quanto os puristas do folclore popular. A religião não seria o "ópio do povo" (Marx), mas um reservatório de poderes mágicos dentro do qual o mito perderia seu caráter revolucionário, readquirindo sua força transformadora, contudo, quando dele retirado[26].

Se *Barravento* tornou o nome de Glauber conhecido, foi *Deus e o Diabo na Terra do Sol* (1964) que o consagrou como o maior cineasta do cinema novo, identificado com esse movimento, mas dotado de estilo próprio e inconfundível. O ambiente do filme é o árido sertão nordestino, onde Manuel e a esposa Rosa levam uma vida de miséria e sofrimento. O sertanejo planeja usar o lucro da partilha do gado com o coronel Morais para comprar um lote de terra. Ele leva o gado à cidade, mas alguns animais morrem no caminho. Na hora da partilha, o coronel diz que nada cabe ao sertanejo, uma vez que o gado morto era o do sertanejo, e as reses vivas eram as suas. Revoltado com a lógica da exploração, Manoel mata o coronel com

---

26 Cf. J. Gatti, *Barravento: A Estreia de Glauber*.

sua peixeira e, perseguido por jagunços, foge com Rosa para a comunidade do beato Sebastião, no Monte Santo. O beato luta contra os latifundiários prometendo aos seus seguidores o fim dos sofrimentos através do retorno a um catolicismo primitivo. A luta do beato se confunde com o sonho do Paraíso após a morte. Nesse momento, os coronéis latifundiários e a Igreja Católica contratam o matador Antônio das Mortes para liquidar o bando místico. Ao presenciar o sacrifício de uma criança pelo beato, Rosa o assassina. Ao mesmo tempo, Antônio das Mortes extermina os místicos. Em nova fuga, Manoel e Rosa unem-se a Corisco, o Diabo Loiro, companheiro de Lampião, que sobrevivera ao massacre. Mas Antônio das Mortes persegue Corisco de forma implacável e termina por degolá-lo. Manoel e Rosa fogem novamente, agora em direção ao mar.

Lançado a 14 de julho de 1964, logo após o Golpe Militar, o filme foi exibido em diversos festivais de cinema, e premiado: no México (prêmio da crítica mexicana no Festival Internacional de Acapulco); na Itália (grande prêmio do Festival de Cinema Livre e grande prêmio Náiade de Ouro no I Festival Internacional de Cinema Livre de Porreta Terme); e na Argentina (grande prêmio Latino-Americano no Festival Internacional de Mar del Plata). Perdeu a Palma de Ouro em Cannes por apenas um voto para *Les Parapluies de Cherbourg* (Os Guarda-Chuvas do Amor, 1964), de Jacques Demy.

Glauber definiu *Deus e o Diabo na Terra do Sol* como uma "ópera popular primitiva, brasileira e sem rebuscamentos". Em seu estilo cinematográfico, contudo, notam-se influências de Eisenstein, John Ford, Luchino Visconti e Pasolini. Para a trama, Glauber inspirou-se certamente na peça *O Diabo e o Bom Deus*, de Jean-Paul Sartre. Na direção de atores, parece ter assimilado algumas lições do teatro de Bertolt Brecht. Para o conteúdo – as rivalidades políticas entre cangaceiros e coronéis, entre a Igreja católica e os místicos milenaristas –, trouxe referências nacionais tais como: *Os Sertões*, de Euclides da Cunha e *Grande Sertão: Veredas*, de Guimarães Rosa. A mistura de personagens reais e inventados – os cangaceiros fictícios convivem com os cangaceiros históricos Lampião e Corisco; o beato Sebastião remete a Antônio Conselheiro; e o matador Antonio das Mortes a Antônio Pernambucano, assassino de encomenda de Vitória da Conquista – foi inspirada pela literatura de Cordel, que também determinou o estilo do filme narrado pelo cantador cego Júlio. Segundo o cineasta:

> a origem de *Deus e o Diabo* é uma linguagem metafórica, a literatura de cordel. No Nordeste, os cegos, nos circos, nas feiras, nos teatros populares, começam uma história cantando: eu vou lhes contar uma história que é de verdade e de imaginação, ou então, que é imaginação verdadeira. Toda minha formação foi feita nesse clima. A ideia do filme me veio espontaneamente[27].

Glauber tinha a pretensão de realizar um cinema épico e popular, que fosse esteticamente revolucionário e, ao mesmo tempo, capaz de ganhar as massas. Mas as massas que assimilavam bem a linguagem do cordel não tinham acesso à cultura europeia que formara, de modo decisivo, seu *estilo* vanguardista de cinema. Os intelectuais eram os únicos que, em parte, demonstravam interesse por esse cinema popular-intelectual, que visitava o sertão nordestino com os olhos voltados para as praias de Cannes. No cinema de Glauber, o povo é ainda menos real que nos filmes do construtivismo russo e do neorrealismo italiano, ou nos filmes antropológicos de Pasolini, nos quais os atores não profissionais desempenhavam frequentemente os papéis principais. Já em *Deus e o Diabo na Terra do Sol* os moradores de Monte Santo são meros figurantes.

Assim como nos filmes de Jean-Luc Godard, as encenações de Glauber possuíam uma aura de irrealidade que denunciava a presença do diretor, destruindo a ilusão de realidade que constitui a magia do cinema. O desejo de ser popular sem abrir mão do vanguardismo redundava em fracasso de público, o que ele mesmo reconhecia: "Viso a todas as camadas de público. Se meus filmes, às vezes, são herméticos, reconheço que isto é uma falha minha. Mas só me sentirei bem com o cinema no dia em que, sem fazer concessões à pornografia e ao mau gosto, conseguir atingir o público. E com uma linguagem nova. Esse é o meu objetivo"[28].

---

27 Deus e o Diabo na Terra do Sol, *Tempo Glauber*. Disponível em: <http://www.tempoglauber.com.br/f_deus.html>. Acesso em: 15 abr. 2011.
28 Entrevista, *Folha de S. Paulo*, 2 fev. 1967.

Em "Cinema de Prosa e de Poesia", Pasolini criticou a artificialidade *autoral* de um "cinema de poesia" realizado por burgueses que não tinham verdadeiro contato físico com o povo, mas em nome do qual se exprimiam. A visão pasoliniana do "cinema de poesia" como consequência de um segundo canal de distribuição de filmes pela elite neocapitalista enfureceu Glauber, que imaginava fazer um cinema revolucionário e não um produto neocapitalista alternativo, em oposição ao cinema de prosa narrativa, o cinema hollywoodiano que ele rejeitava.

Segundo o crítico José Carlos Avellar, Glauber procurava um novo cinema, improvisado e associado ao cinema novo. O termo *associado* é bem preciso, pois Glauber nunca se integrou completamente ao cinema novo, mantendo suas distâncias ideológicas e estéticas do movimento, que ele gostava, no entanto, de representar e liderar. Também de acordo com Avellar, os improvisos aparentes de Glauber não eram espontâneos, mas parcialmente planejados: "No instante de filmagem existem algumas coisas que são improvisadas. Mas dentro de um planejamento: é uma mistura de planejamento e improvisação [...] fiel ao ponto de partida, mas aberto à incorporação de alguma coisa que possa te servir naquele momento"[29].

Como constatou Josette Monzani, para o roteiro de *Deus e o Diabo na Terra do Sol*, Glauber escreveu, entre 1959 e 1963, cinco diferentes versões. Uma sequência manteve-se presente em todas elas: "A Ira de Deus (Corisco)", que mostra o esfolamento de Herculano por Corisco. Esse esfolamento recebeu diferentes tratamentos em cada versão, com diversificadas inter-relações de som e imagem, marcações coreográficas, movimentos de câmera e encadeamentos de planos. Essas modificações trouxeram significados diferentes para cada versão, demonstrando que Glauber procurava uma solução estilística, possivelmente encontrada no último tratamento[30].

Avellar também observou que, numa cena de *Deus e o Diabo na Terra do Sol*, Othon Bastos representa ao mesmo tempo Corisco e Lampião, sem corte:

---

[29] Entrevista. Disponível em: <http://jbonline.terra.com.br/destaques/glauber/glaub_entrev_avellar.html>. Acesso em: 12 mar. 2011.
[30] Cf. J. Monzani, *Gênese de Deus e o Diabo na Terra do Sol*.

Isso só é possível cinematograficamente, e, no entanto, não é absurdo, vários de nós numa conversa diária fazemos aquilo. Podemos estar conversando com uma pessoa, contar um diálogo que tivemos com uma terceira e, ao contar o diálogo, você imita a voz ou a maneira de falar, as expressões, a entonação. A rigor foi isso o que ele fez [...]. Corisco [...] narra o encontro dele mesmo com Lampião. Então ele fala, tal como ele falou naquele momento e tal como Lampião falou naquele momento. É uma solução simples numa cultura oral. O que é sofisticado é a composição cinematográfica para isso e a representação que [...] o Othon [Bastos] consegue. Ou seja, há uma perfeita afinação entre a câmera, a concepção da cena e o ator. É preciso ter um ajuste muito bom para que a lente *zoom* avance ou recue na direção do rosto do personagem, que já o encontre mudando de tom, de expressão, olhando de outro modo. [...] É uma cena de extrema sofisticação a partir de um comportamento comum, popular[31].

A sofisticação de Glauber não pode ser, contudo, generalizada, uma vez que, na obsessão de assumir o "ponto de visto do povo", seu "discurso revolucionário" confunde-se com a mais retrógrada mentalidade nordestina. Corisco diz várias vezes ao longo da trama: "Homem nessa terra só tem validade quando pega nas armas pra mudar seu destino". Ao defender a luta armada associada ao *macho*, Glauber rejeita a suposta "linguagem de lágrimas e mudo sofrimento" do neorrealismo como *ideologia burguesa*, incapaz de expressar a "brutalidade da pobreza"[32]. O filme termina com a fuga apocalíptica do casal, de mãos dadas, sob um céu tornado ameaçador por uma fotografia estourada.

Na fuga, porém, a mulher tropeça e cai, ali ficando como morta. O homem continua a correr, sem sequer olhar para trás, abandonando sem piedade a amada a quem acabara de prometer um filho, enquanto o cantador Sérgio Ricardo entoa em versos de cordel a moral do filme: "O sertão vai virar mar, e o mar virar sertão [...]. Tá contada minha história, verdade-imaginação, espero que o senhor tenha tirado uma lição, que assim, mal dividido, esse mundo tá errado, que a terra é do homem, não é de Deus nem de *viado*"[33]. O abandono da mulher

---

31 Op. cit.
32 I. Bentes, Apocalipse Estético, op. cit.
33 Grifo meu.

e o trocadilho por associação fonética entre *diabo* e *viado*, com o cantador alternando as duas palavras no estribilho repetido diversas vezes, polui e reterritorializa a mais bela e desterritorializada sequência de *Deus e o Diabo na Terra do Sol*, reduzindo o "ponto de vista popular" a uma piadinha homofóbica.

Em 1961, Glauber introduziu o famoso conceito associado ao cinema novo de "uma câmera na mão e uma ideia na cabeça", que se transformou no *slogan* sinistro de todo cineasta independente: "Vamos fazer nossos filmes de qualquer jeito [...] com uma ideia na cabeça e uma câmera na mão para pegar o gesto verdadeiro do povo"[34]. Segundo Brian Winston, a câmera na mão fora consagrada pela cobertura dos cinegrafistas da Segunda Guerra Mundial, cujas imagens tremidas transformaram suas filmagens em "sinônimo de tomada real, não ensaiada, não mediada"[35]. Depois deles, os diretores do cinema direto aprofundaram a ideia da tomada com câmera na mão para produzir uma "imagem-verdade". Logo o *cinéma-vérité* "denunciou" a falsa objetividade do cinema direto e introduziu os cineastas no campo de visão do espectador para produzir uma representação do real supostamente mais fiel a ele. Esse cinema legitimou o registro do diretor com sua câmera na mão captado por *outra* câmera na mão, obtendo a "verdadeira imagem-verdade", num infinito jogo de espelhos a produzir projeções em abismo. Todos esses movimentos, notou Winston, negavam a ideia de John Grierson sobre o documentário como "tratamento criativo da realidade", orientado para a arte e não para o jornalismo.

O cinema novo inseria-se na mesma tendência mistificadora: cineastas burgueses ou pequeno-burgueses expressavam em nome das classes desfavorecidas os supostos interesses dessas classes, adotando o ponto de vista "proletário". Mas onde terminava o ponto de vista "proletário" e começava o do cineasta pequeno-burguês? Poderia um ator profissional, bem educado e bem alimentado, assumir o papel de um sertanejo analfabeto e esfomeado num filme que se queria revolucionário e popular?

---

34 Apud M.A. Villaça, "América Nuestra" – Glauber Rocha e o Cinema Cubano, *Revista Brasileira de História*, n. 44, p. 491.
35 A Maldição do "Jornalístico" na Era Digital, em M.D. Mourão; A. Labaki (orgs.), *O Cinema do Real*, p. 17.

Nem Glauber, nem os outros diretores do cinema novo haviam trabalhado duro ou passado fome. Bem nascidos, podiam apenas imaginar o que era viver na miséria, sem experimentar em seus corpos essa condição insuperável a curto ou médio prazo. Mas eles haviam experimentado as novas e compactas câmeras Éclair 16 mm, que podiam ser manipuladas e movimentadas com facilidade. Sabiam que os novos negativos permitiam filmagens sem necessidade de muita luz ou de luz artificial. E que as películas em 16 mm podiam ser ampliadas para 35 mm, a fim de serem exibidas nos cinemas comerciais. Além disso, com os novos gravadores Nagra, podiam captar o som direto durante as tomadas. Ou seja: com apenas três equipamentos leves um filme "cinema novo" podia ser produzido[36].

A câmera na mão convinha perfeitamente aos novos cineastas diante das incertezas sobre o "ponto de vista proletário", dado por pequeno-burgueses; a solução era facilitada pela nova tecnologia de filmagem. Balançar a câmera em meio aos atores e enfiá-la na cara deles, rodopiá-la com tomadas do céu ao chão, tremer e desfocar a imagem à vontade, tudo isso fazia com que a ficção se confundisse com o documentário, produzindo um *cinéma-vérité* encenado. Os diretores e seus fotógrafos conseguiam assim desviar a atenção de um olhar mais crítico a respeito da *manipulação* do "ponto de vista proletário".

A câmera na mão transpunha *visualmente* o discurso ideológico do populismo: as imagens produzidas davam um ponto de vista incerto e confuso, nem objetivo nem subjetivo, mas fluido e indefinido. Empunhada pelo diretor em meio à sua encenação, a câmera assumia o papel de um observador da ação que se recusava a tomar parte nela: como um jornalista "objetivo" que tudo vê e ouve, mas permanece calado e frio, nem vivo nem morto, presente, mas ausente, simultaneamente agitado e paralisado. Filmar com a câmera na mão, especialmente no caso de Glauber, mais que uma forma de baratear a produção ou de se afirmar como diretor "muito louco", foi uma opção estética coerente com a ideologia assumida.

No manifesto "Eztetyka da Fome", escrito como comunicação para a V Rassegna del Cinema Latino-Americano, realizada

---

36 Cf. J. Avellar, op. cit.

em Gênova, em janeiro de 1965, Glauber propôs ao cinema novo expressar toda a miséria do Brasil para gerar uma ação transformadora da realidade[37]. Modelado pelo construtivismo russo, pelo neorrealismo italiano e pela *nouvelle vague* francesa, Glauber lançava o conceito de *eztetyka* da fome para justificar o "ponto de vista proletário" oferecido pelo cinema novo contra os "civilizados" ou "colonizadores" que não o compreendiam ou o ignoravam[38]. Glauber distinguia o "mundo subdesenvolvido" do "mundo civilizado", a "cultura latino-americana" da "cultura civilizada". A "cultura civilizada" era associada ao "observador europeu", definido como "homem civilizado". Entre o "primitivo" latino-americano e o "civilizado" europeu não haveria comunicação: "Nem o latino comunica sua verdadeira miséria ao homem civilizado nem o homem civilizado compreende verdadeiramente a miséria do latino".

No universo mental de Glauber, os latino-americanos seriam incivilizados, primitivos e miseráveis, porque "a América Latina permanece colônia e o que diferencia o colonialismo de ontem do atual é apenas a forma mais aprimorada do colonizador". Essa dependência teria levado os brasileiros "ao raquitismo filosófico e à impotência". O raquitismo e a impotência gerariam, quando inconscientes, a esterilidade e, quando conscientes, a histeria. A esterilidade, para Glauber, seriam os "formalismos do universalismo frustrado [como] centenas de quadros nas galerias, empoeirados e esquecidos; livros de contos e poemas; peças teatrais, filmes (que, sobretudo em São Paulo, provocaram inclusive falências)"[39]. Glauber condenava assim o mundo oficial das artes:

> O mundo oficial encarregado das artes gerou exposições carnavalescas em vários festivais e bienais, conferências fabricadas, fórmulas fáceis de sucesso, coquetéis em várias partes do mundo, além de alguns monstros oficiais da cultura, acadêmicos de Letras e Artes, júris de pintura e marchas culturais pelo país afora.

---

[37] Disponível em: <http://www.tempoglauber.com.br/t_estetica.html>, acesso: em 18 abr. 2011.
[38] Cf. J.C. Avellar, op. cit.
[39] Eztetyka da Fome, op. cit. Provável referência à Vera Cruz e à Kino Filmes de Alberto Cavalcanti.

Monstruosidades universitárias: as famosas revistas literárias, os concursos, os títulos[40].

A histeria, para Glauber, referia-se àquilo que chamou de "anarquismo nas artes" e "tentativas de sistematização da arte popular". Sem explicar o que queria dizer com esses rótulos, declarava que o humanitarismo era uma barreira à compreensão do Terceiro Mundo pelo Primeiro. Para Glauber, uma linguagem melodramática inspiraria apenas paternalismo nos colonizadores. Daí a necessidade de o cinema brasileiro explorar a fome sem compaixão, expondo a miséria do povo como um meio de "chamar a atenção": essa exploração da miséria brasileira seria, a seu ver, a "trágica originalidade do cinema novo diante do cinema mundial". Os criadores do cinema novo deviam voltar suas câmeras para a miséria para ganhar a atenção dos homens civilizados:

De *Aruanda* a *Vidas Secas*, o cinema novo narrou, descreveu, poetizou, discursou, analisou, excitou os temas da fome: personagens comendo terra, personagens comendo raízes, personagens roubando para comer, personagens matando para comer, personagens fugindo para comer, personagens sujas, feias, descarnadas, morando em casas sujas, feias, escuras: foi esta galeria de famintos que identificou o cinema novo com o miserabilismo tão condenado pelo Governo, pela crítica a serviço dos interesses antinacionais, pelos produtores e pelo público – este último não suportando as imagens da própria miséria[41].

O miserabilismo do cinema novo se contraporia ao cinema "digestivo" preconizado por Carlos Lacerda:

filmes de gente rica, em casas bonitas, andando em carros de luxo: filmes alegres, cômicos, rápidos, sem mensagens, de objetivos puramente industriais. Esses são os filmes que se opõem à fome, como se, na estufa e nos apartamentos de luxo, os cineastas pudessem esconder a miséria moral de uma burguesia indefinida e frágil, ou se mesmo os próprios materiais técnicos e cenográficos pudessem esconder a fome que está enraizada na própria incivilização. Como se,

---
40 Idem.
41 Idem.

sobretudo, neste aparato de paisagens tropicais, pudesse ser disfarçada a indigência mental dos cineastas que fazem esse tipo de filme. O que fez do cinema novo um fenômeno de importância internacional foi justamente seu alto nível de compromisso com a verdade; foi seu próprio miserabilismo, que, antes escrito pela literatura de 1930, foi agora fotografado pelo cinema de 1960[42].

Para Glauber, a realidade brasileira estava na miséria, nunca na sociedade como um todo, em todas as suas contradições. Para ele, o período Jânio-Jango foi caracterizado apenas por filmes que mostravam a miséria. Ele cita *Cinco Vezes Favela* (1962), dividido em episódios dirigidos por Miguel Borges ("Zé da Cachorra"), Joaquim Pedro de Andrade ("Couro de Gato"), Carlos Diegues ("Escola de Samba Alegria de Viver"), Marcos Farias ("Um Favelado") e Leon Hirszman ("Pedreira de São Diego"); *Porto das Caixas* (1962), de Paulo Cesar Saraceni; *Garrincha, Alegria do Povo* (1962), de Joaquim Pedro de Andrade; *Os Mendigos* (1962), de Flávio Migliaccio; *Vidas Secas* (1963), de Nelson Pereira dos Santos; *Ganga Zumba, Rei dos Palmares* (1963), de Diegues; *Sol Sobre a Lama* (1963), de Alex Viany; *Deus e o Diabo na Terra do Sol*; *O Padre e a Moça* (1965), de Joaquim Pedro de Andrade (que, contudo, não dava destaque à miséria). Esse período culminou no golpe de abril, a partir do qual "a tese do cinema digestivo ganhou peso no Brasil, ameaçando, sistematicamente, o cinema novo".

A fome no cinema novo não seria exatamente uma representação da fome real, e sim uma metáfora *ideológica*. Essa fome, segundo Glauber, "o europeu e o brasileiro na maioria não entende [sic]". Apenas a elite dos politizados entenderia a fome metafórica. Essa elite, a "vanguarda revolucionária", detinha o conhecimento da "ciência" marxista. O materialismo dialético representado pela fome metafórica do cinema novo não seria assimilado facilmente nem pelo público brasileiro nem pelo público europeu: "Para o europeu é um estranho surrealismo tropical. Para o brasileiro é uma vergonha nacional"[43].

A suposta vergonha do brasileiro diante da fome metafórica do cinema novo não foi, contudo, corretamente diagnosticada

---

42 Idem.
43 Idem.

por Glauber. Ele tomava como vergonha do público brasileiro o que era, antes, uma *rejeição* diante de filmes aborrecidos. Para Glauber, o brasileiro rejeitaria esses filmes porque "não come, mas tem vergonha de dizer isto; e, sobretudo, não sabe de onde vem esta fome". Mas o público frequentador dos cinemas não passava fome, nem se identificava com personagens toscos: queria apenas se distrair de seus problemas sem ser chamado a assumir problemas *alheios*. Não queria *alienar-se* no marxismo.

Naturalmente, Glauber sabia que o público dos cinemas não morria de fome, mas gostaria que esse público sentisse como ele a necessidade de angustiar-se com a fome alheia, que abraçasse como ele a causa marxista. O público que "não comia" e não sabia dizer de onde vinha sua "fome" era, pois, *alienado*, rejeitando o cinema novo por "não saber a verdade", isto é, por ignorar o marxismo. Já os cineastas do cinema novo pertenciam a uma elite de famintos que comiam, de "primitivos" que detinham o precioso conhecimento do marxismo:

> Sabemos nós – que fizemos esses filmes feios e tristes, esses filmes gritados e desesperados onde nem sempre a razão falou mais alto – que a fome não será curada pelos planejamentos de gabinete e que os remendos do tecnicolor não escondem, mas agravam seus tumores. Assim, somente uma cultura da fome, minando suas próprias estruturas, pode superar-se qualitativamente: a mais nobre manifestação cultural da fome é a violência.

Traduzindo: somente a nova elite cinemanovista, com suas metáforas marxistas, fará a revolução necessária, abdicada pelo povo alienado. O cinema substituirá a revolução. Não o proletariado alienado, mas os cineastas cinemanovistas serão os sujeitos revolucionários da história, a nova vanguarda revolucionária. A transformação social se fará pelos diretores do cinema novo, independentemente da vontade do povo, dessa massa alienada e burra, incapaz de entender a estética da fome, a metáfora do marxismo e o próprio marxismo.

Para Glauber, os programas assistencialistas para reduzir a miséria seriam uma desgraça maior que a miséria, uma vez que eles comprometeriam a revolução. Empréstimos obtidos de países estrangeiros para a construção de escolas e casas (sem a necessária formação de professores e as ofertas de emprego), ou o ensino de ofícios (sem a erradicação do analfabetismo) seriam, para ele, coisas completamente inúteis. Já o cinema novo, "no campo internacional, não pediu nada, e sim se impôs com a violência de suas imagens e sons em vinte e dois festivais internacionais". A vanguarda revolucionária mostrava ao povo e ao poder qual o caminho a seguir: Cannes, Locarno, Nova York, aqui vamos nós!

O cinema novo também ensinaria aos famintos que eles deveriam ser violentos; e que só a violência resolveria o problema da fome. A violência revolucionária faria o colonizador compreender, pelo horror, a existência do colonizado e a força da cultura que explorava: "Enquanto não ergue as armas o colonizado é um escravo: foi preciso um primeiro policial morto para o francês perceber um argelino". O exemplo demonstrava que o horizonte teórico de Glauber era Franz Fanon, psiquiatra negro da Martinica que estudara o psiquismo do escravo, e cujo livro, prefaciado por Sartre, fora avidamente lido pelas esquerdas brasileiras da época.

Aplicando os conceitos de Fanon à realidade brasileira, Glauber, como notou um crítico, fantasiava um Brasil ocupado por colonizadores, como a Argélia fora ocupada pela França. Mas enquanto na Argélia o colonialismo era real, no Brasil não passava de uma fantasmagoria glauberiana, à maneira de sua evocação do mito da civilização Atlântica, o continente único que um cataclismo separou em África e América do Sul: Glauber também sonhava em recuperar a suposta cultura que teria unido esses dois continentes.

Ainda em seu manifesto, Glauber defende a luta armada justificando-a em nome do amor: "O amor que esta violência encerra é tão brutal quanto a própria violência, porque não é um amor de complacência ou de contemplação, mas um amor de ação e transformação". A mesma ideia foi exposta pelo teórico marxista Franklin de Oliveira, que afirmava ser a luta armada movida pelo "amor, amor pelo Brasil, mas amor consciente que busca os caminhos da redenção [...]. A redenção pelo amor consciente! [...] a forma de amor consciente, que redime todas as misérias, é a Revolução. *L'amour en action, voilà la révolution!*"[44]. O amor também é evocado por outro

---

[44] *Revolução e Contra-revolução no Brasil*, p. 11.

teórico marxista da época, Flávio Moreira da Costa; para ele o cinema novo é:

Um cinema preocupado com a realidade. Fim do culto ao cinema-mito, inacessível catedral gótica, templo de alguns iniciados. O cinema novo-Moderno terminou com esta estranha maçonaria [...] Falar sobre a realidade é quase sempre dizer coisas revolucionárias [...]. Uma câmara na mão e uma ideia na cabeça [...]. Não há tempo para metafísicas [...]. O cinema moderno se faz com violência e amor[45].

Sendo a violência, nesse discurso, sinônimo ou complemento do amor, o amor em si, desconectado da violência, tornava-se supérfluo. Por isso o cinema novo recusava o romantismo:

As mulheres do cinema novo sempre foram seres em busca de uma saída possível para o amor, dada a impossibilidade de amar com fome: a mulher protótipo, a de *Porto das Caixas*, mata o marido, a Dandara de *Ganga Zumba* foge da guerra para um amor romântico; Sinhá Vitória [de *Vidas Secas*] sonha com novos tempos para os filhos, Rosa [de *Deus e o Diabo na Terra do Sol*] vai ao crime para salvar Manuel e amá-lo em outras circunstâncias; a moça do padre [de *O Padre e a Moça*] precisa romper a batina para ganhar um novo homem; a mulher de *O Desafio* rompe com o amante porque prefere ficar fiel ao seu mundo burguês; a mulher em *São Paulo S.A.* quer a segurança do amor pequeno-burguês.

Os exemplos alinhados por Glauber demonstram a artificialidade dessa recusa, ao contrário do que o cineasta afirma em sua proposição. Com exceção de Sinhá Vitória, as personagens citadas não passavam fome nem rejeitavam o romantismo: uma "foge para um amor romântico"; esta vai ao crime para "salvar seu homem e amá-lo em outras circunstâncias"; aquela "ganha um novo homem"; outra se mantém "fiel ao seu mundo burguês"; outra ainda "quer a segurança do amor pequeno-burguês"; e mesmo a única faminta "sonha com novos tempos". Glauber interpreta os conflitos interiores dessas mulheres como um desejo de revolução que nenhuma delas prega em palavras ou atos. Se elas agem de maneira incoerente ou violenta, ele

---

45 Introdução, em F.M. da Costa (org.), *Cinema Moderno, Cinema Novo*, p. 9.

toma essas ações violentas e incoerentes como metáforas da revolução. Mas como só Sinhá Vitória passa fome, a suposta impossibilidade de amar das demais "famintas" parece vir de uma fome alheia, por identificação. É como se as pequeno-burguesas do cinema novo agissem movidas pela *culpa* de comer num mundo onde há famélicos e mortos de fome, com a ideologia marxista transformada em neurose esquerdista: "Há fome no mundo! Sou marxista! Não sou alienada! Não posso amar enquanto não fizer a revolução!".

Para Glauber, a realidade brasileira seria algo de indiscernível à luz do pensamento, que entre nós seria "debilitado ou delirante devido à fome" (sempre a fome alheia, sentida na mente, como se fosse na barriga, por identificação neurótica, pelos intelectuais pequeno-burgueses). Mas essa realidade brasileira seria quase universal:

> O cinema novo é um fenômeno dos povos colonizados e não uma entidade privilegiada do Brasil: onde houver um cineasta disposto a filmar a verdade e a enfrentar os padrões hipócritas e policialescos da censura, aí haverá um germe vivo do cinema novo. Onde houver um cineasta disposto a enfrentar o comercialismo, a exploração, a pornografia, o tecnicismo, aí haverá um germe do cinema novo. Onde houver um cineasta, de qualquer idade ou de qualquer procedência, pronto a pôr seu cinema e sua profissão a serviço das causas importantes de seu tempo, aí haverá um germe do cinema novo.

Assim se manifestava o internacionalismo marxista de Glauber, que recusava as limitações do marxismo nacionalista dos cinemanovistas: justificando seu desenraizamento do solo nacional pela ideologia terceiro-mundista, ele ampliava seu espaço vital para os países "colonizados" de todo o mundo. Por outro lado, Glauber contrapunha o cinema novo ao cinema industrial. Escreveu num artigo de 1962: "Queremos fazer filmes anti-industriais; queremos fazer filmes de autor". Somente este estaria comprometido com a verdade; o cinema industrial estaria comprometido com a mentira e a exploração.

E um cinema novo ampliado para a América Latina, depois para todo Terceiro Mundo, irmanaria seus mais próximos e dispersos integrantes, "dos mais burros aos mais talentosos". Só o conjunto dos filmes assim produzidos, em toda a América

Latina, em todo o Terceiro Mundo, daria aos povos "famintos" e "colonizados", a "consciência de sua própria existência".

Ao rejeitar supostamente a estilização cinematográfica, Glauber pretendia "desmistificar o êxtase estético pela análise racional". Filosoficamente, sentia-se mais próximo de Sartre que de Marx. Mas a dialética entre a santidade e o terror, que o autor de *O Ser e o Nada* recusava em nome da liberdade assumida na Terra, com todo o peso dessa assunção, transformava-se, em *Deus e Diabo na Terra do Sol*, em pesadelo desumano.

Glauber não assimilou o conceito sartriano da má-fé: para o cineasta, o mundo seria "um inferno sem saída". Já na peça *Huis clos* (Entre Quatro Paredes), de Sartre, havia uma porta de saída do inferno e essa porta se abria: os condenados é que não ousavam transpô-la. Da mesma forma, a dialética glauberiana entre Deus e o Diabo não resultava na opção sartriana pela liberdade, com toda a responsabilidade que ela implicava, mas por um ativismo inconsequente movido pelo terror irracional.

Em novembro de 1965, com Flávio Rangel, Antonio Callado, Carlos Heitor Cony e outros intelectuais, Glauber foi preso por participar de uma manifestação contra o regime militar em frente ao Hotel Glória, no Rio de Janeiro. François Truffaut, Godard, Alain Resnais, Abel Gance e Joris Ivens enviaram mensagens de protesto ao marechal Castelo Branco. Pouco depois dessa ação, Glauber realizou um filme de propaganda para o novo governador do Maranhão, José Sarney. Este pedira a Glauber, de quem era amigo, que registrasse em filme seu discurso de posse. Em *Maranhão 66* (1966) – a primeira experiência de Glauber com o som – vemos o jovem Sarney, com sua cabeça desproporcional enterrada na gola de um terno apertado, cabelos úmidos de brilhantina, ser ovacionado por milhares de maranhenses em acabrunhante manifestação de histeria popular e de liderança populista, típicas, nos termos de Glauber, do Terceiro Mundo.

Em seu discurso em praça pública, o recém-eleito governador prometia acabar com a violência, a corrupção, o assistencialismo, a miséria, a fome, o analfabetismo, a tuberculose e os altos índices de mortalidade infantil que grassavam em seu estado. Apostava na exploração das riquezas naturais da região como solução para a pobreza do Maranhão. Glauber, em criativa edição inspirada em *M*, o primeiro filme sonoro de Fritz Lang, fazia esse discurso ecoar no espaço vazio de indústrias abandonadas, no panorama desolador de favelas, de lixões, e de um hospital que mais parecia um campo de concentração, onde homens e mulheres em estado terminal agonizavam, com enfermeiras reclamando de salários atrasados. Como retratava mais a miséria do Estado que o momento de glória do novo governador no palanque, Sarney não aprovou totalmente o filme:

> Tomava eu posse no governo do Maranhão e fiz uma ousadia que não deveria ter feito com um amigo da estatura de Glauber Rocha. Eu lhe pedira que documentasse a minha posse. Glauber fez o documentário que foi passado numa sala de cinema de arte, há quinze anos. E quando o público viu que numa sessão de cinema de arte ia ser passado um documentário que podia ter o sentido de uma promoção publicitária, reagiu como tinha que reagir. Mas aí, o documentário começou a ser passado, e quando terminaram os doze minutos o público levantou-se e aplaudiu de pé, não o tema do documentário, mas a maneira pela qual um grande artista pôde transformar um simples documentário numa obra de arte: ele não filmou a minha posse, ele filmou a miséria do Maranhão, a pobreza, filmou as esperanças que nasciam do Maranhão [...] e no meio de tudo aquilo ele colocou a minha voz, mas não a voz do governador. Ele modificou a ciclagem para que a minha voz parecesse, dentro daquele documentário, como se fosse a voz de um fantasma diante daquelas coisas quase irreais, que era a miséria do Estado[46].

Desde então, Sarney e sua família mantiveram-se no poder no Maranhão, e poucas promessas de seu discurso de posse parecem ter sido cumpridas, mesmo depois de sua gestão como presidente da República, no período de 1985-1989. No governo Lula, Sarney assumiu a presidência do Senado e demonstrou verdadeira paixão pelo poder, recusando renunciar após denúncias de nepotismo e corrupção. Glauber nunca renegou a propaganda populista de *Maranhão 66*, que hoje, deslocado de seu contexto histórico, pode parecer uma crítica à personagem, que naquela altura exaltava. É assim, por exemplo, que o *Tempo Glauber* prefere descrever o filme:

---

46 Cf. Maranhão 66, *Tempo Glauber*. Disponível em: <http://www.tempoglauber.com.br/f_maranhao.html>. Acesso em: 19 abr. 2011.

Não se encontra no curta-metragem o mínimo de complacência para com o político que encomendou a obra. Ao contrário, o filme é construído como um verdadeiro desafio às promessas eleitorais demagógicas: enquanto o político se compromete solenemente a acabar com as misérias da região, elas são simplesmente mostradas, com uma terrível crueza, em imagens documentais [...] em terrível oposição entre a retórica e a realidade, mas igualmente apontando a necessidade urgente de transformar as palavras em ações para promover o progresso social[47].

A propaganda populista de *Maranhão 66* foi uma primeira manifestação de esquizofrenia ou dissociação entre teoria e prática, em consequência dos movimentos de desterritorialização e reterrritorialização empreendidos por Glauber, nos quais seu idealismo político acaba manchado por seu compromisso com lideranças populistas autoritárias, em nome da necessária denúncia da miséria do povo. Por isso, também, Sarney tornou-se o modelo para todos os personagens autocráticos que passaram a assombrar os filmes de Glauber.

Nessa altura, a visão de *Weekend* (1967), de Godard, foi decisiva para a definição de seu próprio estilo de cinema: "Considero *Weekend* o mais importante filme da história do cinema. Uma revolução total, tanto no tema como na técnica de narração". Glauber sentiu-se compelido a realizar, em estilo godardiano, uma reflexão crítica sobre a guerrilha brasileira: *Terra em Transe* (1967). Seu horizonte teórico era ainda Sartre, mais especificamente a peça *Les Mains sales* (As Mãos Sujas, 1948), que tem no centro da ação um intelectual em crise, dividido entre os ditames do Partido Comunista e sua ética pessoal, entre a pureza de sua consciência e a necessidade de "sujar as mãos".

O filme transcorre em Alecrim, província de um país imaginário chamado Eldorado, e onde o poder é disputado por três personagens autocráticos: o senador Porfírio Diaz, que odeia o povo e pretende coroar-se imperador para impor à ralé sua poderosa vontade de super-homem; o governador Vieira, demagogo populista, que se elege com o voto dos proletários para, no poder, fuzilar seus líderes; e o capitalista Don Júlio Fuentes,

---

47 Idem.

dono dos minérios, do petróleo, da siderurgia e das mídias locais. Enquanto essas forças políticas opõem-se diante da massa ignorante e manipulada, que ameaça resistir ao golpe iminente, Paulo Martins, interpretado por Jardel Filho, é um poeta que sobrevive como jornalista e se divide em meio à turbulência, entre sentimentos de amizade para com o senador Diaz e suas convicções políticas libertárias. Ele é a consciência em transe de Eldorado: deseja matar os tiranos, mas amarga o conflito entre a violência necessária na situação insustentável e seus sentimentos telúricos de "poeta".

Glauber acabara de viver a experiência do compromisso político, sujando as mãos com *Maranhão 66*: chega a utilizar dois planos dos negativos desse filme, sobrepondo-os a um comício de Vieira. *Terra em Transe* é a sua autocrítica dentro da sua crítica ao Terceiro Mundo. Seus personagens declamam suas falas em arroubos histéricos e encenam uma luta de classes em tom carnavalesco, numa alegoria da ditadura e da guerrilha, do populismo de uma elite atrasada e do fracasso de uma esquerda elitista, da inviabilidade de um povo tão miserável e carente quanto alienado e passivo. Assim Glauber descreveu seu filme:

> Convulsão, choque de partidos, de tendências políticas, de interesses econômicos, violentas disputas pelo poder é o que ocorre em Eldorado, país ou ilha tropical. Situei o filme aí porque me interessava o problema geral do transe latino-americano e não somente do brasileiro. Queria abrir o tema "transe", ou seja, a instabilidade das consciências. É um momento de crise, é a consciência do *Barravento*[48].

A princípio proibido pela Censura Federal do governo do general Costa e Silva por ser considerado "subversivo e ofensivo à Igreja", *Terra em transe* teve sua liberação condicionada pela exigência de que o sacerdote anônimo interpretado por Jofre Soares ganhasse um nome. Glauber batizou, então, sua personagem de Padre Gil. Com essa singularização de uma alegoria que generalizava um padre como todos os padres, o filme pôde ser exibido. Recebeu o prêmio Luis Buñuel da crítica espanhola e o

---

48 Cf. Terra em Transe, *Tempo Glauber*. Disponível em: <http://www.tempoglauber.com.br/f_terra.html>. Acesso em: 17 dez. 2011.

prêmio da Federação Internacional de Imprensa Cinematográfica (Fipresci), em Cannes; o grande prêmio e o prêmio da crítica no Festival Internacional do Filme de Locarno; e o prêmio de melhor filme em Havana. No Brasil, conquistou o prêmio Golfinho de Ouro de melhor filme do Museu da Imagem e do Som do Rio de Janeiro, e os prêmios de melhor filme, menção honrosa de melhor roteiro, melhor ator coadjuvante para Modesto de Souza e um prêmio especial de produção e fotografia para Luiz Carlos Barreto no Festival de Cinema de Juiz de Fora[49].

Contudo, a crítica jornalística abominou o filme, considerado também confuso pelo público. Sérgio Augusto confirmou esse juízo escrevendo que *Terra em Transe* "era de fato caótico e retratava o Brasil, disfarçado com nome de Eldorado, como uma republiqueta tropical dominada por demagogos, oportunistas e testas de ferro de multinacionais". Os críticos comunistas afirmaram que Glauber tinha medo de atacar os militares, preferindo condenar a luta armada.

Na peça satírica *Perseguição e Assassinato de Glauber Rocha Pelos Intelectuais do Hospício Carioca, Sob a Direção de Salvyano Cavalcanti de Paiva*, escrita em Paris, em junho de 1967, publicada na revista *Visão*, sem data, encontrada na pasta de Glauber do arquivo da Cinemateca do MAM, o cineasta vingou-se de seus críticos. Descrevendo seu texto como "ópera atonal-surrealista", nele Glauber se pinta como autista[50] que lê Roland Barthes deitado na rede enquanto o crítico Salvyano Cavalcanti de Paiva monta um processo a fim de assassiná-lo. É chamado de burro pelas massas, de comunista por fascistas e de fascista por comunistas, de criminoso pela Polícia e de ateu pela Igreja, desprezado tanto pelos reacionários e burgueses quanto pelos concretistas e esquerdistas. Ele é arrasado, sobretudo, pelos críticos que dão "bola preta" para *Terra em Transe*.

---

49 O DVD *Terra em Transe* apresenta quatro minutos inéditos de Glauber Rocha no *set* de filmagem. Ficamos sabendo que o produtor Luiz Carlos Barreto salvou a cópia de *Terra em Transe* durante a ditadura, retirando-a da casa de Lúcia Rocha dentro de uma pasta.

50 Segundo Bentes, nas cerca de trezentas cartas conservadas que Glauber escreveu de 1953 a 1981, ou seja, dos 14 aos 42 anos, ele não cansava de autoanalisar-se. Vivia seu autismo de forma consciente: "Às vezes sinto-me louco e absolutamente feliz dentro de uma infinita solidão". Queixava-se ao mesmo tempo da solidão, sonhando com uma morte precoce: "Eu sou um apocalíptico que morrerei cedo". Cf. Introdução, em I. Bentes (org.), op. cit., p. 12.

Vítima de um "linchamento cultural", a personagem Glauber é defendida apenas pelos amigos cinemanovistas, pelo escritor Nelson Rodrigues, pelo jornalista Otto Lara Resende e pelo crítico José Sanz. Mas só é despertado do transe autista por seus produtores: Luiz Carlos Barreto chega exaltando o cinema novo como o único cinema que existia no mundo e Zelito Vianna lista uma série de cinemanovistas que iniciavam novas produções, provando aos críticos malignos que o "movimento" continuava vivo, "agitando" com novas e promissoras produções:

ZELITO: Glauber, Glauber. O filme está dando um grande tutu. Vamos preparar o próximo. Esses caras estão por fora. [...] (*Salvyano vai ficando vermelho e depois se derrete como sorvete. Cada crítico vai murchando a cara; ficam amarelos e depois brancos. Sentam-se. Alguns até choram de raiva. Outros, de frustração* [...]).
ZELITO: A vida intelectual brasileira está em crise. Esses caras são literatos. Não manjam nada. O romance faliu. A pintura. A poesia. O teatro, como dizia o gordo Orson, é um maravilhoso anacronismo. Só resta a música e o cinema. O inimigo do cinema é o filme comercial, boçal. Como o iê-iê-iê é o inimigo do samba. As gerações falidas, irresponsáveis, covardes e ignorantes detestam o cinema. O cinema novo é uma resposta à impotência intelectual. Se eu morresse agora, estaria feliz por ter produzido *Terra em Transe*. De acordo, Barreto?
LUÍS CARLOS BARRETO: Claro. Neste país de equívocos, a verdade cega e agride. Antes do cinema novo não existia cinema.[51]

---

51 Para Fuhrammar e Isaksson o cinema na América Latina só passa a existir após a revolução cubana. Essa visão *tabula rasa* da História é característica de marxista-leninistas e maoístas europeus, e de marxistas brasileiros influenciados por eles. Avellar escreveu nesse sentido: "Os primeiros espectadores de cinema que participaram da apresentação do Cinematógrafo Lumière, no dia 22 de março de 1895, em Paris [...] saíram da sala de projeção como se tivessem acabado de ver o mundo pela primeira vez [...]. Os primeiros espectadores de *Deus e o Diabo na Terra do Sol* – os que estiveram presentes à sessão da manhã de 13 de março de 1964, no antigo cinema Vitória, na Cinelândia, saíram da sala como se tivessem acabado de ver cinema pela primeira vez", cf. Rascunho de Pássaro, *Revista Cult*, n. 67. Disponível em: <http://revistacult.uol.com.br/home/2010/03/rascunho-de-passaro>. Acesso em: 29 ago. 2011. O cineasta Cristian Cancino observou: "Tenho a impressão de que o cinema novo, na década de 1960, inventou ao mesmo tempo o presente, o futuro e também o passado do cinema brasileiro", ver Cinema sem Fronteiras. Disponível em: <http://www.ondeestaaamericalatina.com.br>. Acesso em: 8 out. 2010. Nessas visões *tabula rasa* da História, o cinema brasileiro inexistia antes do cinema novo; todo o cinema produzido até então no

Mesmo no Brasil. Hoje, esta geração toda se reúne para discutir. Falam mal, mas eu pergunto uma coisa. Se acabar com o cinema novo o que é que vai ficar? As chanchadas, os filmes de quarto e banheiro, o caipirismo. Por que existe Instituto de Cinema hoje? Por causa do cinema novo. Hoje, quem fala mal do cinema novo usa esse nome para arrancar empregos e viagens. Surgem, nas costas do cinema novo, os produtores de última hora, os oportunistas e os picaretas. Quando uma chanchada tem alguma qualidade e quer se valorizar, se apresenta como cinema novo. E quando mesmo um escritor desses aí quer se fazer de importante, traz uma de suas histórias para os diretores do cinema novo. Falam mal por raiva. Por inveja […].

GLAUBER ROCHA: […] O cinema é a linguagem do capitalismo, isto é, do século XX. Cinema, jornalismo, televisão. O cinema, porque foi realizado até bem pouco tempo por homens com formação do século passado (mesmo o grande e genial e terno Serguei Eisenstein) formou e deformou o público e a crítica. E a maioria dos intelectuais. E, o que é mais grave, a maioria dos cineastas. O cinema é um instrumento de coração do capitalismo. Ou do policialismo. Liberdade, no cinema, sempre foi crime. […] Foi o caso de *Terra em Transe*. Na montagem, Escorel dizia: "Vão meter o pau". Aí eu começava a rir histericamente. Queria ver a cara dos caras. Zelito, então, ria de morrer. E ri ainda. E vamos rir até o dia do Juízo Final. Quando então, diante da divisão entre o que é Bom e o que é Ruim, Eu, Meu Santo São Jorge e a Espada de Abraão vamos fazer a Justiça. A Justiça![52]

Brasil fora "cinema burguês" digno do esquecimento, a ser apagado da História – no futuro, nenhum cinema brasileiro existirá fora dos limites do cinema novo. O inquietante fenômeno da visão *tabula rasa* da História foi denunciado por George Orwell em *1984*, com base no regime soviético. Nesse regime, os filmes "revolucionários" de Eisenstein faziam "tabula rasa" do passado, mostrado apenas como tempo de miséria e massacre, carne podre e abatedouro. Com seu violento criticismo financiado pelo Estado, Eisenstein poupava o presente de qualquer crítica. O ideal *tabula rasa* materializou-se de maneira radical na Revolução Cultural de Mao Tsé-Tung, quando a "cultura burguesa" foi proibida. Até os cânones da literatura ocidental, os dicionários de línguas estrangeiras e as partituras de música clássica foram proibidos e queimados em toda China, com exceção d'*O Livro Vermelho* de Mao e das Óperas Vermelhas dos compositores afinados com o regime. No Brasil, o "nunca antes nesse país" de Lula faz eco à visão *tabula rasa* da História, numa exaltação megalomaníaca do presente, posto acima das críticas. Estas, quando formuladas, tornam-se nostálgicas das "elites de olhos azuis" do medonho passado.

52 *Revolução do Cinema Novo*, p. 94-97.

Embora Glauber se apresentasse como vítima, a animosidade da crítica – pelo menos a de esquerda – não poderia ser atribuída simplesmente à mediocridade dos intelectuais invejosos de sua genialidade. Como sugeriu Bentes, o problema estaria na leitura glauberiana do marxismo, tingida de conotações sádicas. Para Glauber, "a revolução devia ser precedida por um crime ou um massacre"[53]. Em *Deus e o Diabo na Terra do Sol*, o matador Antonio das Mortes extermina pobres camponeses sob as ordens de latifundiários e da Igreja. Esse massacre adquire uma "função aceleradora de mudanças sociais"[54]. Em *Terra em Transe*, Paulo Martins confessa seus sentimentos ambíguos em relação aos que chama de "camponeses brasileiros", porque recusavam fazer a revolução sangrenta com que esse poeta sonhava: "Eu bati num pobre camponês porque ele me ameaçou. [Ele] podia ter metido a enxada na minha cabeça, mas era tão covarde e tão servil! E eu queria provar que ele era tão covarde e servil [...] a caridade apenas adia, agrava mais a miséria". Desprezando o "povo alienado" e desejando ver a violência aplicada em massa, Glauber impregnava seu imaginário daquelas pulsões sadomasoquistas que formam a base do fascismo. Bentes declarou ter tremido ao ler as cartas de Glauber, percebendo que as:

pulsões e paranoias anarcoditatoriais atravessam [os filmes e textos de Glauber]. Paulo Martins, Porfírio Diaz, Brahms, o Cristo militar, vivem as delícias e contradições do poder. Já o povo, este é chicoteado, espancado, amordaçado, fuzilado [...]. Numa carta de 1973 fui encontrar uma surpreendente declaração sobre esse "fascismo esplendoroso". Glauber se define como "um sádico de massas". "O ritual do sangue me fascina", diz, "começo a entender a significação do sadomasoquismo e a infinita ternura que há no crime. Eu tinha um verdadeiro prazer em filmar Antônio das Mortes massacrando beatos, projetava meu inconsciente fascista em cima de miseráveis"[55].

Em *Terra em Transe*, Glauber debocha do político populista, para quem "o sangue das massas é sagrado", fazendo o poeta replicar: "O sangue não tem importância. Não se muda a

---

53 I. Bentes, Apocalipse Estético, op. cit.
54 Idem.
55 Documentos são Ontologia do Brasil, *Folha de S.Paulo*, 5 maio 1996.

história com lágrimas". O poeta marxista mostra-se mais cruel e sanguinário que o político burguês.

O filme que fecha o ciclo sertanejo da obra brasileira de Glauber é *O Dragão da Maldade Contra o Santo Guerreiro* (1969), distribuído no exterior sob o título de *Antonio das Mortes*, nome do cangaceiro que o protagoniza, interpretado por Maurício do Valle. Este primeiro filme colorido de Glauber, fotografado por Affonso Beato, que captou brilhantemente as cores locais de uma região castigada pelo sol e pela seca, foi agraciado em Cannes com a Palma de Ouro de melhor diretor, com o prêmio da Fipresci, o prêmio Luis Buñuel, e o prêmio da Confederação Internacional de Cinemas de Arte e Ensaio. Na Bélgica, conquistou o primeiro prêmio do Festival de Cinema de Plovaine. Na Espanha, o prêmio do público na Semana Internacional de Cinema de Autor, em Banalmadema. No Brasil, recebeu o troféu Coruja de Ouro e o prêmio adicional de qualidade do Instituto Nacional de Cinema.

A personagem Antônio das Mortes retorna como o jagunço que persegue um cangaceiro que diz ser a reencarnação de Lampião. Segundo Glauber, o Dragão da Maldade seria inicialmente Antônio das Mortes e o cangaceiro encarnaria São Jorge. Mas logo o verdadeiro dragão revela ser o latifundiário enquanto o Santo Guerreiro passa a ser o intelectual que pega as armas do cangaceiro e de Antônio das Mortes.

Com isso, Glauber queria dizer que os papéis sociais não eram eternos e imutáveis, e que grupos sociais solidamente conservadores, reacionários ou cúmplices do poder podiam mudar e contribuir para mudar, bastando entender quem era o verdadeiro dragão. Assim, *O Dragão da Maldade Contra o Santo Guerreiro* seguia um discurso terceiro-mundista aberto a todo tipo de pacto, aliança e cambalacho, desde que apontasse o imperialismo americano como o supremo Dragão da Maldade, cujo combate "obrigava" o Santo Guerreiro a comprometer-se com Dragões menores.

O Dragão da Maldade Contra o Santo Guerreiro foi o maior sucesso de público que Glauber conheceu. Graças a esse êxito surpreendente, Glauber parece ter recebido um convite para trabalhar em Hollywood. Ele teve, é claro, de recusar esse afago imperialista comprometido que estava com amigos queridos como Fidel Castro e Ernesto Che Guevara e, logo, raivoso contra os *yankees*. Mas tampouco se rendeu ao nacionalismo da esquerda comunista, que se articulava em torno da Empresa Brasileira de Filmes S.A., a Embrafilme, preferindo manter-se afastado do Brasil: assumindo a condição de cineasta errante, permaneceu no exílio, filmando no Chile, na Itália, no Congo, na Espanha, em Cuba[56].

Rodado em 1969, durante os intervalos da filmagem de *O Dragão da Maldade Contra o Santo Guerreiro*, *Câncer* (1969-1972) mostra pessoas em conflitos psicológicos e sociais, envolvidos em violência, numa referência às torturas da ditadura militar. Curiosamente, nesse filme, Glauber assimilava as técnicas e propostas do cinema marginal, que ele tanto condenava. Não há preocupação em dar à narrativa um tratamento convencional e convencionado pelos processos comerciais de

---

56 O preconceito contra o cinema industrial americano continuou a vigorar entre os cineastas latinos, mesmo entre os *errantes*: Alberto Cavalcanti deve ter recebido convites de Hollywood, mas preferiu continuar trabalhando na Europa; David Perlov, depois de fazer filmes na França e em Israel, recebeu e recusou um convite de Hollywood. Após o sucesso de *A Hora da Estrela* (1985), que recebeu importantes prêmios internacionais, Suzana Amaral foi convidada para dirigir em Hollywood uma história de vampiros estrelada por Nicolas Cage, cujo roteiro ela quis modificar, fazendo de Nova York uma "cidade-vampiro", como me explicou. Mas em Hollywood os roteiros não são modificados ao gosto do diretor, e ela foi substituída por Robert Bierman, que rodou *Vampire's Kiss* (O Beijo do Vampiro, 1988). Apesar de seu grande talento, Suzana Amaral só conseguiu financiamento no Brasil para um novo projeto autoral treze anos depois: *Uma Vida em Segredo* (2001), após o qual permaneceu mais oito anos sem dirigir, finalizando recentemente seu terceiro filme: *Hotel Atlântico* (2009). Também Pedro Almodóvar recusou-se a dirigir uma versão americana de seu primeiro sucesso internacional, *Mujeres al borde de un ataque de nervios* (Mulheres à Beira de um Ataque de Nervos, 1988), que seria estrelada por Jane Fonda: ele preferiu fundar sua produtora, El Deseo, e continuar rodando seus filmes seguintes na Espanha: sua criatividade estaria incrustada em sua *hispanidad*. Ao contrário dos latinos, os cineastas alemães não recusaram as oportunidades de trabalho em Hollywood. Wim Wenders, Werner Herzog, Roland Emmerich, Wolfgang Petersen, Oliver Hirschbiegel, entre outros, assumiram pequenas, médias e grandes produções nos EUA: mesmo quando antiamericanos, eles não se intimidaram, introduzindo no cinema norte-americano "pontos de vista" típicos (do anarquismo ao revisionismo). Somente com a globalização os cineastas nacionais passaram a aceitar convites de Hollywood, como no caso de Walter Salles, com *Dark Water* (Água Negra, 2005), e de Fernando Meirelles, com *The Constant Gardener* (O Jardineiro Fiel, 2005).

produção, e nenhuma preocupação aparente de imprimir nas imagens uma mensagem ditada pelos imperativos ideológicos do cinema novo. Sua edição tardia e sua exibição póstuma parecem demonstrar que Glauber desprezava o filme.

Câncer começa com um debate entre intelectuais de esquerda no Museu de Arte Moderna do Rio de Janeiro. Em *off*, o diretor faz um balanço da repressão à passeata dos cem mil. Depois de um passeio de automóvel pela cidade, encontramos os personagens principais: o ladrão, interpretado por Antônio Pitanga; seu mandante, interpretado por Hugo Carvana; sua mulher, em atuação de Odete Lara; e o amante desta, Eduardo Coutinho. Após roubar uma estranha caixa preta de um americano e tentar vendê-la, a quadrilha é detida pela polícia. Mas os vigaristas enganam o delegado, são soltos e partem para uma viagem, ao cabo da qual o ladrão mata o mandante para ficar com a mulher. Mais tarde, quando o ladrão, para deixar de roubar, tenta conseguir um emprego junto ao ex-amante da mulher, este, agora um explorador, vinga-se do ladrão usando argumentos racistas contra a admissão dele no emprego. O filme termina com um desfile de modas, onde aparecem as irmãs Nara e Danusa Leão. Na última sequência, o ladrão se revolta e assassina o explorador, anulando a unidade possível do filme que, com esse "triunfo final do povo", se religa a toda a filmografia de Glauber, que não suportava a suspensão do sentido.

Depois de ver *Terra em Transe* "umas trinta vezes seguidas num espaço de dez dias", Jean-Pierre Gorin – que estudara filosofia com Althusser, Lacan e Foucault, e trabalhava com Godard no coletivo esquerdista de produção Grupo Dziga Vertov, teria apresentado Glauber a Godard, embora não tenha hoje certeza sobre isso; o certo é que teve "a ideia de arregimentar Glauber e oferecer-lhe o papel dele mesmo como sinal falante na encruzilhada das várias formas de cinema" no filme *Le Vent d'est* (Vento do Leste, 1970), que dirigia com Godard.

Nesse faroeste escrito por Godard, Sergio Bazzini e Daniel Cohn-Bendit, e estrelado por Gian Maria Volonté, Glauber faz uma pequena ponta durante uma discussão metafórica sobre qual o caminho a seguir (no sentido da realização de um cinema politicamente engajado): o "sinal" Glauber aponta o "caminho do Terceiro Mundo", que seria "perigoso, divino e maravilhoso". Gorin sintetizava na cena a importância que o Grupo Dziga Vertov atribuía ao cinema novo: "Eles [os cinemanovistas] estavam determinados a ser brasileiros, por sua especificidade, e nos forçaram a nos interrogar a nós mesmos e nos colocar em uma direção que não havia sido mapeada"[57].

Contudo, a recepção do cinema novo pela esquerda europeia, que procurava um mínimo de lógica e coerência em sua visão marxista-leninista ou marxista-maoísta do mundo, permanecerá eivada de perplexidades, como as registradas por Leif Fuhrammar e Folke Isaksson:

A relativa liberdade do cinema brasileiro ainda é suficientemente inesperada para que nos perguntemos por que, se há uma base real para chamar o cinema novo de revolucionário, esses diretores continuam produzindo e exibindo seus filmes no Brasil. A atitude crítica do cinema novo em relação às autoridades não pode ser seriamente posta em dúvida. Quando aparece uma sucessão de filmes em que um grupo de diretores apresenta uma invariável imagem de miséria e opressão que evidentemente compromete o regime e são explícitos a respeito da injusta distribuição de renda e dos privilégios econômicos, têm logicamente que ser encarados como subversivos pelas autoridades. Além disso, os diretores do cinema novo têm falado publicamente de suas preocupações com um razoável grau de franqueza em outros países. Seu porta-voz mais volúvel, Glauber Rocha, diz, por exemplo, numa entrevista aos *Cahiers du cinéma*, que eles querem fazer filmes explosivos e "dar uma contribuição à revolução". Alguns filmes chegam a mostrar aberta simpatia por tentativas de revolta contra o regime. E, mesmo assim, são permitidos. São até apoiados por um instituto nacional de cinema. A situação é um tanto misteriosa [...]. Os filmes do cinema novo combinam honestidade artística e ambivalência [...] todos os filmes têm uma atmosfera elegíaca que as plateias não brasileiras acham, no mínimo, alienante. Os filmes têm também um espírito mais humanista que socialista. Mostram uma situação social escandalosa sem mostrar qualquer causa política ou alternativa ideológica clara [...]. Finalmente, as massas – não são os pobres e desprivilegiados que assistem aos filmes[58].

---

57 J. de Almeida, O Amigo de Glauber [e Godard], *Folha de S. Paulo*, 20 jun. 2004.
58 *Cinema e Política*, p. 88-89.

Para o teórico marxista Guy Hennebelle, o cinema novo configura-se como um cinema de classe média com intenções populares e linguagem rebuscada, pois seus autores "não sentem qualquer contradição entre esses dois objetivos", ou seja, os de realizar um cinema popular e, ao mesmo tempo, um cinema de autor:

Uma análise minuciosa permite, entretanto, perceber que realmente não é o camponês o personagem em primeiro plano, mas antes o homem da classe média, cuja conduta é hesitante e oscila entre o convívio com as classes miseráveis e o convívio com as classes dominantes.

Ele aponta como exemplo a personagem de Antônio das Mortes, pistoleiro pago pelos coronéis para liquidar os cangaceiros fanáticos e que ao fazê-lo imagina libertar o povo da opressão religiosa e abrir caminho para a revolução. "É evidente o papel ambíguo desse personagem intermediário [que] sensibiliza em especial o público universitário"[59].

Para Hennebelle, Glauber e os cinemanovistas apropriam-se da matéria-prima popular sem restituí-la ao povo, destinando suas obras às elites cultas, atingindo um público restrito:

durante sua primeira fase, o cinema novo foi um cinema sem público (sobretudo aquele que os autores diziam procurar: o público popular) [...] Definitivamente, o único resultado tangível obtido foi a obrigação legal, imposta aos exibidores, de aumentar o número de dias de projeção reservados aos filmes brasileiros.

Sua conclusão é bastante pessimista, ou realista, dependendo do ponto de vista: "seus resultados são tão ambíguos, os filmes tão impermeáveis ao grande público, a estratégia tão débil em relação à do governo, que se tem a impressão de que o esforço dos cineastas é inútil"[60].

Por sua vez, Jean-Claude Bernardet descreve os compromissos do cinema novo com o Estado autoritário pontuando chocantes declarações dos cineastas com tediosas análises do cinema enquanto mercadoria (como sua longa explanação sobre a importação de palitos de fósforo). Bernardet critica as meias-medidas de cotas de importação da mercadoria

---

59 *Os Cinemas Nacionais Contra Hollywood*, p. 130-132.
60 Idem, p. 136.

estrangeira (leia-se filme estrangeiro) e defende, ao que parece, o fechamento total do mercado brasileiro ao produto importado (leia-se cinema mundial), criticando nos cinemanovistas o que chama de "nacionalismo autoritário"[61]. Sua posição é, paradoxalmente, mais estatizante que a dos cineastas criticados.

Melhor análise sobre a recepção do cinema novo junto à crítica europeia, ou mais especificamente junto à crítica francesa, apresentou Alexandre Figueirôa, cotejando minuciosamente as críticas de uma dezena de revistas especializadas: da idealização, num primeiro momento, sob a constante influência de Glauber, figura de proa sempre presente nos debates, onde se apresentava como o porta-voz do movimento, a um progressivo desencantamento com o mito do cinema revolucionário brasileiro, assinalando a progressiva decadência da obra de Glauber no exílio e as ambiguidades dos cinemanovistas no Brasil, que se comprometiam cada vez mais com a política nacionalista da ditadura militar[62].

Der leone have sept cabeças (O Leão de Sete Cabeças, 1970) é o primeiro filme europeu de Glauber, rodado no então Congo-Brazzaville, a convite do produtor francês Claude Antoine. O título original, *Der leone have sept cabezas*, forma uma frase com uma palavra de cada um desses cinco idiomas: alemão, italiano, inglês (numa errada concordância), francês e espanhol. Realizado sob a influência do teatro épico-didático de Brecht e do cinema político de Godard, o filme evoca a execução de Che Guevara e as discussões sobre o cinema revolucionário-popular encetadas em Maio de 1968. A ficção alegórica, com momentos de documentário sobre a cultura africana, apela à consciência revolucionária anticolonial dos povos oprimidos por um imperialismo metamorfoseado em hidra de sete cabeças. Contra essa hidra – um colonizador português; um agente da CIA; um governador local, fantoche do colonizador – insurgem-se um padre francês interpretado por Jean-Pierre Léaud, que representa a Igreja Católica do Terceiro Mundo, com sua reformista teologia da libertação; o guerrilheiro Pablo, que evoca Che Guevara; e o Zumbi dos Palmares, que associa a

[61] Novo Ator: O Estado, *Cinema Brasileiro*, p. 52 e s.
[62] *Cinema Novo*, p. 162-183.

experiência da colonização europeia na África à portuguesa no Brasil. Na trilha sonora, músicas folclóricas da África, Baden Powell e uma versão de *La Marseillaise* na interpretação de Clementina de Jesus. Glauber assim explicou essa miscelânea:

> É uma história geral do colonialismo euro-americano na África, uma epopeia africana, preocupada em pensar do ponto de vista do homem do Terceiro Mundo, por oposição aos filmes comerciais que tratam de safáris e ao tipo de concepção dos brancos em relação àquele continente. É uma teoria sobre a possibilidade de um cinema político. Escolhi a África porque me parece um continente com problemas semelhantes aos do Brasil[63].

Rodado em Barcelona com elenco local, *Cabezas Cortadas* (Cabeças Cortadas, 1970) tem sua trama situada num castelo do mesmo país imaginário do Terceiro Mundo de *Terra em Transe*, Eldorado. Porfírio Diaz retorna como um castelão alucinado, sonhando com o poder que outrora exercera. Para não perder o hábito, ele continua oprimindo índios, trabalhadores e camponeses. Lançado no Festival Internacional de Cinema de San Sebastian, o filme só foi exibido no Brasil nove anos depois. Recebeu apenas o prêmio São Saruê, da Federação de Cineclubes do Rio de Janeiro. Assim Glauber descreveu seu filme:

> É o funeral das ditaduras. Trato de uma personagem que seria o encontro apocalíptico de Perón com Franco, nas ruínas da civilização latino-americana. Filmei nas pedras de Cadaqués, onde Buñuel filmou *L'Âge d'or*. A Espanha é a Bahia da Europa. *Cabezas Cortadas* desmonta todos os esquemas dramáticos do teatro e do cinema. O cinema do futuro será som, luz, delírio, aquela linha interrompida desde *L'Âge d'or*.[64]

De fato, o irracionalismo é uma das vertentes do cinema terceiro-mundista, representado pelos cubanos Tomás Gutiérrez Alea e Santiago Alvarez; o peruano Julio García Espinosa; os

---

63 O Leão de Sete Cabeças, *Tempo Glauber*. Disponível em: <http://www.tempoglauber.com.br/f_leao.html>. Acesso em: 17 dez. 2011.
64 Cabeças Cortadas, *Tempo Glauber*. Disponível em: <http://www.tempoglauber.com.br/f_cabecas.html>. Acesso em: 17 dez. 2011.

argentinos Fernando Birri, Fernando Solanas e Octavio Getino (nascido na Espanha); o boliviano Jorge Sanjínes; e os brasileiros Nelson Pereira dos Santos e Glauber, dentre outros. Alguns deles haviam se formado no Centro Sperimentale di Cinematografia di Roma, carregando desde os anos de 1950 a missão de criar um *nuevo cine* para mostrar o "verdadeiro" homem latino-americano. Sonhavam com uma América Latina transformada na "Pátria Grande" de todos os seus nativos. Mas as principais referências estéticas do grupo eram europeias: o neorrealismo italiano, o cinema épico-didático russo, o surrealismo espanhol, a *nouvelle vague* francesa, o *free-cinema* inglês[65].

Em 1959, com a derrubada do governo de Fulgêncio Batista por Fidel Castro e o Exército Rebelde, Cuba tornou-se um laboratório experimental para a criação de um socialismo latino-americano – a Meca dos revolucionários latino-americanos. Um dos primeiros atos da revolução foi, justamente, a criação da Casa das Américas, magneto para artistas e intelectuais terceiro-mundistas. Assumindo a direção do Instituto Cubano del Arte e Indústria Cinematográficos (Icaic), o militante comunista Alfredo Guevara, editor da revista *Cine Cubano*, anunciou os princípios da "conscientização política" a serem adotados pelo cinema cubano: "O cinema deve constituir um chamado à consciência e contribuir para liquidar a ignorância, solucionar problemas ou formular soluções e projetar dramática e contemporaneamente os grandes conflitos do homem e da humanidade".[66]

A mensagem comoveu os cineastas terceiro-mundistas de toda a América Latina, e de modo especial os cinemanovistas brasileiros. Glauber passou a corresponder-se com Guevara: "poderei remeter uma cópia [de *Barravento*] ou mesmo ir levá-la pessoalmente a Cuba, pois amo muito o seu país e sou um entusiasta pela Revolução, aspiração de todos nós, os jovens da América do Sul, que desejam a liberdade de suas culturas"[67]. Os cineastas terceiro-mundistas passaram a usar o cinema como

---

65 Cf. M.A. Villaça, op. cit., p. 490.
66 Texto da lei que criou o Icaic, publicada na *Gaceta Oficial de la República*, em 20.3.1959. Cf. M.A. Villaça, op. cit., p. 493.
67 Em I. Bentes (org.), op. cit., p. 139.

arma política, lançando manifestos escritos e filmados contra o "imperialismo americano".

Glauber comunicou seu desencanto vicioso com o cinema e seu entusiasmo suicida pela revolução cubana numa carta a Saraceni:

> Não acredito no cinema, mas não posso viver sem o cinema. Acho que devemos fazer a revolução [...]. Cuba é o máximo, eles estão construindo uma civilização nova no coração do capitalismo. São machos, raçudos, jovens geniais. Vamos agir em bloco, fazendo política [...]. Precisamos quebrar tudo. Do contrário eu me suicido. Estou em processo para isso. Jamais serei um reacionário, um alienado, comprometido com a corrupção, o capitalismo, a escravidão[68].

Em 1961, o documentário *P.M.*, de Sabá Cabrera Infante e Orlando Jiménez Leal, abordando a boêmia de Havana sob a influência do *free-cinema* inglês foi proibido em Cuba. A Revolução cubana dava os primeiros sinais de sua guinada em direção ao stalinismo. Glauber não se abalou, assumindo seu gosto pela violência em outra carta, datada de 1962, a Alfredo Guevara: "O PC [Partido Comunista] acredita e prega uma revolução orgânica, talvez, sem sangue – o que me parece impossível – enquanto toda a juventude indisposta deseja uma ação terrorista total contra regimes escandalosos da Bahia, do governador Magalhães, e do Rio, do governador Lacerda, por exemplo, não podem perdurar à espera de eleições"[69].

Em 1963, Santiago Alvarez e outros cineastas cubanos vieram ao Brasil participar de um ato de solidariedade a Cuba, organizado em Niterói pelo Partido Comunista, com a presença de Luiz Carlos Prestes, Ferreira Gullar, Francisco Julião, Oscar Niemeyer e outros intelectuais, artistas e militantes de esquerda. Em Cuba, Glauber era então mais admirado que no Brasil.

Após 1964, a esquerda brasileira cindiu-se. Os dirigentes do Partido Comunista Brasileiro (PCB) defendiam uma aliança com a burguesia nacionalista para derrubar o regime militar. Inspirados na Revolução Cubana, iniciada por poucos guerrilheiros bem treinados, outros esquerdistas acreditavam que o clima

---

68 Idem, p. 151.
69 Idem, p. 163.

favorecia a implantação do socialismo pelas armas. Glauber instruía Alfredo Guevara sobre as divergências da esquerda brasileira e indicava que cineastas deveriam ser divulgados em Cuba, quais deviam ser evitados por mostrar a miséria brasileira dentro de uma estética "hollywoodiana", como *O Pagador de Promessas* (1962), de Anselmo Duarte, ou os cineastas concorrentes ligados ao Partido Comunista, que seriam menos interessantes que os terceiro-mundistas do cinema novo. Alfredo Guevara fornecia ao cineasta, em troca das informações, filmes cubanos, números da revista *Cine Cubano* e encomendas de filmes brasileiros.

Em 1965, Glauber começou a escrever *América Nuestra*. Depois de várias modificações no roteiro, ele propôs a Alfredo Guevara que o Icaic co-produzisse o filme secretamente, enviando-lhe a película virgem através da Alemanha Oriental para uma produção a ser feita no Uruguai (onde não havia censura), locações previstas no Peru, no Brasil, no Chile, na Argentina e no Uruguai (bancadas com os 30 mil dólares que ele obtivera da venda de *Deus e o Diabo na Terra do Sol* para os EUA), revelação do material na Argentina e edição final em Cuba[70]. Seria uma "História Prática Ideológica Revolucionária da América Latina"[71], um filme épico-didático contando a história da luta armada no continente, dedicado à memória de Che Guevara: "É um filme muito ambicioso, onde quero mostrar [...] as guerrilhas como caminho de libertação. Deve ser um filme épico e violento"[72]. Liberto dos "vícios de uma estética burguesa", como Glauber então via seus filmes anteriores, esse seria realmente revolucionário:

> Começará com um documentário sobre os índios, a decadência histórica imposta pela "civilização", explicará os fenômenos das revoluções de Bolívar, a contradição da revolução mexicana, o fenômeno do imperialismo e das ditaduras, a verdadeira revolução cubana e as contradições atuais para o desenvolvimento e vitória das guerrilhas [...] preciso muito de seus conselhos e mesmo de uma orientação sua sobre "o que devo fazer", do ponto de vista prático,

---

70 Idem, p. 292; E. Escorel, Glauber Rocha – A Estrela Parabólica, *Adivinhadores de Água*, p. 81; M.R. Paiva, A Aventura de Glauber Rocha na Guerrilha Brasileira, *Folha de S. Paulo*, 35 maio 1996, p. 6-7.
71 Carta a Alfredo Guevara, em I. Bentes (org.), op. cit., p. 305.
72 Idem, p. 292.

pois não quero perder tempo em atividades inúteis ou pseudorrevolucionárias [...] o artista e intelectual desapareceram radicalmente e agora sou uma pessoa disposta a trabalhar revolucionariamente. Isto é para mim mais que uma declaração ideológica [...]. Farei um filme radical, violento, pregando abertamente (e justificando) a criação de diferentes Vietnãs[73].

O projeto não vingou[74].

Escrito sob inspiração dos discursos de Fidel Castro e do livro *O Socialismo e o Homem em Cuba*, de Che Guevara, Glauber lançou o manifesto "A Revolução é uma Eztetyka", que complementou o manifesto "Eztetyka da Fome". O cineasta agora criticava o neorrealismo italiano e defendia que "o cinema tem de entrar no território da linguagem assim como a América no território da Revolução". Contudo, divergências internas corroíam os próprios terceiro-mundistas. Numa entropia típica das esquerdas, cada facção desejava ser mais "revolucionária" que a outra. Solanas, caminhando para o que chamará de *tercer cine* (terceiro cinema), supostamente mais radical que o cinema novo, considerado agora como um reles "segundo cinema", ligado a preocupações burguesas e autorais, obrigou Glauber a sair em defesa de seu peixe, atacando o revisionismo do ingrato companheiro e identificando novos "inimigos internos":

---

73 Idem, p. 305.
74 Avellar descreveu a gênese desse projeto que obcecava Glauber, desde o argumento de nove páginas, escrito em Roma, em 1965, junto com o roteiro de *Terra em Transe*, com uma personagem em comum: "um poeta dividido entre o jornalismo e a política, entre a poesia e a luta armada. [...] a ideia, quando surgiu, gerou um só roteiro de duas cabeças. [...] *Terra em Transe* é como se a história de *América Nuestra* se interrompesse na metade, com a morte de Paulo Martins. *América Nuestra* é como se *Terra em Transe* continuasse com Paulo Martins indo ao encontro do guerrilheiro Bolívar para mais tarde retornar a Eldorado e derrubar Porfírio Diaz. Glauber continuou trabalhando *América Nuestra* pelo menos até a metade dos anos de 1970. Escreveu novas versões e tentou seguidamente filmá-la pelo menos em 1967, em 1969, em 1971, em 1972 e em 1973. Existem pelo menos mais seis tratamentos, escritos em Paris, em Roma, no Rio e em Havana – um em inglês, um em espanhol, quatro em português. Nenhum deles é tão extenso quanto a versão concluída no Rio de Janeiro em abril de 1966. E existem ainda várias referências ao projeto em cartas, cadernos, folhas soltas com anotações diversas – diálogos, nomes de possíveis intérpretes, indicações cenográficas, poemas, estudos da estrutura, descrições de cenas, e muitos desenhos". Cf. Rascunho de Pássaro, *Revista Cult*, n. 67. Disponível em: <http://revistacult.uol.com.br/home/2012/03/rascunho-de-passaro>. Acesso em: 29 ago. 2011.

fomos surpreendidos pela acusação de Solanas: para ele e para um grupo de cineastas revolucionários apressados, *La Hora de los Hornos* era o verdadeiro cinema revolucionário e nós, os brasileiros, *que lutávamos contra uma ditadura implacável*, éramos "comprometidos com o sistema" [...]. Publiquei nos *Cahiers du Cinéma*, em 1967, o manifesto do cinema Tricontinental [...]. Mas nessa época nós já sabíamos que os setores mais covardes e medíocres do cinema brasileiro se uniam a nossos "concorrentes" latino-americanos para nos combater[75].

Glauber assimilara o discurso guerreiro de Che Guevara. Na revista *Tricontinental*, o guerrilheiro afirmou ser indiferente ao lugar em que iria morrer, contanto que "no replicar das metralhadoras, outros homens se [levantassem] para entoar cantos fúnebres e lançar novos gritos de guerra e de vitória"[76]. Identificando seu discurso no cinema de Glauber, Che Guevara, que em geral desprezava a cultura, declarou que *Deus e o Diabo na Terra do Sol* era tão importante para a cultura latino-americana quanto *Dom Quixote* para a cultura hispânica[77].

O Icaic era controlado pelo Partido Comunista de Cuba, sob influência direta do PCURSS. Contudo, segundo Villaça, o forte discurso anti-imperialista de Glauber permitia que seus filmes atravessassem a barreira da censura socialista. O V Festival de Cinema e a I Semana de Cinema Brasileiro em Moscou, em 1967, exibiram com sucesso *Deus e o Diabo na Terra do Sol*. O estilo alegórico vanguardista de Glauber era tolerado pelos ideólogos russos e cubanos em nome da bandeira comunista empunhada com entusiasmo incomum pelo cineasta, que formulava monstruosidades como: "na música há a necessidade de coletivização sonora, que implica na descontração das relações humanas, o que conduz o homem a entender a coletivização como um prazer e não como repressão do ego"[78].

Em 1966, Solanas e Getino lançaram o movimento *cine liberácion*, com documentários de "conscientização". Em 1967,

---

75 Em Carta a Alfredo Guevara, em I. Bentes (org.), op. cit., p. 403-404.
76 Apud. M.A. Villaça, op. cit., p. 500-501.
77 Idem, p. 487. Ver M. Ridenti, *O Fantasma da Revolução Brasileira*, p. 105-106. Verdadeiro ídolo de Glauber e dos revolucionários terceiro-mundistas, Che era presença constante no cinema latino-americano da época. Ver ainda M. do R. Caetano, Che no Cinema, *Cineastas Latino-Americanos*, p. 23-36.
78 Projeto de um filme a ser realizado em Cuba, 9 mar. 1972, reproduzido em fac-símile em G. Sarno, *Glauber Rocha e o Cinema Latino-Americano*, p. 95.

Glauber escreveu o ensaio-manifesto "Teoria e Prática do Cinema Latino-Americano", propondo a realização de filmes violentos, épicos e didáticos. No ano de 1969, foi lançado o movimento *cine rojo*, através do manifesto "Jovens Cineastas, a Filmar!", publicado na revista *Cine Cubano*[79]. Solanas e Getino publicaram o manifesto "Hacia un Tercer Cine"[80] e Espinosa clamou "Por un Cine Imperfecto"[81]. O novo cinema latino-americano proposto variava de manifesto a manifesto: fotodocumentário (Birri), cinema urgente (Alvarez), cinema popular (Nelson Pereira dos Santos), cinema novo (Glauber), *tercer cine* (Solanas), *cine imperfecto* (Espinosa). A base de todos eles era o "anti-imperialismo", que justificava um cinema precário, pois o conceito de perfeição seria uma herança das culturas colonizadoras.

Em 1967, Marighella foi a Cuba como representante brasileiro da Organização Latino-Americana de Solidariedade (Olas). Fidel oferecera seu apoio aos movimentos de libertação nacional, confiante nas análises de conjuntura realizadas pelo teórico francês Régis Debray, segundo as quais os grupos armados seriam seguidos pelas massas. Cuba criaria assim vários Vietnãs. No Brasil, ainda antes do Ato Institucional n. 5 (AI-5), militantes de esquerda radicalizados fundaram diversos grupos clandestinos armados: Vanguarda Popular Revolucionária (VPR), Movimento Revolucionário 8 de Outubro (MR-8), Movimento Revolucionário Tiradentes (MRT), Partido Comunista Brasileiro Revolucionário (PCBR) e o maior de todos, a Aliança Libertadora Nacional (ALN), de Carlos Marighella. Cuba apoiou a ALN e Marighella foi eleito, por Fidel, o líder da resistência brasileira. As ações revolucionárias tiveram início com sequestros de autoridades e assaltos a bancos. Glauber, que admirava Marighella, baiano como ele, decidiu cooperar com a guerrilha, envolvendo-se, juntamente com o colega italiano Gianni Amico, com a ALN. Deixou de lado seus projetos pessoais e pensou em ações revolucionárias, oferecendo-se para filmar os sequestros e assaltos.

A seu amigo Alfredo Guevara, Glauber apresentou Hélio, codinome de Itoby Alves Correa, estudante de direito de São

---

79 Cf. M.A. Villaça, op. cit., p. 498.
80 *Cine Cubano*, n. 55-56. Disponível em: <http://www.ufscar.br/rua/site/?p=3055>. Acesso em: 17 dez. 2011.
81 Disponível em: <http://www.ufscar.br/rua/site/?p=3065>. Acesso em: 22 abr. 2011.

Paulo, membro de um Grupo Tático Armado (GTA) da ALN, enviado à Europa por Marighella e que estava de partida para Cuba: "Te apresento Hélio, meu amigo. É uma pessoa importantíssima no Brasil. Leva uma recomendação de Gianni nesta carta. Ajude Hélio em tudo que você puder. Ele explicará os problemas, e sei que você entenderá muito bem"[82]. Em 1969, o grupo sequestrou o embaixador norte-americano no Brasil para trocá-lo por quinze presos políticos que foram extraditados para Cuba.

Após o AI-5 e o fracasso da luta armada, Glauber sentiu a necessidade de rever os conceitos de sua "Eztetyka da Fome" (1965) no manifesto "Eztetyka do Sonho" (1971), apresentado aos alunos da Universidade de Columbia. A impotência e a perplexidade com a escalada da repressão; a extensão das ditaduras em toda a América Latina; e o conformismo das massas populares do Terceiro Mundo levaram Glauber a questionar a luta travada nos limites da razão "opressora", transplantando-a para o território "livre" da desrazão e do mito[83]. Em sua revisão do cinema novo, Glauber acusava os sistemas culturais de direita e de esquerda, incluindo sua própria "Eztetyka da Fome", de estarem presos à "razão conservadora". Essa razão era a culpada, a seu ver, do fracasso do comunismo no Brasil. Propunha a ruptura com os "racionalismos", vendo como única saída um "irracionalismo liberador" enquanto a "mais forte arma do revolucionário". Apontava como exemplo de irracionalismo liberador as obras do cineasta espanhol Luis Buñuel e do escritor argentino Jorge Luís Borges.

Glauber criticava os "desvios" do cinema novo e propunha um novo caminho para a salvação dos cinemanovistas. A nova estética era regida por novas máximas: "a *desrazão* planeja as revoluções, a razão planeja a repressão"; "O sonho é o único direito que não se pode proibir"; "O Povo é o mito da burguesia"; "A revolução é a antirrazão que comunica as tensões e rebeliões do mais *irracional* de todos os fenômenos que é a *pobreza*"; "A revolução, como possessão do homem que lança sua vida rumo a uma ideia, é o mais alto astral do misticismo"; "As revoluções se fazem na imprevisibilidade da prática histórica

---

82 M.R. Paiva, op. cit.
83 I. Bentes, Apocalipse Estético, op. cit.

que é a cabala do encontro das forças irracionais das massas pobres"; "A revolução é uma mágica porque é o imprevisto dentro da razão dominadora"; "A cultura popular será sempre uma manifestação relativa quando apenas inspiradora de uma arte criada por artistas ainda sufocados pela razão burguesa"[84]. Justapondo afirmações subjetivas, estapafúrdias, grandiloquentes, de sentido vago, contraditório e incompreensível, Glauber, em defesa da desrazão, preservava, de quaisquer clivagens críticas, seu próprio discurso bombástico, desconexo e sem sentido.

Com o progressivo fechamento político sob o governo Médici, muitos intelectuais e artistas exilavam-se voluntariamente. Foi o caso de Glauber. Após o nascimento do filho Daniel, que teve com Martha Jardim Gomes, Glauber partiu para Cuba em novembro de 1971, a convite do Icaic, depois de rodar, no Chile, um documentário sobre brasileiros exilados. O filme não foi finalizado e parte do material perdeu-se no Uruguai.

O Icaic recebeu Glauber como um ícone do terceiro-mundismo. Alfredo Guevara ofereceu-lhe total apoio institucional e apadrinhou seu novo casamento, agora com a jornalista cubana Maria Teresa Sopeña, com quem viveria até setembro de 1973. O realismo socialista vigorava na literatura cubana desde a "sovietização" da revolução em 1961[85], mas Glauber só temia os efeitos do realismo socialista no cinema, especialmente no seu. Em 1967, o escritor Herberto Padilla elogiara *Três Tristes Tigres*, de Guillermo Cabrera Infante[86], menosprezando a literatura oficial dos intelectuais do Partido. No jornal *El Caimán Barbudo*, escritores stalinistas acusaram Padilla de "aliado da burguesia". Em 1971 o escritor foi preso e forçado a apresentar sua autocrítica à União de Escritores Cubanos. Sartre, Simone de Beauvoir, Alain Renais, Susan Sontag, Gabriel García Marquez, Federico Fellini e Pasolini, entre outros inte-

---

84 Eztetyka do Sonho, *Revolução do Cinema Novo*, p. 249-251.
85 Cf. F.S.G. Lisboa, op. cit., p. 5.
86 Fundador da Cinemateca Cubana em 1951 e seu diretor até 1956, Cabrera Infante coordenou a Fundação Cultural Nuestro Tiempo e, após a Revolução de 1959, assumiu a direção do Instituto del Cine, editando a revista *Lunes de Revolución*. Foi adido cultural na embaixada cubana na Bélgica de 1962 a 1965, quando rompeu com Fidel Castro e se exilou na Europa.

lectuais e artistas, manifestaram-se contra a prisão de Padilha e a farsa de sua autocrítica[87]. Já Glauber defendeu, em carta ao companheiro Alfredo Guevara, publicada na *Cine Cubano*, a prisão de Padilla, sem deixar de denunciar – pensando em si mesmo – o "academicismo cultural do Partido Comunista", em trecho modificado e censurado pela revista[88].

A calorosa recepção de Glauber na ilha de Fidel foi acompanhada de uma retrospectiva de seus filmes e do lançamento de *Der Leone Have Sept Cabezas*[89]. Alfredo Guevara testemunhou mais tarde: "Glauber tinha Havana a seus pés. Cuba paparicava os intelectuais estrangeiros que apoiavam o regime. Serviam como embaixadores da causa libertária. E Glauber era o intelectual do Terceiro Mundo de maior prestígio internacional"[90]. Correa, da ALN, foi designado pelo Icaic para prestar assistência ao cineasta vip.

No Icaic, Glauber editou *Câncer* e, em 1972, com a assessoria do bolsista brasileiro Marcos Medeiros, que participara das guerrilhas de 1968, produziu *História do Brazyl*, um documentário em preto-e-branco, inicialmente com sete horas de duração, montado a partir de colagens de trechos de 47 filmes brasileiros pertencentes ao acervo do instituto, com o objetivo de sintetizar o "caos brasileiro". A estrutura disforme da obra, ora épico-didática, ora alegórica, desagradou Alfredo Guevara, que retirou o nome do Icaic dos créditos, marcando o fim da lua de mel de Glauber com o regime de Fidel Castro[91].

Cada vez mais entregue à "festa de luz e espuma"[92], à "roda viva de mulheres"[93] em noitadas de "muito fumo, muito amor, muita alegria"[94], Glauber, provavelmente estimulado por uma leitura torta de *Eros e Civilização*, de Herbert Marcuse, agora privilegiava a "irracionalidade libertária". Chegou a escrever: "descurti esta de cinema dos pobres para entrar naquela dos grandes espetáculos ritualísticos capazes de fazer as massas

---

87 Cf. F.S.G. Lisboa, op. cit., p. 5.
88 Idem.
89 Cf. R. Gerber, op. cit., p. 35.
90 Cf. M.A. Villaça, op. cit., p. 501-502.
91 M.R. Paiva, op. cit..
92 Carta a Fabiano Canosa, em I. Bentes (org.), op. cit., p. 418.
93 Carta a Zelito Viana, idem, p. 419.
94 Carta a Fabiano Canosa, idem, p. 420.

rebolar na plateia"[95]. Tais ideias eram heréticas em Cuba, que adotara o modelo de educação e de cultura soviéticos, com rigorosa censura[96]. Glauber desencantava-se com a revolução cubana ao mesmo tempo em que esfriavam as relações que a ALN mantinha com Fidel. Também os diferentes grupelhos brasileiros que recebiam treinamento de guerrilha em Cuba se desentendiam com o regime à medida que este estreitava relações com a URSS. Os soviéticos obrigaram Fidel a extinguir a Olas, reatar relações internacionais com os Partidos Comunistas e afastar-se das organizações rivais[97].

No Brasil, preocupados com a imagem do país no exterior e com a influência que o novo cinema político poderia exercer sobre o povo brasileiro, os agentes de espionagem e segurança da ditadura, que acompanhavam as atividades de Glauber, anotaram em sua ficha no Dops observações acuradas e, ao mesmo tempo, incrivelmente ingênuas. Eles entendiam a metáfora comunista do cinema como arma de modo literal, preconizando a proibição do novo arsenal dirigido contra a democracia que supostamente defendiam. Informado, o Itamarati tratou de levar a ingenuidade ao cúmulo, mobilizando as embaixadas brasileiras na Itália e na França para que "pressionassem" as autoridades encarregadas da censura nesses países a fim de que proibissem os filmes *Estado de Sítio* e *Sacco e Vanzetti* por "difamação" ao regime militar brasileiro! Com desapontamento, os agentes constataram que o pedido não fora acatado.

Deixando Cuba para trás, Glauber instalou-se em Roma, onde foi amparado pelo embaixador Arnaldo Carrilho[98]. Teria sido o mesmo Carrilho que, a instâncias do Itamaraty, se viu obrigado a "pressionar" as autoridades italianas para proibir *Sacco e Vanzetti*? Tudo era possível nesse período nebu-

---

95 Carta a Fabiano Canosa, idem, p. 420.
96 O Congreso de Educación y Cultura, realizado em Havana entre 23 e 30 de abril de 1971, adotou represálias a artistas e intelectuais, como autoconfissões e cassações generalizadas conhecidas como "parametraje". A ordem era: "A arte é uma arma da revolução [...] um instrumento contra a penetração do inimigo", G. Sarno, op. cit., p. 63-70.
97 Ver M.A. Villaça, op. cit., p. 504-505.
98 Um dos últimos diretores da Rio Filme, o embaixador Carrilho hoje representa o Brasil na Faixa de Gaza.

loso. Glauber, por seu lado, financiado pelo produtor Gianni Barceloni, finalizou, em Roma, *História do Brazyl*, reduzindo sua duração para 158 minutos. Rodou ali também três filmes caseiros de longa-metragem em super-8: *Mossa* (1971), *Super Paloma* (1972) e *Viagem com Juliet Berto* (1974).

Apaixonado pela atriz francesa, ex-mulher de Godard, e acreditando que essa paixão duraria "para sempre" (foi abandonado um ano e meio depois), Glauber rodou com Juliet Berto o experimental *Claro* (1975), em estilo de "cine-diário", seguindo a moda dos *home-movies* que exercitara com seus super-8. No elenco encontramos, além do diretor e de sua namorada, a inusitada presença do grande encenador do teatro italiano, Carmelo Bene, e do ator Tony Scott, entre outros. Claro que *Claro* não tem um enredo claro. Glauber combina árias de Bellini e Villa-Lobos com uma reportagem política, em que moradores da periferia romana discutem durante uma manifestação promovida pelo PCI, entremeadas com cenas constrangedoras de Glauber e Berto fazendo sexo e fumando maconha. Assim Glauber definiu *Claro*:

> Uma visão brasileira de Roma. Ou melhor, um depoimento do colonizado sobre a terra da colonização. Queria ver claro as contradições da sociedade capitalista de nosso tempo. Por exemplo, me parece muito claro o momento em que, na conclusão do filme, a gente pobre ocupa a tela: o povo deve ocupar o espaço que lhe foi arrancado em séculos de opressão[99].

Desde que Glauber permanecesse atrás da câmera, claro. Mas o futuro é incerto. As catástrofes ocorrem, os acidentes são repentinos (em 1972, por exemplo, os negativos de *O Dragão da Maldade contra o Santo Guerreiro* e de *Terra em Transe* desapareceram no incêndio dos laboratórios GTC, na França). Já temendo buracos na memória da história recente, o conservacionista Paulo Emílio Sales Gomes sugeriu à editora Paz e Terra uma coleção de livros sobre o cinema novo, e mobilizou seus alunos para entrevistar os cineastas, indicando Raquel Gerber, com viagem marcada para a Europa, para encontrar-se com Glauber,

---

[99] Claro, *Tempo Glauber*. Disponível em: <http://www.tempoglauber.com.br/f_claro.html>. Acesso em: 17 dez. 2011.

dando-lhe uma carta de apresentação. Glauber somente a recebeu ao saber que Gerber tinha muitos amigos baianos. As discussões giraram sobre o cinema novo e a "colonização cultural estrangeira".

Gerber acabou colaborando com Glauber na redação de seus dois livros, e articulando o retorno do cineasta ao Brasil[100]. Mas esse retorno não foi feliz para Glauber. Ele não conseguia obter novos financiamentos e era vigiado pelos órgãos de segurança por suas ligações com Fidel Castro e sua amizade com ex-guerrilheiros. Glauber também era suspeito de malversação de verbas: "Suas produções ficam aquém da ajuda financeira recebida".[101]

Os anos se passavam e, depois da longa e proveitosa errância pela América Latina, Cuba, África e Europa, Glauber deprimia-se no Brasil, sem poder filmar. Ao saber da morte do pintor Emiliano Di Cavalcanti, decidiu improvisar uma produção aplicando sua "Eztetyka do Sonho" no curta-metragem *Di* também chamado *Di Glauber* ou *Di Cavalcanti* (1977). A ideia era transformar o velório do pintor numa verdadeira festa. Com negativos vencidos, cedidos por Nelson Pereira dos Santos, e acompanhado do fotógrafo Mário Carneiro, que carregou uma câmera emprestada nos ombros, Glauber invadiu, sem autorização da família, o velório de Di Cavalcanti no Museu de Arte Moderna do Rio de Janeiro.

Em torno do cadáver do pintor, Glauber, vestido de bermuda, evoca a vida e a obra do amigo num longo e inspirado jorro verbal, com declamação de versos de Augusto dos Anjos e de Vinicius de Moraes e leitura de notícias de jornal. Em dado momento, sem se importar com os que velavam o corpo de Di, o cineasta retirou o véu que cobria seu rosto e, ainda sob os protestos da filha Elizabeth, pediu a Mário Carneiro que, usando uma lente sem filtro, apenas com a luz natural e 1/3 de diafragma a mais, focasse a expressão do pintor morto: "Close na cara dele!". O verde musgo do cadáver, o preto das figuras chorosas, as faces vagamente arroxeadas e o alaranjado

---

[100] R. Gerber, Entrevista Especial, SNC. Disponível em: <http://www.sncweb.ch/portugues/entrevistas-p/raquel%20gerber.htm>. Acesso em: 22 abr. 2011.

[101] Documento dos arquivos do Dops, datado de 8 de outubro de 1971.

dos raios de sol pareciam compor uma tela de Di Cavalcanti, com suas cores quentes explodindo num filme-delírio. Quando o caixão desce à cova, ouve-se, como fundo musical, o sambinha popular "Umbabarauma", de Jorge Ben.

Glauber quis fixar, nesse velório em transe, a máscara mortuária de um amigo cuja obra ele amava e que o havia influenciado nas cores fortes de seus filmes coloridos. Ele tentava uma experiência inédita: narrativa lírica e mórbida, transgressão moral, perversidade estética e sadomasoquismo amoroso, num desafio ao poderoso tabu da morte. Glauber editou o filme com a paixão de um possesso, "cortando a película com os dentes", segundo me contou Phillip Johnston. De onde vinha esse impulso violento que levou Glauber a carnavalizar o enterro de Di Cavalcanti? Os mexicanos, com suas festas tradicionais, entenderiam a farsa dramática armada pelo cineasta baiano. A carnavalização da morte está presente na famosa sequência da "Festa dos Mortos" em *Que Viva México!* (1931), de Eisenstein, principal fonte de inspiração para a realização de *Di*.

Finalizado com verba da Embrafilme, que assumiu sua distribuição, o filme chegou a ganhar o prêmio especial do júri em Cannes, fato inédito para um curta-metragem. Contudo, os parentes do pintor ficaram escandalizados com as filmagens, pois não compreendiam haver outras formas de exéquias além das tradicionais e outras formas de luto além do pranto: em junho de 1979, sob a alegação de que o filme "denigria a imagem do pintor", a família de Di Cavalcanti contrapôs, ao gesto complexo e amplo de Glauber, outro, simples e estreito: proibiu – através de liminar concedida pela Justiça do Rio de Janeiro, confirmada por acórdão do Tribunal de Justiça, em fevereiro de 1983 –, esse que é o melhor curta-metragem de Glauber e talvez seu melhor filme, um manifesto de surrealismo tropical que Di Cavalcanti aplaudiria de pé na tumba, se pudesse vê-lo do além.

Tanto o filme de Glauber quanto sua proibição testemunham que o homem é incapaz de encarar a morte com serenidade. Há senso de humor negro e fúria barroca em *Di*, mas não serenidade. Há respeito aos mortos e defesa furiosa da família na proibição de *Di*, mas não serenidade. E a grande diferença é que o artista, incapaz de aceitar a morte, apela à criatividade:

reage ao fim da vida empunhando as armas do ofício. O pintor Flávio de Carvalho não hesitou em fixar os estertores da mãe, condenada pelo câncer, numa série de desenhos terríveis. Também Simone de Beauvoir tentou aplacar sua dor ao acompanhar a doença terminal da mãe escrevendo *Une Mort très douce* (Uma Morte Muito Suave); mais tarde, durante a agonia de Sartre, para não sucumbir com ele, registrou a lenta decadência do amante e amigo de toda a vida em *La Cérimonie des adieux* (A Cerimônia do Adeus), livro essencial que a direita francesa arrastou na lama. Essas obras íntimas e dolorosas, incompreendidas pelos imbecis, integram a consciência mais avançada da humanidade. Não são modelos estéticos e nunca o pretenderam ser, mas obras de arte extremistas, protestos sem concessão contra o horror da morte.

Que *Di* não tenha sido suportado pela família de Di Cavalcanti parece normal ante o choque da perda; sua proibição à época pode ainda ser explicada pelo trabalho de luto; mas que o filme continue um tabu, passados tantos anos da morte do pintor, e do próprio cineasta, permanecendo o único filme ainda censurado no Brasil, envolvendo dois de seus maiores artistas, é um escândalo de proporções mundiais. Desde 1985, o advogado Felipe Falcão move uma ação rescisória para reformar a sentença que envolve a família de Di e a Embrafilme, acreditando não ser o Tribunal de Justiça o foro competente para julgá-la, pois, com o fim daquela empresa estatal, o processo passou a envolver seu sucessor, a União, sendo então o Tribunal Regional Federal o foro adequado. Para resolver a situação, propôs a desapropriação do filme pelo Estado por motivos culturais, em detrimento dos herdeiros de Di e de Glauber, mas tal medida abriria perigoso precedente. Sem solução à vista, continuam proibidas as exibições e cópias de *Di*, encerrado em urna lacrada, embora possa ser visto na Internet...

Segundo Bentes, que organizou e publicou a correspondência de Glauber, o escritor-cineasta não possuía senso de humor. Isso é comprovado em seus filmes, com exceção de *Di* e de seu *talk show* semanal *Abertura* (1978-1979), dirigido por Fernando Barbosa Lima e exibido nas noites de domingo na TV Tupi – talvez os dois maiores legados de Glauber. À espera de financiamentos para novos filmes, Glauber aplicou sua "Eztetyka do Sonho" àquelas reportagens, atuando como um autista descontrolado, involuntariamente cômico.

Contudo, a comicidade do *talk show* glauberiano ocultava um projeto de dentes arreganhados: o de "limpar" a TV dos filmes estrangeiros, sobretudo norte-americanos, pejorativamente chamados de enlatados. Como o cineasta afirmou, "o cinema é elitista. No máximo mil pessoas veem o mesmo filme no cinema, enquanto milhões veem um bom filme na televisão. É preciso ocupar o espaço da televisão com bons filmes, feitos por bons cineastas, numa linguagem brasileira, para escorraçar de vez os enlatados. Os bons cineastas precisam invadir a televisão". Os bons cineastas: Glauber e quem mais? Talvez seus amigos ainda não caídos em desgraça?

Cineasta incoerente de esquerda, Glauber comprometera-se com a direita em *Maranhão 66*, a fim de obter financiamento para o filme: o fim justificaria os meios. Seus compromissos estratégicos o levavam agora a um pacto com a ditadura a partir de seu rompimento com o regime cubano. Declarou em 1974: "Para surpresa geral, li, entendi e acho o General Golbery um gênio – o mais alto da raça ao lado do professor Darcy [...] entre a burguesia nacionalinternacional [sic] e o militarismo nacionalista, eu fico, sem outra possibilidade de papo, com o segundo"[102]. Desde então, passou a chamar a esquerda de "carcomida", aderindo ao Partido Democrático Social (PDS), braço civil do regime militar. Declarou em 1977: "As pessoas que combatem o regime militar não merecem meu respeito". E também: "Não acredito em nenhum líder civilista. Os discursos do Geisel são os melhores textos políticos que o Brasil tem atualmente". Em 1978, reiterou seu apoio ao regime: "Aqui só tem uma coisa séria em política, o Exército. Castelo Branco deveria ter criado apenas um partido: Partido Único do Exército para a Revolução Brasileira". E em 1980 reafirmou: "Sou favorável à política do governo, pois ele é dirigido por militares, e eles não são demagogos. A palavra para eles tem peso real"[103]. Em Portugal, fez questão de encontrar-se publicamente com o general João Baptista Figueiredo.

102 Carta a Zuenir Ventura, em I. Bentes (org.), op. cit., p. 483.
103 Cf. M.R. Paiva, op. cit.

Do apoio incondicional à revolução cubana à admiração pelos últimos generais da ditadura militar, a constante ideológica de Glauber é o amor ao poder e o culto à força:

> Meu líder é o general Geisel e agora o general Figueiredo, ponto final. [...] Se quiserem gostar de meus filmes, gostem, se quiserem passar, passem, agora não vou ser um elemento utilizado na política internacional cubana. Tenho sérias críticas à revolução cubana. Respeito Fidel Castro, mas tenho críticas. Os cubanos sabem disso. [...] Não tenho nenhum compromisso com Havana, estive em Cuba convidado pelo ICAIC porque o público gosta de meus filmes lá, fui como cineasta[104].

Glauber omitia suas missões políticas, seu engajamento, sua colaboração ativa com a ditadura cubana, suas delações de supostos inimigos: "Como sabíamos, o cabo Anselmo era da CIA e foi responsável pela destruição da guerrilha no Brasil. Vocês deviam investigar Kátia Valadares. Em Pesaro, como Titon lhe explicará, ataquei as posições anticubanas dos esquerdistas europeus, o que provocou grande escândalo [...] Quanto a *Cabeças*, preciso de dinheiro para pagar ao produtor e pagar a cópia", escreveu a Alfredo Guevara[105], antes do rompimento. Como não recebeu resposta, voltou-se para a Embrafilme tentando vender seus filmes[106].

Para Bentes, "o 'militarismo revolucionário' [de Glauber] (a crença de que havia um papel para os militares brasileiros no processo de abertura) seria uma aposta num inconsciente rebelde militar, que a qualquer momento pode juntar-se ao inconsciente explodido de camponeses, operários, miseráveis"[107]. Mas por mais que se tente desculpar o oportunismo de Glauber com teorias bonitas, esse adesismo causou espécie até naqueles ingênuos idealistas que acreditavam no discurso revolucionário glauberiano. O desejo de viver numa orgia permanente, através do dinheiro arrecadado junto aos poderosos para seus filmes revolucionários, falou mais alto que a integridade ideológica. Através da estratégica aproximação com o poder, Glauber

---

104 Cf. M. do R. Caetano, op. cit., p. 88, e também M.A. Villaça, op. cit., p. 489-510.
105 Em I. Bentes (org.), op. cit., p. 467.
106 Cf. Carta a Marco Aurélio Marcondes, em idem, p. 469-471.
107 Apocalipse Estético, op. cit.

obteve, depois de realizar o documentário de média-metragem *Jorjamado no Cinema* (1979), o sinal verde da Embrafilme para a produção de seu mais ambicioso manifesto prático da "Eztetyka do Sonho"[108].

A Idade da Terra (1980), cujo roteiro ele escreveu "sob pagamento prévio de dez mil dos produtores árabes (Ramau) [e] sionistas (Braunsberg)"[109], foi descrito como uma antissinfonia de sons e imagens compondo uma delirante visão político-poética do futuro do Brasil, inspirada em Villa-Lobos, Portinari, Di Cavalcanti, Picasso. O título foi pensado por Glauber para ter uma ligação com *Deus e o Diabo na Terra do Sol* e *Terra em transe*, como se os três filmes integrassem uma Trilogia da Utopia Terrestre. Nessa trilogia, o desencanto com o projeto terceiro-mundista é progressivo. O filme, sem trama definida, apresenta um Cristo "revolucionário e amoroso do Terceiro Mundo"[110]. Como em outros de seus filmes, o recurso ao mito contrariava o marxismo: tentando imitar Pasolini, Glauber anexara ao materialismo histórico o misticismo de origem popular: "Precisamos também dos santos e orixás para fazer nossa revolução, que há de ser sangrenta, messiânica, mística, apocalíptica e decisiva para a crise política do século XX"[111].

O Brasil torna-se o "Parayzo Material Dezenraizado" ao mesmo tempo em que a metafísica é aparentemente negada numa sentença desconexa repetida ao longo do filme: "O pássaro da eternidade não existe, só o real é eterno". Ao negar a eternidade afirmando a eternidade do real, Glauber descartava as religiões tradicionais apenas para substituí-las por uma mística desavergonhada da realidade. Como observou Bentes, "seus personagens, Paulo Martins, Porfírio Diaz, Brahms, o Cristo Militar, vivem as delícias e loucuras do poder de forma desmesurada, numa pura *hybris*"[112]. Evidentemente, o gozo do poder era o

---

108 C.H. Santiago, Revolução no Cinema Novo, *Estado de Minas*, 27 abr. 1982, p. 5.
109 Em I. Bentes (org.), op. cit., p. 717.
110 I. Bentes, Apocalipse Estético, op. cit.
111 Idem.
112 Idem.

contrário do que pretendia Pasolini ao recuperar, em sua obra, dentro de uma perspectiva marxista, a dimensão do sagrado.

O papel da religião no cinema novo foi analisado, entre outros, por Wolney Vianna Malafaia, que observou que seus cineastas assumiam a missão de *"levar cultura ao povo* a fim de libertá-lo da *alienação".* Muitos deles "tinham suas origens no movimento estudantil, através do Centro Popular de Cultura da UNE, como Joaquim Pedro de Andrade, Diegues, Arnaldo Jabor e Leon Hirszman, ou na militância político-partidária, caso de Nelson Pereira dos Santos, vinculado ao Partido Comunista Brasileiro". Malafaia identificou três fases no cinema novo, marcadas pelos diferentes papéis da religião em seus filmes. A primeira fase do cinema novo (1962-1964) traria a marca do marxismo-leninismo na percepção da religião como "ópio do povo":

> Em *Barravento*, os rituais afro-brasileiros são apresentados como responsáveis pela preservação da ignorância e, consequentemente, da alienação dos pescadores; em *Os Fuzis*, um beato mantém uma multidão esfomeada em estado de transe e penitência enquanto aguarda a morte de uma vaca por ele considerada sagrada; em *Vidas Secas*, Sinhá Vitória reza pacientemente, com um terço nas mãos, esperando algum sinal de chuva, enquanto o tórrido e inclemente sol surge ameaçador, como se avisando que tudo continuaria como antes. Finalmente, em *Deus e o Diabo na Terra do Sol* (1964), o beato fanático mantém uma multidão de famélicos presa a seus delírios, apregoando que a salvação virá dos céus[113].

Na segunda fase (1964-1971), essa visão marxista-leninista seria modificada com o advento do regime militar. Segundo Malafaia, a caricatura da religião cederia a uma visão "compreensiva", em que ela aparece como legítima, porém passível de ser manipulada pelas elites: em *Terra em Transe* (1967), o padre mostra-se atônito no meio da multidão que clama por mudanças, enquanto o ditador, empunhando um crucifixo, promete defender a religião.

Finalmente, na terceira fase (1972-1981), marcada pelo colaboracionismo dos cinemanovistas com a ditadura, que os

---

113 W.V. Malafaia, Cinema Novo, *Primeiros Escritos*, n. 5. Disponível em: < http://www.historia.uff.br/primeirosescritos/sites/www.historia.uff.br.primeirosescritos/files/pe05-2.pdf >. Acesso em: 17 dez. 2011.

encarrega de conduzir sua política cultural através da ocupação da Embrafilme, ocorre uma recuperação da religiosidade: em *Uirá, um Índio em Busca de Deus* (1974), de Gustavo Dahl, e *O Amuleto de Ogum* (1974), de Nelson Pereira dos Santos, o misticismo aparece como "resistência cultural" necessária ao enfrentamento das tarefas cotidianas ou elemento integrador na luta do Estado nacional contra o "imperialismo":

> Em *Tudo Bem* (1978), de Arnaldo Jabor, a força da religiosidade popular é demonstrada pela empregada doméstica [...] que através de estranhos fenômenos passa a ser considerada uma santa, provocando uma verdadeira romaria à residência do casal de classe média [...]. Em *Anchieta, José do Brasil* (1979), de Paulo César Saraceni [...] o padre [...] coloca-se acima das desigualdades e desavenças existentes entre os indígenas e os colonos portugueses, enfrentando o irracionalismo belicoso[114].

Mas é Glauber, com *A Idade da Terra*, que, como observou Malafaia, atingiu nesta fase o clímax da recuperação do religioso, num neomisticismo nacional-socialista:

> Nesse filme são apresentadas diferentes versões do Cristo Salvador: um Cristo indígena, representado por Jece Valadão; um Cristo Negro, representado por Antônio Pitanga; e um Cristo Branco, dividido entre Tarcísio Meira e Geraldo Del Rey. Essas diferentes formas de representar a religiosidade guardam óbvias relações com a fusão de raças e culturas que, segundo os cinemanovistas, representaria o que há de mais essencial na *civilização brasileira*. Glauber afirma considerar o cristianismo uma força revolucionária no Brasil e dedica o filme ao Papa João Paulo II, a quem agradece os benefícios trazidos ao povo brasileiro quando da sua recente visita ao país [...]. Na concepção glauberiana, teria se encerrado o período dos confrontos e divisões internos, iniciando-se outro no qual a união seria o requisito necessário para o enfrentamento com o *imperialismo*, no filme representado alegoricamente por Bramhs, o anticristo[115].

Apresentado no Festival de Veneza de 1980, *A Idade da Terra* perdeu a Palma de Ouro para *Atlantic City*, de Louis Malle. Indignado ao ver os críticos europeus preferirem esse

114 Idem, ibidem.
115 Idem.

filme industrial ao seu manifesto prático da "Eztetyka do Sonho", já prestes a deixar a Itália de mãos vazias Glauber criou um incidente desagradável, gritando da sacada de seu hotel que Malle era um colonizado e um fascista medíocre por fazer um filme nos EUA distribuído pela Gaumont, multinacional imperialista. Saindo depois em passeata, declarou que George Stevens representava o Pentágono e que o crítico Andrew Sarris era um agente da CIA. Confessou depois, cabotino, aos jornalistas: "Bom, como não me deram o prêmio, para fazer com que [meu] filme fosse notado eu tinha que fazer alguma coisa".

Ambicioso e confuso, longo demais com seus 160 minutos que parecem durar 160 horas, *A Idade da Terra* mantinha o estilo experimental-militante que atraíra a crítica europeia no auge do cinema novo. Mas o mundo havia mudado e o cinema novo fora superado pelo Novo Cinema Alemão, que por sua vez já entrava em decadência. Além disso, num arroubo dadaísta, Glauber desejava que o conteúdo das latas que continham as películas fosse projetado ao acaso, com o projecionista "montando" o filme aleatoriamente na cabine. Talvez imaginasse poder assim "melhorar" sua obra graças a um feliz acaso, ou culpar o projecionista pelo eventual desagrado do público.

Leituras contemporâneas de *A Idade da Terra* procuram resgatar "valores" imperceptíveis ao vulgo. Para Bentes, a obra configuraria uma série de forças emergentes no Brasil e no contexto internacional: as comunidades de base da Igreja católica; a ascensão do operariado como força organizada na região do ABC, de onde despontou Luiz Inácio Lula da Silva, então líder metalúrgico que chegou ao poder numa trajetória glauberiana; o discurso das "minorias" que começavam a entrar nas universidades e no espaço político. *A Idade da Terra* seria, assim, "um filme único na história do cinema mundial"[116]. Na verdade, todos os filmes são únicos na história do cinema mundial: nenhum é igual a outro. Já para Silvio Tendler, Glauber estava um século à frente de seu tempo e só agora ele teria entendido a genialidade de *A Idade da Terra*. Ou seja, o resto do mundo perdeu esse milagre![117]

---

116 Apocalipse Estético, op. cit.
117 Escorel faz uma lúcida análise da trajetória de Glauber, localizando já em *O Dragão da Maldade Contra o Santo Guerreiro* a decadência do cineasta: "O

Depois do fracasso de *A Idade da Terra*, Glauber mergulhou no trabalho de montagem da coletânea *Revolução do Cinema Novo*. Parecia simples reeditar artigos já publicados, mas Glauber os alterava à medida que os ia relendo, refazendo as supostas "provas finais" e obrigando o editor a recomposições. Havia no escritor Glauber a mesma obsessão do cineasta, e se ele reescrevia várias vezes seus roteiros e não cessava de editar seus filmes, tampouco desistia de revisar os originais literários até o último minuto.

O livro era composto de transcrições de entrevistas, páginas de memórias, reflexões teóricas e notas biográficas. Parte das atualizações tinha o objetivo de retirar elogios a ex-amigos e elogiar novos aliados. O livro foi considerado o último combate de Glauber contra os críticos que não haviam exaltado suas obras-primas. Com espírito paranoico, atacava também seus desafetos do cinema novo e do cinema marginal que, a seu ver, precisavam de uma lição.

Mais militantes que artistas profissionais, os cineastas do cinema novo empenhavam-se num projeto político que extrapolava o cinema. Havia, contudo, uma diferença marcante em Glauber: este ousava correr mais riscos, sacrificando a ideologia em nome da estética, ao contrário dos cinemanovistas, que não hesitavam em sacrificar estética e ideologia para preservar seu bem-estar. Mas sacrificando-se ideologicamente para manter sua integridade estética – e viver na orgia – Glauber fracassou tanto quanto os outros, que fizeram mais concessões. Afinal, é impossível viver, sem compromissos sórdidos, sempre acima de suas posses.

Vítima de uma misteriosa doença e provavelmente consciente da gravidade dela, Glauber revisou suas antigas convicções e manifestou seu desejo de corrigir o mal de negar os valores do passado, recuperando a memória de cineastas como Mário Peixoto, Alberto Cavalcanti, Humberto Mauro e Lima

---

Dragão da Maldade Contra o Santo Guerreiro é um pastiche e uma regressão em relação aos seus dois filmes anteriores [...] *O Leão de Sete Cabeças* não foi aceito pela Comissão de Seleção do Festival de Cannes [...] *Cabeças Cortadas*, por sua vez, também não chegou a ser apresentado em nenhum festival de primeira linha", ver Glauber Rocha – A Estrela Parabólica, p. 82. Eu diria, contudo, que a estrela de Glauber ainda brilhou em *Di* e no programa *Abertura*. O sucesso do programa levou Glauber, inclusive, a pensar em migrar para a TV.

Barreto[118], menosprezados na afirmação dos valores "revolucionários" do cinema novo. Revendo sua vida na perspectiva da morte próxima, ele agora sentia o mal da *revolução permanente* voltar-se contra si próprio, percebendo que sua obra já se tornava, a seu turno, histórica. Em desespero, tentou também reatar com Alfredo Guevara, escorando-se no sucesso popular de suas aparições no programa *Abertura*:

não sou cineasta comercial, não sou escritor popular, mas como Comentarista de [TV] CHEGUEI A CONSEGUIR 67% de audiência durante 5 a 10 minutos por semana. Depois de 8 meses resolvi abandonar por que não podia sair nas ruas, abordado pelas multidões. Estou mantendo um tape com estas intervenções que deverá dar um tape de 3 horas sobre os 8 meses. Você receberá um[119].

Fazendo das tripas coração, Glauber conseguiu ainda organizar o livro *O Século do Cinema*, reunindo escritos ao longo de vinte anos, dos primeiros artigos publicados nos jornais da Bahia, nos anos de 1950, às reflexões do diretor consagrado. Os textos compõem três grandes painéis: o cinema americano (aquele feito em Hollywood); o italiano (basicamente o do neorrealismo, onde curiosamente entram Eisenstein e Buñuel); e o francês (sobretudo o da *nouvelle vague*).

Em janeiro de 1981, Glauber organizou, em Paris, uma exibição de *A Idade da Terra* para cerca de cinquenta pessoas na sala Gaumont-Gare de Lyon. Em fevereiro, viajou para Portugal, onde foi recebido pelo cineasta português Manuel Carvalheiro, diretor do documentário *Abecedário*, que incluiu longo depoimento de Glauber gravado em Paris. Morando em Sintra, fez questão de encontrar-se publicamente com o presidente General João Batista Figueiredo, que visitava o país. Em abril, a Cinemateca Portuguesa exibiu uma mostra de seus filmes, que teve, porém, de ser interrompida: um incêndio destruiu todas as cópias.

Abalado pela sucessão de fracassos, Glauber recebia alguns amigos de passagem, como Jorge Amado e João Ubaldo, mas vivia cada vez mais isolado com Paula Gaitán e filhos. Em abril,

---

118 Carta a Alfredo Guevara, em I. Bentes (org.), op. cit., p. 658-660.
119 Idem, p. 659.

numa carta para Diegues, referiu-se a uma peça que esboçara sobre João Goulart: "escrevi a peça *Jango*, deixei os originais com Luiz Carlos Maciel, está ainda incompleta, mas é Teatro e não cinema"[120]. Preocupado com o futuro de seu arquivo pessoal, que mantinha desde jovem e transportava consigo a cada viagem, errando pelo mundo com malas cheias de papéis, pediu a Lúcia Rocha que reunisse seus escritos e filmes para que somente ela, sua tia Ana Lúcia e a filha Paloma tivessem acesso. Encarregou o cineasta e amigo Orlando Senna de publicar seus livros e roteiros, e o teatrólogo Luis Carlos Maciel de montar *Jango*.

Em abril de 1981, quatro meses antes de morrer, Glauber encontrou-se com Wim Wenders e Samuel Fuller e gravou em vídeo um longo depoimento para o ator Patrick Bauchau, onde afirmou: "Sintra é um belo lugar para morrer". Diagnosticado como sofrendo de uma pericardite viral, Glauber escreveu ao amigo Celso Amorim, então diretor da Embrafilme: "Estou me recuperando da pericardite e escrevendo o roteiro [*O Império de Napoleão*]". Em seguida defendeu a "desativação lenta e gradual" da Embrafilme e a "desestatização relativa de todo aparato cultural", pois "o Estado já cumpriu sua missão". Condenou como "uma chantagem" o decreto de obrigatoriedade de exibição de filmes brasileiros. Demonstrava irritação com os caminhos seguidos por seus colegas Leon Hirszman, Jabor, Ruy Guerra; e profetizava: "Não existe, segundo a burrice local, incompatibilidade entre indústria e cultura. O problema é que não existem projetos industriais nem culturais. O atual modelo cinematográfico é influenciado pela Globo e está aquém de Hollywood. [...] Todos temem tomar decisões"[121].

O crítico português João Lopes entrevistou Glauber em Sintra: foi a última entrevista do cineasta. Num novo e último roteiro, *A Conquista de Eldorado* (1981), Glauber passou em revista sua vida, numa espécie de balanço final de atividades e viagens realizadas, onde encontramos o seguinte registro: "Filmes a fazer: *O Destino da Humanidade, O Nascimento dos Deuses, Os Imortais, Infinito, Ilyada, Odisseya*". Os títulos desses novos projetos são significativos: depois de *America Nuestra*,

[120] Idem, p. 691.
[121] Idem, p. 684-689.

História do Brazyl, *A Idade da Terra* e *Jango*, títulos ainda mais grandiosos. Glauber parecia tomado pela megalomania, radicalizando na agonia sua visão já exageradamente messiânica. Agonizando, ele escreveu para a revista *Careta* o último artigo que publicou em vida, defendendo-se de uma resenha que eu havia escrito para o jornal *Leia Livros* a convite do editor Caio Túlio Costa sobre seu livro *Revolução do Cinema Novo*:

> A famosa, discutida, temida, adorada e hoje popular revista CAHIERS DU CINÉMA completou com grandes festas trinta anos de idade. Berço da Nouvelle Vague, onde nasceram Truffaut, Godard, Rivette, Rohmer, Demy, Varda, Resnais, Marker, Rouch, Kast, Valcroze e outros cineastas que revolucionaram o Cinema, o *Cahiers*... atravessou várias fases ideológicas e formais até chegar ao esplendor atual. É a mais bem escrita e bem paginada revista do mundo, depois de *Careta*, e raramente comete erros por desinformação ou desonestidade como, por exemplo, LEIA LIVROS, que publicou, sob o título de BOBINHO, crítica de um tal Paulo Nazario (?) contra meu livro REVOLUÇÃO DO CINEMA NOVO dizendo que vivo de mulheres, prêmios, adulações ao PDS e outras picaretagens. O "funcionário" não leu o livro, agrediu no escuro, e os "intelectuais" de LEIA publicam o artigo babando de sadismo. Infelizmente para os Editores de LEIA (que já tinham esculhambado meu romance RIVERÃO SUASSUARANA [1978]), os CAHIERS DU CINÉMA adoram *A Idade da Terra*, passando atestado de burrice aos cinecríticos locais que esculhambam o filme, atiçados por alguns Kyneasnuz que me devem favores de câmera e de cama[122].

Devo dizer em minha defesa que o título de "Bobinho" foi dado à resenha pelo editor, não por mim; eu tinha lido o livro e não assinava com pseudônimo, nem era funcionário da editora. Só ignorava que Glauber agonizava. Mais tarde, ao saber disso, imaginei-me, não sem prazer, confesso, como uma Charlotte Corday de calças, penetrando no banheiro de Jean-Paul Marat para desferir o golpe fatal no revolucionário que decidia, com sua pena, deitado na banheira, devido a uma doença de pele, quais cabeças deviam rolar. A imagem dessa facada recebida no leito de morte também pode ter ocorrido a Glauber ao escrever que os editores de *Leia Livros* publicaram minha resenha de uma lauda "babando de sadismo", recordando-se da adaptação

---

122 Cahiers du Cinéma: 30 Anos, *Careta*, n. 2737, 4 ago. 1981.

que Peter Brook fizera da peça *A Perseguição e o Assassinato de Jean Paul Marat Conforme Foi Encenado Pelos Enfermos do Hospício de Charenton Sob a Direção do Marquês de Sade*, de Peter Weiss, que ele havia parodiado na sua peça de autovitimização, *Perseguição e Assassinato de Glauber Rocha Pelos Intelectuais do Hospício Carioca, sob a Direção de Salvyano Cavalcanti de Paiva*.

Em carta de 16 de junho de 1981, dirigida ao produtor americano Tom Luddy, Glauber informou: "Estou escrevendo um novo roteiro: *O Destino da Humanidade*. Vou acabar no dia 20 de agosto"[123]. Mas a saúde de Glauber piorou e, em agosto, ele foi internado num hospital próximo a Lisboa por causa de complicações bronco-pulmonares. Em intervalos de consciência, sua pretensão de totalidade, genialidade e onisciência manifestou-se no último texto que escreveu e se tornou conhecido como o "Manifesto do Catarro". O texto inicia-se com uma referência velada ao artigo de *Leia Livros* ("acabaram [sic] o velho jornalismo") e termina com a visão de si mesmo como Siegfried, o herói da saga dos Nibelungos, que mata o Dragão e se banha em seu sangue:

Glauber – Manifesto ⟶ CATARRO
"Kareta" libertação "Cahiers du Cinéma" e etcs ⟶ Acabaram o velho jornalismo
⟶ o foto jornalismo ⟶ Novela Jornalística ⟶
Tudo que começou em 1900 desaparece em 1981.
Aí vai, caro Tarzo, uma reportagem NOVA sobre minha Pneumonia, TuberKuloze e Kanzer. Mas Kanzer não MATA.
Kareta, com Raul Cortez na capa é genial, e devemos seguir por aí… Publique ao mundo meu diagnóstico FELIZ!!
GLAUBER
(Nesse trecho do Manifesto, Glauber, em vários momentos fala de si mesmo na terceira pessoa)
SIEGRIFIED – 1924
VAMPYRO – 1931
Dois filmes de FRITZ LANG
SAÚDE, DOENÇA, ARTE.
ROMANTYSMO – PAIXÃO – SEXO – PRAZER DA MORTE
CÂNCER – ESPERMA – GLORYA

---

123 Em I. Bentes (org.), op. cit., p. 696.

SANGUE – DESESPERO e FÉ NA DOENÇA.
DILACERADO, GLAUBER RECEBE OS DEUSES DO VENENO QUE LHE ENSINAM OS
CAMINHOS DA MÁGICA FLORESTA NEGRA
GLAUBER POSSUI a DEUSA DO VENENO KURARYA e DESTE AMOR NASCEM AS CACHOEIRAS DA SAÚDE.
GLAUBER ATRAVESSA O ESPELHO ROMÂNTICO DA FLORESTA NEGRA e ENCONTRA SUA WALKYRYA PAOLA QUE SOPRA FOGO... NOS SEUS PULMÕES............[124]

Os últimos filmes que a memória de Glauber reteve como modelos eram dois filmes protonazistas de Lang: *Die Niebelungen* (Os Nibelungos, 1924-1925) e *M* (M, O Vampiro de Düsseldorf, 1931). Glauber associava sua cura, o triunfo da doença e da morte, a uma visão romântica, mágica, germânica, wagneriana. Sua doença não identificada – falam em pericardite, pneumonia, tuberculose, câncer e até Aids – o leva nos últimos dias – transferido para Lisboa – a escrever, nas paredes do quarto do hospital, num assomo de loucura, palavrões com as próprias fezes. Disse também ao cineasta português Miguel de Sá Bandeira: "Nada deu certo!"

Em estado de extrema gravidade, Glauber foi trazido de volta ao Brasil na noite do dia 20 de agosto, sem acompanhamento médico. Chegou ao Rio de Janeiro no dia 21 e recebeu soro ainda na enfermaria do Aeroporto do Galeão. Foi então levado para a clínica Bambina, em Botafogo. Pedia apenas água e chocolate, segundo o enfermeiro Belmiro dos Santos. O cineasta morreu às 4 horas da manhã do dia 22 de agosto de 1981. Foi velado no Parque Lage, cenário de *Terra em Transe*, em clima de comoção e exaltação.

Em agosto, a TV Globo exibiu *Glauber Rocha-Morto/Vivo*, programa dirigido por Paulo Gil Soares. A TV Bandeirantes exibiu *Glauber na TV*. *A Idade da Terra* foi relançado no Rio de Janeiro, no cinema Rian, e em Salvador, no Cine Glauber Rocha (ex-Guarany). Em setembro, Luiz Carlos Maciel montou um show no Canecão em homenagem a Glauber. Retrospectivas de sua obra ocorreram no Brasil (Salvador, São Paulo, Brasília)

---

124 Manifesto do Catarro, *Tempo Glauber*. Disponível em: <http://www.tempoglauber.com.br/t_manifesto.html>. Acesso em: 26 abr. 2011.

e em institutos de cinema de diversos países: no National Film Institute (Inglaterra), no Institut National d'Études Cinématographiques (França), no American Film Institute (EUA), no Festival Internacional de Figueira da Foz (Portugal), no Encuentro de Intelectuales por la Soberania de los Pueblos de Nuestra America (Cuba). Em dezembro, o filme até então inédito no Brasil, *História do Brazyl*, foi exibido no Cine Arte UFF, em Niterói.

Na Itália, a editora da RAI publicou o roteiro de *O Nascimento dos Deuses*, de Glauber, com desenhos de Paula Gaitán. E Lúcia Rocha passou a dedicar sua vida, com verdadeira paixão, à preservação da obra do filho: em 1983, ela levou o acervo de suas obras ao Museu da Imagem e do Som, no Rio de Janeiro, no bairro de Botafogo, criando a Fundação Tempo Glauber. Em julho de 1996, o Tempo Glauber inaugurou seu site e a Universidade Federal do Sudoeste da Bahia promoveu, em Vitória da Conquista, o evento "Glauber Rocha e o Século do Cinema", dentro do qual foi outorgado ao cineasta, postumamente, o título de Doutor Honoris Causa[125].

Em seus artigos, ensaios e discursos, Glauber praticava uma série de transgressões regressivas: como bom homem de esquerda, atacava o moralismo, o machismo, o academicismo, o esteticismo, o stalinismo e o capitalismo; mas, diante do abismo, recuava, recuperando tudo o que havia atacado, em nome da paternidade, da virilidade, do anti-intelectualismo, do realismo, do castrismo, do capitalismo brasileiro. Glauber demonizava o capitalismo mundial e colocava suas esperanças num capitalismo bonzinho, "nosso", ao qual chamava de socialismo, e em nome do qual apregoava a "produtividade desenvolvimentista em todos os setores". Tornando-se o arauto do subimperialismo terceiro-mundista no campo cinematográfico, passou a emular a produção industrial financiado pelo Estado.

Sem mercado e vivendo em grande estilo, dependendo do Estado para produzir seu cinema subversivo não-lucrativo, Glauber terminou empobrecido. Depois de romper com os poderosos da esquerda, decidiu bajular os poderosos da direita. Seu apoio aos militares encheu de perplexidade seus admiradores

---

[125] Glauber Rocha: uma Vida Dada ao Cinema!, op. cit.

esquerdistas no Brasil e no exterior[126]. Por trás desse novo amor havia, além de certa obscura identificação ideológica, a esperança de obter financiamentos através da empresa estatal tão frequentada pelos colegas do cinema novo. Frustrada essa esperança, Glauber advogou o fim da Embrafilme.

O cinema brasileiro sempre foi marcado pelo fenômeno político que os cientistas sociais identificam como populismo e que acompanha a vida nacional há décadas. Num país onde dezenas de milhões de cidadãos permanecem abaixo da linha da pobreza, o populismo vai e volta sem chance de desaparecer. É a opção da maioria mesmo quando o país não está mais sob ditadura e ao eleitorado se oferecem melhores alternativas. Embora o populismo seja um fenômeno político, é no campo da cultura que ele opera suas maiores devastações. No cinema, foi especialmente danoso.

Tradicionalmente, a produção cinematográfica brasileira foi influenciada por Hollywood desde os filmes mudos de Humberto Mauro até a fundação da Cinédia, por Adhemar Gonzaga, em 1930, e da Atlântida, em 1941, pelo produtor e diretor Moacyr Fenelon. Entre 1949 e 1953 criaram-se em São Paulo cerca de vinte companhias, das quais apenas três prosperaram: a Vera Cruz, a Maristela e a Multifilmes, dando pela primeira vez à crítica de cinema no Brasil "a possibilidade de falar em 'indústria cinematográfica' sem eufemismos"[127].

Nas décadas de 1940-1960, excelentes comédias populares e dramas sem afetação foram produzidos com inegável retorno de público, transformando comediantes como Oscarito, Grande Otelo, Dercy Gonçalves, Adelaide Chiozzo, Inezita Barrozo, Mesquitinha, Mazzaroppi, Anquito, Colé Santana, Blecaute; e atores como Anselmo Duarte, Alberto Ruschel, Cyl Farney, José Lewgoy, Wilson Grey, Jece Valadão, Tônia Carrero, Eliane Laje, Heloísa Helena, Cacilda Becker, Ilka Soares, Ruth de Souza, Odete Lara e Norma Benguell em verdadeiros ícones nacionais.

Filmes de qualidade como *O Canto do Mar* (1952), *Simão, o Caolho* (1952) e *Mulher de Verdade* (1954), de Alberto Cavalcanti; *O Cangaceiro* (1953), de Lima Barreto, premiado com a

---

126 M.R. Paiva, op. cit.
127 M.R. Galvão; C.R. de Souza, Cinema Brasileiro: 1930-1964, em B. Fausto, (org.), *História Geral da Civilização Brasileira*, v. 3, p. 485.

Palma de Ouro em Cannes; *Rebelião em Vila Rica* (1957), dos irmãos Geraldo e Renato Santos Pereira, primeiro ou segundo longa-metragem brasileiro em cores[128]; *Osso, Amor e Papagaio* (1957), deliciosa comédia surrealista de Carlos Alberto de Souza Barros e César Memolo; *Orfeu Negro* (1959), de Marcel Camus, que a crítica populista não considerou brasileiro, impedindo que ganhasse o Oscar de Melhor Filme Estrangeiro para o Brasil e permitindo à França assumir a honra; *O Pagador de Promessas* (1962), de Anselmo Duarte, indicado para a Palma de Ouro em Cannes e ganhador do prêmio Filme de Aventura e de Menção Especial para trilha sonora; ou o maravilhoso curta-metragem *A Velha a Fiar* (1964), de Humberto Mauro, apontavam um bom caminho para o cinema brasileiro.

Esse caminho foi bloqueado, contudo, pelo cinema novo, que nasceu marcado por uma ânsia de destruição que não arrasou apenas o cinema convencional, representado pelos novos estúdios, mas a própria teoria e prática da indústria de cinema, que começava a florescer no Brasil. O cinema novo conheceu seu auge entre 1963 e 1967, com *Vidas Secas*, de Nelson Pereira dos Santos; *Os Fuzis*, de Ruy Guerra; *Deus e o Diabo na Terra do Sol* e *Terra em Transe*, de Glauber. A princípio financiados pela iniciativa privada e comprometidos com a política das reformas, os integrantes do movimento logo perceberam que, sem uma indústria a sustentá-los, ou seja, sem mercado consumidor para suas obras, eles precisariam

---

[128] O primeiro seria *Destino em Apuros* (1953), de Ernesto Remani. Mas por ter seus negativos revelados nos EUA, essa produção da Multifilmes não obteve do Departamento de Censura o certificado de filme brasileiro. Já para Fatima Lunardelli, adepta da visão *tabula rasa* do cinema novo como *Deus ex-machina*, o impacto do uso da cor no cinema nacional ocorreu apenas anos mais tarde, em 1969, com *Macunaíma*. Ela despreza não apenas o pioneirismo de *Destino em Apuros* e de *Rebelião em Vila Rica* (com belíssimas imagens coloridas das douradas igrejas barrocas de Ouro Preto), como a trajetória de todos os filmes coloridos do cinema brasileiro até 1969, incluindo *Matemática Zero, Amor Dez* (1958), *Amor Para Três* (1958) e *Meus amores no Rio* (1959), de Carlos Hugo Christensen; *Orfeu Negro* (1959), de Marcel Camus (com uma das mais belas fotografias coloridas da história do cinema); *Tristeza do Jeca* (1961), de Mazzaropi (de tremendo sucesso); *Sol Sobre a Lama* (1963), de Alex Viany; *Lampião, Rei do Cangaço* (1965), *Cangaceiros de Lampião* (1967) e *A Madona de Cedro* (1968), de Carlos Coimbra; *Maria Bonita, Rainha do Cangaço* (1968), de Miguel Borges; *Garota de Ipanema* (1967), de Leon Hirszman etc. Cf.< http://noticias.terra.com.br/educacao/vocesabia/interna/0,,013612279-EI8402,00.html> .

do apoio do Estado. Encerradas as ilusões reformistas com o AI-5, a Embrafilme, criada em 1969 pelo regime militar com a missão de divulgar o filme brasileiro no exterior, adquiriu grande importância para os remanescentes do cinema novo como base estratégica de sobrevivência.

Em seu novo modo de produção estatal, o cinema novo assimilou o nacionalismo direitista do regime militar. Alguns cineastas procuraram, dentro dele, uma versão mais palatável, associada ao modernismo dos anos de 1920-1930 e ao tropicalismo colocado na ordem do dia pela "escandalosa" introdução da guitarra na música popular brasileira (com Rogério Duprat, Caetano Veloso, Gilberto Gil, Maria Bethânia, Gal Gosta, Os Mutantes), em filmes como *Macunaíma* (1969), de Joaquim Pedro de Andrade; *Brasil Ano 2000* (1969), de Walter Lima Jr.; *Pindorama* (1970), de Jabor; *Os Herdeiros* (1970), de Diegues; *A Casa Assassinada* (1971), de Paulo Cesar Saraceni. Contudo, mesmo em sua versão antropofágica, tropicalista ou hermética, o cinema novo só conseguiu afugentar o público das salas de cinema. Havia uma autenticidade na nova música que o mercado absorvia, mas o mesmo não ocorria com o cinema novo, que continuava travado pelo marxismo.

O cinema marginal era uma alternativa ao cinema novo, que se pretendia o "verdadeiro cinema brasileiro", o único capaz de captar e apresentar a "realidade nacional". Devido ao baixo custo de suas produções, os cineastas ditos marginais possuíam maior liberdade criativa: informado pelas vanguardas, orientado para a multiplicação dos estilos e das sensações, privilegiando a indeterminação, o desvio, a transgressão e o acaso, o cinema marginal era um cinema livre.

Cinema marginal ou de poesia, como preferia Júlio Bressane; *underground* ou *udigrúdi*, como ironizou Glauber; experimental ou de invenção, como definiu Jairo Ferreira – as diversas denominações, elogiosas ou sarcásticas, revelam o inclassificável desse cinema realizado à margem de um cinema marginal, num país marginal, onde uma guerrilha urbana ingenuamente tentava "derrubar", sem nenhum respaldo popular, uma ditadura moderna e bem equipada.

Com *A Margem* (1967), de Ozualdo Candeias, nascia um cinema mais focado nos marginais que nos operários, considerados como a "classe revolucionária" pelos intelectuais de esquerda. O caminho para o paraíso aberto pelas promissoras reformas de base do governo João Goulart (1961-1964) fora brutalmente bloqueado pelo golpe de 1964. A seu modo, o cinema marginal – com as produções associadas de Bressane e Sganzerla na produtora Belair, criada por ambos em 1970, e as produções solitárias de João Silvério Trevisan, Andrea Tonacci, Candeias, José Agrippino de Paula, Carlos Reichenbach, André Luiz Oliveira, Elyseu Visconti, Geraldo Veloso, Sylvio Lanna, Jairo Ferreira, João Callegaro, entre outros – representava uma resistência artística ao período de maior repressão (1967-1973).

O cinema marginal distinguia-se do cinema novo pela percepção de que os cinemanovistas sacrificavam a experimentação na tentativa de popularizar-se. Os marginais pretendiam continuar independentes da ditadura e do mercado, explorando a linguagem da câmera em produções quase caseiras, destinadas a um público incerto, mas também livres de compromissos. O rótulo de cinema marginal era pejorativo e com ele os cinemanovistas pretendiam atingir aqueles colegas que permaneciam, ou eram mantidos, à margem da Embrafilme.

Sganzerla lamentava que a programação audiovisual tornava-se "cada vez mais comprometida com a ignorância e a burocracia". O cinema dissidente estava em sintonia com os anseios da contracultura expressos em maio de 1968: em *Blá, Blá, Blá*, os atores saíram à rua com armas de brinquedo, arriscando serem confundidos com guerrilheiros. Como observou seu diretor, Andrea Tonacci, não era um cinema marginal, e sim *marginalizado*.

A liberdade criativa dos "marginais" era possibilitada pelo baixo custo das produções, mas acabou por esvaziar-se pela própria dinâmica do mercado. Já para Glauber, ele "foi para a latrina, que era o lugar que devia ficar", esquecendo-se de que ele bebia dessa latrina, jamais deixando de experimentar novas formas de linguagem em seu próprio cinema – experimentações que tentava colocar, contudo, a serviço da "revolução".

Comprometido com o populismo reformista da oposição, o cinema novo passou cada vez mais a apoiar-se na Embrafilme. Surgida como veículo de propaganda ideológica, a Embrafilme passou, sob a orientação dos cinemanovistas, a produzir e distribuir filmes brasileiros, agindo com agressividade na conquista do mercado interno.

Ideologicamente, a empresa pretendia integrar um bloco latino-americano dentro da estratégia terceiro-mundista de combate ao "imperialismo estadunidense". Economicamente, visava a expansão do mercado interno do filme brasileiro para lucrar com suas produções. O instrumento usado para atingir esses objetivos foi a Lei de Obrigatoriedade, que garantia a exibição de filmes nacionais nos cinemas durante certo número de dias por ano. A aplicação da lei era feita em conjunto pelo Conselho Nacional do Cinema (Concine), que fixava o número de dias/ano dedicados ao cinema nacional. A Embrafilme fiscalizava o mercado e detinha o monopólio da venda de ingressos padronizados, exigindo que o bilhete fosse rasgado pelo bilheteiro à entrada do espectador. Era comum que os fiscais da Embrafilme encontrassem bilhetes plastificados, revendidos várias vezes, diminuindo sua receita.

Através do protecionismo, as produções nacionais conquistaram cerca de 40% do mercado, "incomodando as companhias norte-americanas a ponto de elas recorrerem a pressões diplomáticas a fim de forçar o governo brasileiro a abrandar o perfil protecionista da política cinematográfica adotada"[129]. Mas, ao mesmo tempo, com suas produções financiadas pelo Estado, a fundo perdido, os cinemanovistas associados à Embrafilme tornaram-se ideólogos para os quais a realidade do mercado tornava-se secundária.

Crescendo à sombra da ditadura, numa administração que se fortalecia executando grandes obras de engenharia, mobilizando massas e esmagando oposições, os remanescentes do cinema novo foram atraídos pelos novos métodos de produção, adequando a ideologia populista às facilidades de um mercado criado e mantido à força de mecanismos de proteção fornecidos pelo Estado autoritário. Encastelados na Embrafilme, passaram a impor uma política de cinema que dominou por mais de três décadas a crítica especializada. Com seus pactos com o governo militar e sonhos de hegemonia ideológica, o cinema

---

[129] R. Farias, Política Cultural para la Integración. Disponível em: <http://www.cinemabrasil.org.br/rffarias/embrafil.html>. Acesso em: 22 abr. 2011.

novo no poder adotou uma estratégia de consolidação do capitalismo nacional "vitimado" pelo imperialismo.

Logo os ideólogos cinemanovistas passaram a projetar nos chamados "inimigos do cinema brasileiro" seus fracassos de bilheteria. A projeção do inimigo interno (encarnado pelo cinema marginal) e do inimigo externo (encarnado pelo cinema americano) substituía a realidade do imperialismo por suas fantasmagorias. O imperialismo estava presente em embrião na própria máquina formada pela aglomeração de trabalhadores, artistas e empresários patriotas, movida por uma ideia de "realidade brasileira" à qual toda população devia submeter-se.

As operações da Embrafilme restringiram-se até 1974 a financiamentos; a partir de 1975 foram introduzidos sistemas de coprodução e a empresa aumentou a quantidade de projetos financiados, que expandiam o mercado do filme brasileiro "sério", que não queria ser confundido com a popularesca pornochanchada. No primeiro semestre de 1980, com o lançamento de "boas produções", o cinema brasileiro gerou recursos na ordem de CR$ 743.209.406,00, quase o total arrecadado em todo o ano de 1978, constituindo um grande salto em relação ao ano de 1974, que gerou apenas CR$ 89.787.200,00[130].

Segundo Roberto Farias, nenhum outro segmento da economia brasileira atingiu o mesmo nível de crescimento no período. Ele atribui esse desempenho ao protecionismo. A partir de 1976 há uma decadência, mas, ressalta Farias, o "cinema brasileiro está no lucro, pois mais que duplicou o número de espectadores/ano, de 71 a 80"[131]. Nesse mesmo período de "lucro" do cinema brasileiro numerosas salas fecharam e caiu o número dos espectadores em termos absolutos. Farias aponta como causas disso o fim da fiscalização e a valorização imobiliária, omitindo a própria política protecionista: à falta de produções nacionais de qualidade, filmes de péssimo nível encontravam exibição garantida nas grandes salas, sobretudo os curtas-metragens, irritando os espectadores, que se sentiam insultados por serem obrigados a ver porcarias, raramente anunciadas com antecedência. Além disso, o aumento no

---

130 J.E. de Souza, Boletim do Departamento de Ingresso Padronizado da Embrafilme.
131 Op. cit.

preço dos ingressos de 66% entre 1979 e 1980 contribuiu para o decréscimo do número de espectadores.

Farias atribui a crise do setor a uma conspiração da "classe" exibidora contra o sucesso "futuro" do cinema brasileiro: "Os exibidores interessados no comércio de filmes estrangeiros, ao perceberem que o cinema nacional ocuparia inexoravelmente [sic] o mercado, utilizaram-se de instrumentos jurídicos para contestar a Lei de Obrigatoriedade"[132]. Os exibidores argumentavam ser inconstitucional a delegação dada pelo Legislativo ao Executivo, na figura do Concine, para fixar por resolução o número de dias/ano do cinema nacional: o Concine não podia agir como se fosse o Congresso Nacional. Assim, mandados de segurança foram impetrados pelos exibidores, que obtiveram liminares favoráveis.

A Lei de Obrigatoriedade continuou, contudo, em vigor, sendo atualmente muito mais eficaz porque o número de dias/ano é fixado por decreto do presidente da República, prevendo-se pesadas multas, que as resoluções do Concine não tinham previsto. Farias só lamenta, hoje, que não haja *mais* organismos controladores do mercado à maneira do Concine e da Embrafilme. Para ele, "as forças políticas e governamentais devem zelar [pelo] direito de nossos cineastas"[133]. Ele continua a defender o paternalismo do Estado e a conquista forçada do mercado, agora através da criação de um Mercosul audiovisual:

nunca estivemos tão invadidos, tão impregnados de cultura estranha. E se antes lutávamos contra forças do comércio internacional, hoje temos de enfrentar também essa doutrina, que ao comércio junta o intervencionismo em todas as suas formas, inclusive a militar. Penso que é o momento de reagir. Imagino seguir o exemplo da França. Aliarmo-nos à sua política de defesa cultural. Precisamos romper a legislação protecionista implantada planetariamente a favor do cinema americano, estabelecer e defender uma quota para nossos produtos audiovisuais. Na França, esta cota é de 50% para os produtos da Comunidade Europeia, e 60% [...] preenchida com produto francês. Creio que se poderia pensar no mínimo em números semelhantes para nossa produção no Mercosul, reservando, internamente, a mesma quota para cada país [...]. E não se diga

---

132 Idem.
133 Idem.

que somos xenófobos, pois estaremos deixando metade de nossos mercados de salas para ser ocupada pelo produto estrangeiro [...]. O público prefere o filme nacional ao estrangeiro[134].

Sob o capitalismo, povo e mercado são coisas indissociáveis e, quanto mais se persegue o lucro, mais é preciso bajular o povo. Tudo se transforma em ouro quando se toma o povo por juiz supremo. Afinal, é quem compra a mercadoria. É povo para lá, povo para cá. E os populistas de interesse não se preocupam mais com a arte: querem saber do dinheiro. Não querem pouco, mas muito dinheiro. Não querem dinheiro para "usar contra o sistema", como os populistas de coração, mas para acumular. O nome do dinheiro pode ser povo brasileiro, cultura popular, realidade nacional: é dinheiro que se oculta atrás dos nomes. Moedas douradas tilintando, notas novas farfalhando: eis o sonho acalentado pelos arautos da libertação nacional.

Não foi outra a estratégia da "massagista" Solange Jobert. No princípio, ela oferecia a seus clientes, contra um infarto certo, um *relax for men* moderno, com banhos romanos e tailandeses, *sauna show*, *scotch bar* e *massagist girls*, dentro de uma decoração *made in France*. Mas depois de conhecer Paris, onde foi proclamada "masseuse symbole du monde", Jobert modificou seu *approach*. Podendo comparar a mulher francesa com a brasileira, ela descobriu que esta é "cafona e sem a menor educação, pois sai na rua sem maquilagem, numa demonstração de falta de cultura". Inconformada com a situação, decidiu engajar-se: "É preciso que alguém tome providências. É preciso educar o povo, incentivar o nacionalismo, oferecer condições à fabulosa indústria do turismo"[135].

Jobert não se limitava a criticar, também apontava soluções. Sugeriu que Sílvio Santos "criasse um quadro em seu programa quilométrico dando lições de civilização, beleza, organização, nacionalismo". Seu ideal era "criar coisas para o estrangeiro ver". Demonstrando uma radical conversão, Jobert pôs em prática seus novos conceitos: "Ninguém vem ao Brasil para ver decorações

---

134 Idem.
135 Esta e demais citações de Jobert foram retiradas de jornais da época, em anúncios que ela própria pagava para divulgar sua casa de massagens. Infelizmente, não guardei esses anúncios para fornecer aqui as referências precisas, mas uma busca em arquivos de *O Estado de S. Paulo* dos anos de 1980 pode recuperar tais primores.

francesas, mas para levar lembranças típicas. Eu vou mostrar a índia brasileira através de uma encenação magnífica e original. Teremos todas as moças vestidas tal qual a índia, com toda sua graça e beleza num ambiente ecológico de imitação perfeita".

Depositando fé na tecnocracia, como "brasileira que deseja ver a grandeza de sua pátria", Jobert passou a oferecer, contra o infarto, as mais lindas "índias" do Brasil, "índias" que fazem massagem, "massagem selvagem" com produtos silvestres, músicas de pássaros, banho a dois na lagoa, bar típico do Amazonas, sauna "karajá" e esteira vibratória, numa *autêntica* "maloca de luxo". De "*relax for men* moderno" a "*relax for men* ao folclore brasileiro", Jobert refletiu, em sua evolução espiritual, a evolução econômica do modelo político que exaltava a natureza para explorar seus recursos, alienando o mercado interno ao mercado externo, trazendo do mundo a que tem acesso lições de nacionalismo. Finalmente, com a obra *Esses Homens Passaram Por Minha Mesa de Massagens – Suas Histórias, Suas Taras, Seus Lamentos*, Jobert conquistou uma cadeira na Academia de Letras do Vale do Paraíba.

Assim, o populismo, normalmente adotado pelas oposições do Terceiro Mundo, revela ser também o pensamento da indústria que, para sanar a economia e facilitar as trocas, luta contra o velho Estado visando um novo Estado. Disto resulta outro paradoxo: a simpatia dos empresários pelo comunismo, simpatia que os torna apoiadores de uma ideologia que os favorece de imediato, mas os destina ao fracasso a longo prazo.

Perseguido como monstro pela ditadura, o comunista passa a ser o herói teórico de uma parcela da burguesia nacional que se define, nestes momentos, pela contraposição aos valores que ambiciona exercer, passando a celebrar o mito vermelho nas missas negras em que se transformam seus auditórios. A realidade do comunismo talvez assustasse essa burguesia esclarecida, mas à distância o medo não atrapalha o festejo desse signo do terror e do mal que a propaganda e a censura tornam fascinantes. Mas se o capitalismo, que se define pelo desrespeito às normas alheias ao lucro, pode indiferentemente defender as conquistas da revolução burguesa, ou soterrá-las assim que ameaçam a progressão dos negócios, o empresário comunista não pode ir muito longe em suas atividades empresariais nem em suas atitudes revolucionárias: até o limite em que ponha em risco seu capital ou sua imagem.

No mercado do cinema, se a qualidade técnica das produções estrangeiras é um fator decisivo para a maior aceitação do produto importado por um público que procura diversão, os produtores tentarão culpabilizar esse consumo e modificar os padrões de gosto para que o público do cinema (que não é tão popular assim, uma vez que, segundo uma velha estatística que seria preciso atualizar, 70% dos brasileiros nunca foram ao cinema, enquanto 75% já jogaram futebol de calção e chuteiras) aceite qualquer porcaria, desde que fabricada aqui. Ainda nos anos de 1970, durante o I Congresso Paulista de Cinema, o empresário Mario Cinelli expôs a estratégia:

> O público perdoa uma fotografia mais ou menos. O público não liga muito para a qualidade de som. O que o público quer é uma história que diga alguma coisa para todo mundo, seja banqueiro ou camponês. E não digo bem filmada, porque o público perdoa tudo. O público se contenta com qualidades técnicas normais, uma fotografia regular, uma continuidade 50% – um mínimo de decência técnica.

O apelo à degradação estética não se separa da degradação ideológica: o que se almeja é o baixo nível total. Que pode satisfazer tanto um camponês quanto um banqueiro? Estudando o fascismo, Maria Antonietta Macchiocchi encontrou a resposta: "Do camponês e do trabalhador braçal ao dignitário fascista, forma-se um consenso a partir daquilo que lhes dá a ilusão de serem iguais entre si: a propriedade inalienável da mulher". Proliferavam, então, as pornochanchadas.

No centro da produção estatal, os investimentos ideológicos tendiam ao fascismo, com os filmes épicos explorando mitos e arquétipos de um inconsciente nacional, que se precisava alimentar e endurecer para "o dia que vai chegar"[136]. Aí a produção do espetáculo convertia-se no espetáculo da produção e a ficção transformava-se em falsidade. Figurinos, gestos, movimentos não serviam mais à ilusão; tornavam-se, eles próprios, mensagens. Surgiam então adaptações de clássicos da literatura nacional para

---

136 Chico Buarque foi o grande cantor do "dia que vai chegar".

starlets de TV; ressurreições em tecnicolor de heróis da brasilidade; espocares hollywoodianos de batalhas nativas; epopeias de bandeirantes cheios de *glamour*; gritos de independência petrificados num *happy ending*[137]; sagas milionárias de "coronéis que não vendem seu povo"[138]. Neste sistema, mesmo instrumentalizado, o cineasta devia imaginar-se livre: verdadeiros super-homens, eles usavam o Estado, usavam a Indústria. Ideólogos positivistas como Maria Rita Galvão e Paulo Emílio Sales Gomes deixaram o campo livre para o populismo transcender a produção cinematográfica e atingir as próprias mentes dos cineastas, que muitas vezes o utilizaram como eficiente instrumento de terror psicológico.

Mas um dia a lixeira transborda. Uns inventam desculpas esfarrapadas. Outros revelam a frio suas verdadeiras intenções. O modelo apontado passa a ser, surpreendentemente, Hollywood. Escreveu Gustavo Dahl, num ensaio cujo título "Mercado é Cultura", já era uma amostra da linguagem orwelliana:

> Quando Cacá Diegues vai ver *Xica da Silva* num cinema da Zona Norte do Rio, a zona proletária, a sessão que presencia lhe dá a impressão de uma "festa bárbara"; nesse momento se rompe a barreira entre consumo e cultura. O que passa a existir é uma cerimônia antropofágica. O lazer amalgamado à informação cultural decorrente da produção industrial[139].

À ex-amante Juliet Berto, Glauber segreda em carta de 1976 seu desejo de "ir para a América", talvez sua única saída: "a cena da vanguarda histórica é os Estados Unidos e depois o Brasil"[140]. O projeto europeu fracassara. O comunismo ocidental não o interessava mais. Queria ganhar dinheiro. Depois do sucesso de seu *talk show* no programa *Abertura*, escreveu para a TV a série inédita *Antônio das Mortes*, com doze episódios, um folhetim erótico-político onde a mitologia sertaneja misturava-se a clichês do *western*, com cangaceiros louros e mulheres sensuais: "Quero chegar às massas", escreveu em carta de 1978 para Fabiano Canosa, "aí não me interessam mais cineclubistas,

---

137 O modelo foi o épico *Independência ou Morte*, de Carlos Coimbra.
138 Como o *Coronel Delmiro Gouveia*, de Geraldo Sarno.
139 *Cultura*, n. 24.
140 Em I. Bentes (org.), op. cit., p. 56. Grifado no original.

críticos, estas frescuras todas"[141]. Recusando entender o mundo, os populistas projetavam em "monstros" os fracassos que lhe advinham de sua própria incompetência nos domínios da técnica e da linguagem para criar um cinema verdadeiramente popular. Em carta a Diegues, Glauber incitava então os companheiros a liquidar seus rivais do cinema marginal:

chegou a hora de pulverizar os ratos, pau neles com Detefon [...] esculhambar o livro de Flávio Moreira da Costa [...] Oiticica deve ser acusado de explorador sexual de favelados. denunciar a Bel Air como uma empresa diletante que sabotou a luta pelo mercado [...] fácil exterminar canalha.

[...] entrar de sola. botou filme na tela, análise materialista [...] não deixar fotograma sobre fotograma.

[...] pau neles. pau neles. dizer "pau neles": quer dizer intolerância e ódio[142].

Jabor, depois de lançar o bizarro *Pindorama*, um dos grandes fracassos de bilheteria da Embrafilme, acusou o cinema marginal:

É um movimento de direita, colonizado, importado, agônico, metafísico e paranoico. Seus autores são todos medíocres, sem nenhuma importância. É o desespero idealista de meia-dúzia de filhos de papai rico, e cujos filmes são financiados pelo dinheiro do pai, da mãe etc. Não me interessa essa experiência, gemidos desesperados, autoflageladores, masoquistas, de um cinema autodestrutivo que nega o outro, a história, leva ao absolutismo, ao fascismo, ao sentimento de morte[143].

É sintomático que um filme financiado pela família seja motivo de vergonha para o populista, mas que seja financiado pelo Estado, não: ele não faz a conexão. Dominado por um poder abstrato e invisível, ele pode imaginar-se adulto e independente, tomando distâncias mentais dos que se infantilizam na dependência de um poder concreto e visível. Nesse orgulho de homem "liberado" pelo financiamento estatal transparece, paradoxalmente, a inveja pequeno-burguesa dos ricos, que podem

---

141 Idem, p. 638.
142 Idem, p. 434-435.
143 G. Dahl, op. cit.

financiar os caprichos dos filhos, enquanto o populista, não contando com privilégios, precisa ir à luta, vender seus ideais e sujar as mãos – escravidão a que todos deveriam sujeitar-se.

Também a figura do intelectual conserva aos olhos do populista uma suposta castidade existencial, que ele desejaria ver conspurcada. Para desmistificar o intelectual, o populista apresenta-o como "dono da verdade", pairando nas nuvens, trancado numa torre de marfim, soprando bolhas de sabão. Na boca de um populista, conceitos como povo, participação, realidade e política formam um composto vital de sujeira, enquanto elite, teoria, abstração e moral constituem um composto doentio de pureza. Dessa perversão resulta o mito mais arraigado entre os populistas: o da masturbação como metáfora da cultura. No *slogan* da masturbação intelectual identificam a potência do pensamento abstrato à potência do falo sem objeto, para que o intelectualismo seja desvalorizado a mesmo título que o onanismo, visto não "frutificar" na prática.

Bruno Barreto declarou à época de *A Estrela Sobe* (1974):

> Um tipo de pessoas que eu acho chatíssimas, os intelectuais leram muito e viveram pouco; negam o prazer e não sabem o que é o desespero. O máximo que eles ousavam era tomar um porrezinho, se masturbando intelectualmente com suas teorias. Nossa geração é aquela menina que estudou, e, de repente, foi transar com todo mundo, foi ser prostituta. A outra ficou se masturbando, transando escondido e achando o sexo um horror. As pessoas ficam querendo teorizar as coisas, quando o problema é bem mais simples, embora exija um trabalho violento: deixar de ser intelectual[144].

Ao modelo infeliz do intelectual masturbador, o populista opõe o modelo cintilante da prostituta, elevada a ideal feminino nos romances de Jorge Amado e em filmes como *Parayba, Mulher Macho*, de Tizuka Yamasaki.

Também Diegues, quando rodava *Xica da Silva*, afirmou: "A inteligência esteve à esquerda no século XIX. Mas hoje

---

144 As espantosas declarações de cineastas brasileiros que aparecem aqui sem referências foram retiradas dos jornais *O Estado de S.Paulo, Jornal da Tarde* e *Folha de S.Paulo* dos anos de 1980. Infelizmente, não arquivei os artigos, entrevistas e reportagens de onde as pincei, mas quem se aventurar a pesquisar nos arquivos desses jornais acabará por encontrá-las.

desconfio que está indo para a direita; por isso confio mais no instinto popular. Acho que quem tem o verdadeiro saber é o povo, que não pode exprimir por razões sociais concretas".

Depois de lançar seu *Revólver de Brinquedo*, Antônio Calmon escreveu que não via o intelectual e o artista carregando a faixa da verdade e da revolução: "Pelo contrário. Já dizia Mao Tsé-Tung que, na Revolução Popular, os últimos a aderir e os primeiros a saltar são sempre os intelectuais e os artistas de esquerda: os intelectuais do Antonio's ficam querendo fazer a revolução antes que algum Ayatollá do Crato venha e fuzile todos".

Esses artistas e intelectuais que suspeitam dos intelectuais e artistas de esquerda pretendem-se artistas e intelectuais de esquerda: vítimas e cúmplices da engrenagem que os esmaga e delicia, querem ser fuzilados. Orientam-se pelo "instinto popular", pela "revolução popular", sem saber para onde se orientam esse "instinto" e esta "revolução": esquecem que o fascismo também é popular e revolucionário. Sabem que o que impede a criação é, por um lado, a indústria, cuja expressão máxima é o mercado que avidamente querem conquistar; e, por outro, o Estado, cuja expressão máxima é a censura, com a qual mantêm relações amistosas. Como "precisam" entrar na Indústria e no Estado, transformam essas forças liberticidas em aliadas. Já que traíram os ideais, querem que eles sejam alienados: por isso grudam na realidade como carrapatos. A volúpia de poder conduz a situações grotescas. Num debate público realizado no Museu da Imagem e do Som, em São Paulo, Roberto Santos interrompeu e agrediu Marcos Rey aos gritos de "A gente quer discutir a presença da realidade brasileira e não ouvir arengas sobre Balzac, Virginia Woolf e gente que não tem nada a ver com a gente".

Curiosamente, o novo cinema alemão atraiu o maior volume de críticas dos diretores do cinema novo. Pela frequência com que foi execrado pode-se perceber que esse cinema desempenhou, no imaginário paranoico dos cinemanovistas, o papel de "inimigo público número um" do cinema brasileiro. Mas não eram razões de mercado que explicavam esse ódio, já que o grande açambarcador era o cinema norte-americano. Eram razões de Estado. O cinema marginal tinha alguns pontos em comum com o novo cinema alemão, que pretendia, na diversidade de suas propostas e estilos, uma transformação da sensibilidade e uma expansão do conhecimento, derrubando preconceitos e experimentando novas formas narrativas.

Depois de afirmar que o inconsciente detém mais verdade que as consciências faladoras e os discursos claros, Jabor demonstrou a afirmação grunhindo à época de *Tudo Bem*:

> O cinema brasileiro é o melhor cinema do mundo, o cinema inglês não tem ninguém, nos Estados Unidos não tem nenhum cineasta bom. Herzog é um canalha, um idiota. O cinema cubano não conheço etc. Tem dez cineastas bons no Brasil, muito bons, por isso o cinema brasileiro é o maior cinema do mundo.

Numa constrangedora exibição de ignorância, Jabor não foi capaz de citar nenhum bom cineasta inglês, americano, cubano etc. Mas subitamente ocorreu-lhe o nome de Herzog. Foi um fulgurante ato falho; seu inconsciente delatou essa fissura secreta. Sua "consciência faladora" apressou-se a reprimir o desejo, inconfessável, de ser um Herzog: "É um canalha, um idiota", imprecou. Tamanha cólera dá o que pensar. Glauber chegou a denunciar o Instituto Goethe como "financiado pela CIA". No Festival de Cannes, quando *A Idade da Terra* foi ignorado pela crítica, assegurou que Werner Schroeter era um artista esquizofrênico e que Fassbinder fazia um cinema neofascista. Mas foi João Batista de Andrade quem atingiu o máximo de confusão ao declarar: "O cinema alemão desembocou por uma dramaturgia que nada tem a ver com a americana, associado a um experimentalismo vazio que não leva em conta a realidade brasileira".

Os populistas podiam ser arbitrários porque contavam com o aparato do Estado. Realistas, queriam ser reis. Como o universalismo parecia-lhes falso e mistificador, eles afirmavam que só o mergulho nas "fontes populares" poderia produzir uma obra de arte autêntica, expressão final da terra, do sangue, da raça. A missão da arte seria refletir a realidade, mas sempre e só a "realidade nacional". Rejeitavam como "colonizadora" a mercadoria estrangeira, esperando que o mundo se curvasse ante a superioridade da mercadoria nacional.

Os populistas analisavam a produção cultural em termos de economia política. Censores por vocação, queriam impedir seu povo querido de conhecer as obras "importadas" que eles condenavam em seu nome. Cabia a eles, autênticos "intérpretes do sentimento popular", fabricar as mensagens adequadas ao povo. O populismo revelou claramente seus propósitos na patética declaração de princípio do instrutor do cineclube baiano Capitães d'Areia, escrita à época de sua criação: "Prá mim, o povo é como um cão. Se você tratar um cachorro com carinho, com respeito pelo seu próprio ser, ele passa a ser um amigo fiel. Assim também é o povo".

No final dos anos de 1980, os populistas do cinema novo davam sinais de fadiga e esgotamento, desanimados com a abertura democrática, que permitia, cada vez mais, uma pluralidade de discursos. A globalização desenfreada entregava o Estado aos neoliberais e o mercado de cinema às megaproduções de Hollywood. Os cinemanovistas viram-se destronados, perdendo seus privilégios com a extinção da Embrafilme e o fim de seu braço regulador, o Concine, durante a administração Fernando Collor de Melo (1991-1992).

Na década seguinte, com os governos de Itamar Franco (1993-1994) e de Fernando Henrique Cardoso (1995-2002), as empresas do Estado continuaram a ser desmontadas e o mercado entregue aos conglomerados. Sem a garantia estatal de suas produções, em torno da qual os cinemanovistas se permitiam pontificar, doutrinar e ameaçar os excluídos, exercendo com paternalismo feroz seu poder simbólico, viram emergir uma nova geração de cineastas sem vínculos ideológicos com o cinema novo, que passou a exercer, no máximo, uma influência histórica, visível em filmes como *Central do Brasil* (1998), de Walter Salles, ou *Eu, Tu, Eles* (2000), de Andrucha Waddington.

Hoje os cinemanovistas não se atrevem mais a ditar as normas estéticas do cinema brasileiro nem a identificar seus desafetos pessoais como inimigos do cinema nacional. Deixando de gozar do poder simbólico que a Embrafilme lhes concedia, afastaram-se também da produção. Desde o fracasso de *Quilombo* (1993), Diegues havia perdido as ilusões de onipotência, ainda que continuasse fiel ao povo, celebrando a música popular brasileira em *Veja Esta Canção* (1996), ou adaptando Jorge Amado em *Tieta do Agreste* (1997). Já Bruno Barreto, assumindo que seu modelo era o cinema americano, casou-se com a atriz Amy Irving, ex-mulher de Steven Spielberg, e empreendeu uma carreira independente em Hollywood. E Jabor converteu-se em cronista da TV Globo, tornando-se uma celebridade da mídia pela verve raivosa, sem deixar de comentar os últimos sucessos do cinema americano.

A evolução do cinema brasileiro como arte industrial foi sabotada pelo cinema novo. Por mais originais que fossem suas obras, os cinemanovistas, ao se arrogarem porta-vozes do povo – ao mesmo tempo assumindo um caráter doutrinário e hermético para mascarar seus propósitos "revolucionários" com a recusa do "sucesso fácil" e o desprezo pelo gosto popular, ao qual correspondiam os musicais da Cinédia, as chanchadas da Atlântida, os melodramas da Vera Cruz e as comédias de Mazzaroppi –, afastaram do cinema nacional o grande público, que passou a encontrar uma diversão pervertida nas pornochanchadas da Boca do Lixo ou nas produções infantis dos Trapalhões e da Xuxa Meneghel.

Progressivamente sem mercado, os cinemanovistas aliaram-se ao Estado autoritário para, com a ajuda da Embrafilme, das leis protecionistas de obrigatoriedade de exibição e do boicote sistemático às produções concorrentes do cinema marginal, *obrigar* o público a ver os seus filmes. Traumatizado, o espectador não doutrinado passou a evitar as salas que exibiam os "obrigatórios" filmes brasileiros. O cinema brasileiro tornou-se sinônimo de ruindade, associado a duas horas maçantes de projeção.

A prevenção do público manteve-se constante até o fim da Embrafilme, momento em que a produção do cinema brasileiro foi bruscamente interrompida. Mas após um ano de total perplexidade, novos mecanismos foram colocados em ação através de "leis de incentivo". O inesperado sucesso da despretensiosa chanchada histórica *Carlota Joaquina* (1994), de Carla Camurati, deu início à chamada "retomada".

Para Jabor, em depoimento ao documentário *Glauber, o Filme – Labirinto do Brasil* (2003), de Tendler, Glauber não poderia suportar nossa "pós-modernidade despida de sonhos reformistas". O que restou da utopia terceiro-mundista? Na verdade, são cada vez mais numerosas as chamadas "viúvas de Glauber", velhos e novos populistas que continuam a idolatrar o cineasta na academia e a cultuá-lo no circuito dos festivais. Nos últimos anos, inúmeras monografias, dissertações e teses foram escritas sobre Glauber, e diversos documentários foram produzidos sobre aspectos diversos de sua vida e obra. Até o cinema marginal foi redescoberto: a obra de Bressane foi restaurada na Itália, com a produção de um catálogo com sua filmografia completa; Sganzerla ganhou, antes de morrer, homenagens e prêmios de reconhecimento. Sem alarde, Helena Ignez voltou a brilhar nas telas, como as estrelas sempre brilham, em qualquer papel que se lhes ofereça.

Os filhos e filhas de Glauber e de Sganzerla tornaram-se cineastas e parecem ter superado, pelos seus laços de família, as antigas rixas entre o cinema novo e o cinema marginal. A crítica acadêmica, antes alinhada com o cinema novo e seus ataques ao cinema marginal, passou a valorizar esse último, "descobrindo" sua criatividade antes tão condenada. Depois de esgotar o filão de Glauber com *Sertão Mar: Atualidade de Glauber*, Xavier debruça-se sobre o *udigrudi* e, sem identificação com esse cinema, remexe com luvas os ossos dos marginais. Filmes antes invisíveis passam diariamente no Canal Brasil, e graças às pesquisas de Eugênio Puppo, todos podem ter acesso à coleção Cinema Marginal, sem temer a censura da ditadura militar e o patrulhamento dos ideólogos do cinema novo.

O fim da Embrafilme revelou-se positivo para o cinema brasileiro: de 1992 a 2002, o número de espectadores dos filmes brasileiros aumentou de 36.093 (0,05% de um total de 75 milhões) para 7.299.988 (8% de um total de quase 91 milhões). A cinematografia nacional produziu obras de qualidade, reconhecidas no Brasil e no exterior, com sucessivas indicações ao Oscar e premiações em festivais internacionais.

Em 2003, o cinema nacional atingiu a marca de 20% de participação nas salas de exibição no Brasil, resultado só alcançado no período áureo da Embrafilme. E das vinte maiores bilheterias, oito foram de produções nacionais. Nesse ano, o mercado de cinema como um todo cresceu no Brasil 11% em relação a 2002. A procura por filmes brasileiros cresceu 180%: dos 8% dos ingressos vendidos em 2002 para 21,5% em 2003. Cerca de 40 mil brasileiros trabalhavam direta e indiretamente no mercado de cinema.

O primeiro governo Lula (2003-2006) levou, no plano econômico, o neoliberalismo aos extremos, com recordes de taxas de juros, arrecadação de impostos e superávits primários. Mas, ao mesmo tempo, no plano político e cultural, tentou reviver o terceiro-mundismo e o populismo, com uma política externa "anti-imperialista" e uma retomada do dirigismo e do controle da produção audiovisual. Logo, em 2003, ao ver *Amarelo Manga*, de Cláudio Assis, em sessão especial, Lula, dando mostras de desgosto com o filme, declarou que o cinema brasileiro precisava ser mais "competitivo". Contudo, segundo dados do IBGE, apenas 8% das cidades brasileiras dispunham de uma sala de cinema[145], e o orçamento do Ministério da Cultura correspondia naquele ano a 0,2% do total da União. A burocracia da administração Lula ocupou-se mais em *controlar* o conteúdo do audiovisual.

Assim nasceu o Projeto de Classificação de Cinema e Vídeo/DVD do Ministério da Justiça. Esse mercado audiovisual era frequentado pela população de melhor renda, com educação média e superior, ao contrário da TV aberta que atinge a massa da população. Sendo os jovens da elite, contudo, informados pelas TVs a cabo e pela Internet, a medida acabava atingindo apenas uma minoria de adolescentes cinéfilos, maduros o suficiente para distinguir entre realidade e imaginação. Obrigar os produtores culturais à rotina burocrática de envio de cada um de seus produtos com cópia de documento de registro e quitação da obra audiovisual no órgão regulador da atividade ao Ministério da Justiça, à espera da análise e classificação dos produtos e de sua publicação no Diário Oficial da União, já era, pois, uma forma sutil de controle.

Segundo o decreto assinado pelo ministro Márcio Thomaz Bastos, cabe ao Departamento de Justiça, Classificação, Títulos e Qualificação, da Secretaria Nacional de Justiça, receber o material audiovisual, classificá-lo e monitorar a exibição para constatar o fiel cumprimento da classificação atribuída a cada produto a ser exibido. Não cabe aos críticos de cinema aplicar leis, julgar crimes, punir infratores. Não deveria caber ao Ministério da Justiça analisar filmes em vídeo e DVD. Além dessa nova censura, outra forma de controle são os editais de "apoio à produção audiovisual" do Ministério da Cultura que

---

145 J. Medeiros, Indefinição Sobre Ancinav Trava as Ambições do MinC. *O Estado de S. Paulo*, 21 dez. 2003.

abordam "prioritariamente os valores culturais brasileiros" ou "a diversidade da cultura brasileira" ou têm "como base de referência histórias do folclore brasileiro".

Em 2003, editais das estatais Furnas e Eletrobrás privilegiaram as "manifestações da cultura popular", valorizando propostas em sintonia com as políticas de governo; edital de roteiros da Secretaria para o Desenvolvimento das Artes Audiovisuais do Ministério da Cultura, chefiada por Orlando Senna, exigia "relevância e qualidade da abordagem acerca do valor cultural brasileiro"; edital de curtas-metragens da Secretaria para o Desenvolvimento das Artes Audiovisuais do Ministério da Cultura estipulava como enfoque obrigatório "aspectos culturais da região brasileira do projeto".

Também o Conselho Superior do Cinema, criado em 2001 tinha o objetivo de "estimular o conteúdo brasileiro nos diversos segmentos de mercado da área". Em 2004, ele foi instalado sob a presidência do então ministro chefe da Casa Civil, José Dirceu, com a meta de transformar a Agência Nacional do Cinema (Ancine) em Agência Nacional do Cinema e do Audiovisual (Ancinav), vinculada ao Ministério da Cultura, para regular as ações de todos os setores do audiovisual, desde as pequenas ações do mercado de vídeo até as grandes produções de TV e cinema: "A conjugação de esforços entre a comunidade cinematográfica e o governo pode propiciar o resgate sustentável da indústria cinematográfica", afirmou então José Dirceu. A extensão do controle pretendido foi denunciada pelo cineasta Ipojuca Pontes, um dos responsáveis pela extinção da Embrafilme quando secretário nacional da Cultura da administração Collor:

> A Ancinav controlará cinemas, TVs, rádios e demais empresas de modalidade audiovisual em qualquer formato que venha ser instituído no espaço nacional, consolidando o Estado totalitário na condução da vida do país [...]. A classe cinematográfica teme o desenho autoritário do projeto, que se diz "aberto à discussão" das corporações interessadas. Entre as inúmeras atribuições da Agência, [está a de exercer] direitos sobre "a responsabilidade editorial e as atividades de seleção e de direção de programas" (veiculados em televisões e cinemas) [e] o privilégio (inconstitucional) de requerer toda e qualquer "informação técnica, operacional, econômico-financeira e contábil" e chafurdar a contabilidade das empresas

atuantes no mercado. Para tanto, a Agência disporá de um conselho diretor composto por cinco elementos, todos voltados para a defesa do "conteúdo audiovisual" [...] a Ancinav criará mais um ônus para o escorchado cidadão brasileiro, que pagará a conta dos milhões de dólares necessários à manutenção da burocracia e dos anseios expansionistas da corporação cinematográfica [...]. O filme americano é o bode expiatório predileto e resulta numa nova taxação autoritária[146].

No balanço do primeiro ano da gestão do ministro Gilberto Gil, o secretário para o Desenvolvimento das Artes Audiovisuais, Orlando Senna, não conseguiu atingir a meta. Parte da classe cinematográfica, amadurecida pelos efeitos positivos do neoliberalismo em seu meio, reagiu às tentativas de centralização da Ancinav. O governo Lula teve, contudo, outras ideias, bastante esdrúxulas, para a área, como a de tentar convencer os produtores da indústria cinematográfica da Índia, a segunda maior do mundo depois da norte-americana, a ambientar seus filmes no Brasil para incrementar o turismo: "Os indianos vivem buscando novos cenários para seus filmes. Recentemente soubemos que eles filmaram na Suíça e isso acabou aumentando o fluxo de turistas para lá", disse o superintendente de assuntos estratégicos da Ancine, Tom Job Azulay, que negociou com produtores em Nova Déli durante a visita do presidente Lula ao país. Segundo Azulay, os indianos veneram a água e consequentemente adoram rios, como o Ganges, que faz parte da vida cotidiana e do imaginário do país. Muitos deles sabem da existência da Amazônia e gostariam de conhecê-la. Por isso, rodar um filme na floresta poderia dar um pontapé inicial para levar mais turistas àquela região do Brasil.

Depois de promover a boa imagem da Amazônia, o segundo passo para atrair os indianos seria criar canais de distribuição, promovendo o intercâmbio de agentes de turismo de ambos os lados, que poderiam criar pacotes para vender em seus mercados: "É preciso falar com as empresas aéreas para começar a transportar operadores de viagem. Depois disso, temos que pensar em estabelecer um voo entre os dois países", declarou o

---

146 I. Pontes, Ancinav: Dupla Coerção, *Blog Ipojuca Pontes*. Disponível em: <http://www.wscom.com.br/blog/ipojuca/post/post/Ancinav%3A+dupla+c oer5C3%A7%C3%A30-4473>. Acesso em: 29 ago. 2011.

diretor de relações internacionais do Ministério do Turismo, Pedro Wendler. Como medida de reciprocidade, o Brasil passaria a distribuir filmes indianos e incentivaria o turismo para a Índia. Os filmes de Bollywood, que têm seu epicentro em Mumbai, são caracterizados por roteiros e produção simples, e conteúdo nacionalista. Wendler explicou que o Brasil tem grandes chances de atrair a atenção dos indianos endinheirados que já estariam cansados de passar as férias na Europa e nos EUA. Para atendê-los adequadamente, à moda indiana, o governo iniciou negociações com a cadeia de hotéis de luxo Taj Mahal para tentar convencê-los a construir um hotel na selva amazônica[147].

Por enquanto, o populismo permanece restrito aos oito canais a cabo do governo, que difundem a programação mais rançosa da história da TV brasileira. No cinema, as leis de proteção de direitos autorais tornaram-se mais importantes que as leis protecionistas, ainda que o próprio presidente tenha sido flagrado assistindo a uma cópia pirata de *Dois Filhos de Francisco – A História de Zezé di Camargo & Luciano* (2005), de Breno Silveira, em seu avião Força Aérea Um, a caminho de Moscou, caso escandaloso noticiado até na imprensa internacional[148]. Não há, contudo, garantias contra o retorno do populismo cultural num país que, apesar de globalizado até a medula, mantém boa parte de sua população na dependência de programas assistencialistas, garantindo a segunda administração Lula (2007-2010) e sua continuação com o atual governo Dilma Rousseff.

Com o PT eternizando-se no poder no Brasil, e com as ligações desse partido com a crítica de esquerda em todo o mundo, renovou-se o interesse nacional e internacional pela obra de Glauber, com diversos novos documentários, incluindo aqueles realizados por seus filhos e ex-mulheres: *Rocha Que Voa* (2002), de Eryk Rocha, que aborda o exílio cubano de Glauber; *Glauber, o Filme – Labirinto do Brasil*, de Tendler, que resume quarenta entrevistas sobre Glauber, ou cem horas de gravações, e inclui sequências filmadas durante o funeral do cineasta;

---

147 A. Garcia, Governo Quer Ver Paisagens do Brasil nos Cinemas da Índia.
148 Brazil Leader Watched Pirate DVD, *BBC News*, 10 nov. 2005. Disponível em: <http://news.bbc.co.uk/1/hi/world/americas/4424634.stm>. Acesso em: 24 abr. 2011.

Retrato da Terra (2004), de Pizzini e Paloma Rocha, narrado em primeira pessoa através de raras imagens de arquivo, recriando a trajetória de Glauber; *Anabazys* (2007), dos mesmos autores, mostrando os bastidores das filmagens de *A Idade da Terra*, incluindo clipes não editados do material bruto redescoberto de sessenta horas de filmagens; *Diário de Sintra* (2008), de Paula Gaitán, buscando um diálogo amoroso e poético com Glauber, regressando a Sintra 25 anos depois, entremeando entrevistas com fotografias e *home movies*, sem preocupação informativa, apenas por uma "necessidade da alma".

A Berlinale organizou uma apresentação especial de *O Dragão da Maldade Contra o Santo Guerreiro*, em cópia restaurada. O jornalista americano Jon Hopewell destacou, na *Variety*, o "sucesso comercial" da coleção remasterizada dos filmes de Glauber[149]. A família Rocha elegeu a empresa mexicana Latinofusion, dirigida por Alfredo Calvino, para representar internacionalmente o acervo fílmico de Glauber. Todo esse interesse renovado não é exatamente histórico, de análise crítica do cinema terceiro-mundista. O cineasta é redescoberto como modelo "revolucionário" a ser novamente seguido, numa revigoração do cadáver do caudilhismo latino-americano, que adquire, com a globalização tecnológica, uma corada aparência de modernidade e cosmopolitismo.

Glauber confiava no poder mágico do cinema em transformar materialmente o mundo. Seus filmes estão imbuídos de uma autêntica mística revolucionária. Mas o cineasta nunca conseguiu superar sua mentalidade primitiva: vislumbrava a câmera Arriflex 35mm como um totem, fetichizava o povo e, desde *A Cruz na Praça*, mostrava-se assombrado pela homossexualidade. "O cinema", declarou certa vez, "é uterino, não é anal. Por isso não há quase homossexuais no cinema brasileiro. O homossexualismo é uma prática machista, detesta a mulher, nega a procriação".

Curiosa concepção. Quereria Glauber dizer com isso que o cinema seria um domínio exclusivo das mulheres, sendo

---

149 Midas Hits Gold with Pics, *Variety*, 17 fev. 2010. Disponível em: <http://www.variety.com/article/VR1118015364.html?categoryid=1061&cs=1>. Acesso em: 23 abr. 2011.

preciso possuir um útero para se realizar um bom filme? Não, Glauber nunca pregou o feminismo. Ele tentava exprimir, com uma de suas típicas frases de efeito mal construídas, a ideia tosca de que o cinema é um domínio de machos, ou seja, de "amantes de útero", e não de "amantes de ânus"; uma arte de heterossexuais e não de homossexuais; e apenas de heterossexuais praticantes do sexo papai e mamãe, excluindo os adeptos das variantes. Glauber manteve relacionamentos mais ou menos estáveis com pelo menos seis mulheres, dos quais resultaram cinco filhos[150]. Via-se, pois, como um macho normal, ativo, satisfeito, imaginando o cinema como um domínio de machos normais, ativos e satisfeitos como ele.

Contudo, basta pensar um pouco e logo ocorrem à mente nomes de diversos cineastas homossexuais: Friedrich Murnau, Eisenstein, Alberto Cavalcanti, Jean Cocteau, George Cukor, Mitchell Leiser, Norman McLaren, Pasolini, Luchino Visconti, Derek Jarman, Fassbinder, Pedro Almodóvar etc. O mesmo pensamento deve ter ocorrido a Glauber assim que formulou sua "teoria" do cinema uterino. Para evitar gritantes contradições, impôs à sua nova teoria uma redução instantânea: "Por isso não há *quase* homossexuais no cinema *brasileiro*". De um golpe, ele restringiu o universo do cinema àquele feito no Brasil, onde é mais fácil manipular os fatos, dado que os cineastas nacionais não participaram ativamente da construção da linguagem da câmera, merecendo apenas um lugar marginal na história do cinema, e onde também poucos ousavam assumir a homossexualidade.

Mas não contente com essas distorções epistemológicas, Glauber foi além da concepção do cinema como domínio de machos e avançou na condenação *tout court* da homossexualidade. Manteve o cuidado de embalar sua homofobia num discurso aparentemente libertário: era por ser contra o machismo que ele condenava a homossexualidade, pressupondo a mulher como único objeto possível do desejo, com a valorização positiva da necessidade da procriação.

[150] Com Helena Ignez, teve Paloma Rocha (1960); com Martha Jardim Gomes, Daniel Jardim Gomes Rocha (1971); com Maria Tereza Sopeña e Juliet Berto, não teve filhos; com Maria Aparecida Braga, teve Pedro Paulo Lima (1977); e com Paula Gaitán, Eryk Rocha (1978) e Ava Patria Yndia Yracema Gaitán Rocha (1979).

Em outra ocasião, Glauber confiou a um jornalista que a Grécia decaiu "por causa do homossexualismo", ignorando as evidências da história, analisadas por Henri Marrou, em *História da Educação na Antiguidade*, ou por Michel Foucault, em *História da Sexualidade*. Disfarçando sua homofobia com um discurso político de extração marxista, depois de rotular Oiticica de "explorador sexual de favelados"[151], Glauber chamou Pasolini de "explorador do cu do subproletário". Considerando a homossexualidade uma herança do fascismo, postulou, então, confusamente, que a subversão seria "inverter verdadeiramente essa perversão por um fluxo amoroso que não exclui a homossexualidade"[152]. Glauber chegou a confessar desejos – ou práticas – homossexuais:

agora vivo com as famosas gêmeas do Paul Getty III, viu as fotos? Yuta e Martine, vou fazer um filme com elas, logo, pra curtir o amor, a mulher, o sexo e botar pra quebrar. abaixo os machos da burguesia, abaixo o machismo paternalista etc. etc. a bichice de direita fudeu também a tribo. agora, já que os cus estão livres, vamos curtir um pouco os oficiais bandeirantes da Tranzamazônica etc. PS – Prefiro um belo soldado paranaense a um playboy do litoral[153].

Não era a homossexualidade que incomodava Glauber, mas os homossexuais, sobretudo os que praticavam sua sexualidade com exclusividade, e se viam na contingência de recorrer à prostituição para satisfazer seus desejos numa sociedade que cercava a heterossexualidade de todos os privilégios e aparatos do poder. Rejeitando, no plano simbólico, a condição na qual o sexo separa-se da função procriadora para dedicar-se apenas ao prazer, Glauber exorcizava, igualmente, a possibilidade de não se usar a câmera como um instrumento ideológico (a "penetração procriativa"), mas como instrumento de expressão subjetiva ou de puro entretenimento (a "perversão não procriativa"). E foi justamente sobre esse ponto – a destinação da câmera –, que se centraram as grandes polêmicas entre o cinema novo e o cinema marginal.

---

151 cf. Carta a Cacá Diegues, em I. Bentes, op. cit., p. 435.
152 Cf. L. Nazario, *Todos os Corpos de Pasolini*, p. 199-200.
153 Carta a João Carlos Rodrigues, em I. Bentes (org.), op. cit., p. 463.

Criticando o "machismo e a bichice de direita", Glauber acreditava-se livre do machismo e da bichice por ser de esquerda, o que o colocaria acima das etiquetas que ele gostava de colar nos outros, chegando a explicar, assim, em carta a Alfredo Guevara, sua separação de Teresa: "É uma mulher aterrorizada pelo machismo como a maioria das mulheres cubanas. Como é uma mulher forte preferiu viver sua experiência de cubana a viver a minha de brasileiro"[154]. Ou seja: ele justificava à figura paterna, que o dirigente comunista representava a seus olhos, o machismo como característica de nacionalidade, como algo incorporado ao "ser" brasileiro e, portanto, natural e legítimo. Provavelmente, aludia ao desejo, não explicitado ao "papai" Guevara, de sodomizar a cubana Tereza – que talvez recusasse a penetração anal –, já que concluía, confusamente:

enquanto existir relações sexuais proibidas existirá a competição pela tomada de poder, que é a única maneira de se permitir a realização dos desejos [...]. A neurose só é superada pela revolução sexual libertatória: esta só pode ser produzida pela sociedade sem estado e sem classes [...] Enquanto a mulher for olhada como objeto sexual o homem continuará lutando pelo poder para fazer triunfar a ditadura do caralho[155].

Anos depois, já doente e com sua paranoia agravada, Glauber fez publicar, na revista *Careta*, um ensaio sobre Pasolini em que sua homofobia ficou bastante exposta. Para Joel Pizzini, contudo, as trajetórias de Glauber e Pasolini guardariam *muitos pontos em comum*, e ele chegou a organizar uma mostra de filmes, com seminários e debates, dos quais participei, para examinar a atualidade do cinema de Glauber e Pasolini, e "chamar a atenção sobre afinidades e tensões que marcaram o diálogo entre ambos"[156]. Pizzini enumera mais afinidades que tensões: Glauber e Pasolini foram cineastas teóricos, poetas e pintores que souberam provocar as sociedades em que viveram[157]; os importantes trabalhos de ambos permanecem pouco conhecidos das novas gerações; as obras dos dois autores possuem um universo mítico; ambos eram visionários que romperam tabus, inovaram a linguagem

---

154 Idem, p. 464.
155 Idem.
156 Cf. L. Nazario, op. cit., p. 203.
157 Idem, p. 205.

e transgrediram na política, assumindo posições que subverteram os padrões comportamentais de seu tempo; morreram no apogeu de sua arte: Glauber aos 42, e Pasolini aos 53, ambos vítimas de assassinato cultural. Além disso, sempre de acordo com Pizzini, "Glauber manteve convivência criativa com Pasolini, celebrou seu cinema, contestou suas ideias, homenageou-o dando a um filho seu o nome de Pedro Paulo"[158], e recordou sua morte numa sequência-chave de *A Idade da Terra*.

Na verdade, muitos desses "pontos em comum" poderiam ser aplicados a diversos cineastas modernos. E apenas Glauber tentou *em vão* dialogar com Pasolini. O cineasta italiano limitou-se a incluir *O Dragão da Maldade Contra o Santo Guerreiro* como um exemplo criticável de cinema de poesia em seu ensaio sobre o segundo canal de produção e exibição, aberto pelo neocapitalismo, que ele chamou de cinema de poesia. Embora os filmes de Pasolini sejam intrinsecamente poéticos, eles se distinguiam – e muito – dos filmes de Glauber. Ao contrário das produções do cinema de poesia, as de Pasolini manifestavam uma homossexualidade antiburguesa, anticatólica, anticomunista e anticapitalista. Há mais elementos em comum em Godard, Antonioni, Forman e Glauber (os autores citados como exemplos de cinema de poesia por Pasolini) do que entre Glauber e Pasolini, a despeito das coincidências formais que se encontram aqui e ali.

Também Raquel Gerber tentou aproximar as cinematografias de Glauber e Pasolini, "dois cineastas-poetas, contemporâneos entre si e de linguagens e estéticas semelhantes e influentes cada qual no cinema do outro", encontrando pontos convergentes em *Deus e o Diabo na Terra do Sol* e *O Evangelho Segundo São Mateus*, capazes de "construir uma sólida argumentação em torno da aproximação dos cinemas de ambos". Pasolini e Glauber seriam "investigadores da imagem, profetas da linguagem e sensíveis às mudanças econômico-sociais contemporâneas às suas produções". Ao transpor para as telas do seu cinema "a expressão da exploração burguesa", Pasolini se aproximaria do cinema terceiro-mundista[159]. Admitindo que Glauber atacava Pasolini ao

---

158 Idem, p. 203.
159 Glauber Rocha e Pasolini: Quando o Primeiro e o Terceiro Mundo se Confundem no Cinema, *Rua*. Disponível em: <http://www.ufscar.br/rua/site/?p=1101>. Acesso em: 24 abr. 2011.

ver na sua "preferência pelo subdesenvolvido o prazer fascista do homem civilizado pelo homem primitivo"[160], Gerber afirma, porém, que "a comunhão entre Glauber e Pasolini é muito maior que as ressalvas de uma aproximação hermética e confundível às vezes", pois ambos utilizariam de metáforas para "lutar contra a opressão, a alienação, a exploração e [...] o decadentismo de ideologias estáticas, imutáveis"[161].

Assim, a despeito do horror de Glauber pela sexualidade de Pasolini, que dominava toda a obra deste artista, ele se identificava, tal como o Vaticano, com o Pasolini de *O Evangelho Segundo São Mateus*: "Seu Cristo é [...] um estigma contra a alienação: alienação é a piedade, a complacência, a hipocrisia, o tabu sexual, o servilismo, todos comportamentos que caracterizam o *homem subdesenvolvido, ou melhor, o homem colonizado*"[162]. Como tinha filmado *Deus e o Diabo na Terra do Sol* quase ao mesmo tempo, Glauber afirmou que, para ele, "o filme de Pasolini [...] revelava comuns identidades tribais, bárbaras"[163]. No entanto, Glauber via o "barbarismo" de Pasolini anulado por supostas limitações que ele, muito mais avançado, já teria superado: "A selvageria, a barbárie, a anarquia pasoliniana eram dominadas pela disciplina marxista, pelo misticismo católico, tornando-se então uma barbárie maquilada"[164].

Apesar da distância tomada por Glauber, Gerber insiste na associação, interpretando o filme de Pasolini como uma denúncia das "mazelas da sociedade" por um "Cristo – Che Guevara" que seria, ao mesmo tempo, e contraditoriamente, "a voz do próprio intelectual Pier Paolo". Aqui, é preciso escolher: o Cristo de Pasolini é um intelectual ou um guerrilheiro? Gerber não quer ver diferenças. Enumera confusamente "semelhanças" entre os filmes de Glauber e Pasolini:

> A situação dos personagens em ambientes inóspitos, amplos, em ruínas (em *O Evangelho*), a fotografia estourada, em preto e branco, uma câmera ora tátil, ora icônica e contemplativa, frontal, a montagem intelectual de Eisenstein, a importância e o sobrecarrego

---

160 G. Rocha, *O Século do Cinema*, p. 286.
161 Glauber Rocha e Pasolini, op. cit.
162 *O Século do Cinema*, p. 188.
163 Idem, p. 256.
164 Idem, p. 283.

dos diálogos (tanto na pregação de Cristo quanto no monólogo de Corisco sobre Virgulino), o uso de não-atores como representação do povo, a fratura do tempo dado pela montagem em Manuel-beato e Jesus-pregador, seguido de planos mais longos na fase Manuel-cangaceiro e Jesus-prisioneiro, personagens de duas cabeças: um Corisco matando, outro pensando, um Cristo punitivo e outro Cristo piedoso, a dicotomia: erudito e popular como trilha sonora, Villa Lobos e a voz do cantador, a tradição do cordel, em *Deus e o Diabo*, e bachianas e canto africano em *O Evangelho*, o relato político inspirado no cordel, em um, no evangelho, no outro filme, a subjetiva indireta livre, o cinema de poesia servindo de caracterização dos diretores como autores cinematográficos[165].

Não deixa de ser curiosa a atual necessidade dos cultores de Glauber de aproximá-lo de um cineasta que ele admirava e detestava. Já Diogo Mainardi avaliou de forma diversa os cinemas de Pasolini e Glauber: demonstrando coerência ideológica, a obra de Pasolini teria sobrevivido ao tempo, resistindo à sua revisão, enquanto a de Glauber, ideologicamente incoerente, só interessaria aos historiadores do cinema brasileiro:

> Certos movimentos artísticos envelheceram mal. O cinema novo foi um deles. Talvez fizesse algum sentido em sua época. Depois morreu. Entrou para a história. Não para a história do cinema, como Eisenstein ou Griffith, que todo mundo, por mais ignorante que seja, é obrigado a ver, mas para a bem mais modesta história do cinema nacional [...] fazem parte da nossa cultura, só que não dá para revê-los [...]. Tiveram importância por um curto espaço de tempo, depois desapareceram [...]. Pensei que a mesma coisa pudesse ter acontecido com o italiano Pier Paolo Pasolini [...]. Pasolini não é um Buñuel, um Bergman, um Fellini, que a gente vê quarenta vezes seguidas sem enjoar. Pasolini enjoa [...]. Passado o enjoo, porém, o que sobrou foi um tremendo espanto por sua coragem [...]. É impressionante o número de cortes, censuras e processos que seus filmes sofreram, acusados de pornografia, difamação e vilipêndio à religião. O cinema novo teve uma história menos límpida. Alguns de seus protagonistas foram obrigados a se exilar por causa da ditadura, e seus filmes continuaram a propagar a retórica esquerdista e guerrilheira, mas o que se viu, no final das contas, foi uma acomodação geral. De um lado, os colaboracionistas do cinema

---

165 Glauber Rocha e Pasolini, op. cit.

novo assumiram o comando da Embrafilme. De outro, assistimos constrangidos aos contorcionismos dialéticos de Glauber Rocha para adular os militares. No Brasil, tudo é compromisso. Anticonformismo, entre nós, nunca existiu, nem quando era fundamental. Por isso, não dá para jogar Pasolini pela janela: ele fica recordando quão ambíguo é o nosso caráter[166].

A visão geral de Mainardi parece-me mais correta, em sua simplicidade, que os malabarismos teóricos comparativos da crítica acadêmica. Embora já exista até uma dissertação de mestrado sobre as coincidências estilísticas e temáticas na obra dos dois cineastas, elas não tinham o mesmo sentido, pois os dois nunca se identificaram. Eu poderia até acrescentar outros pontos em comum, como a coincidência de Pasolini ter tido um irmão que morreu criança e outro que foi assassinado muito jovem durante a Resistência, e Glauber ter tido duas irmãs mortas precocemente[167]. Mas entre o suposto linchamento cultural de que Glauber teria sido vítima, e o real linchamento cultural e físico de Pasolini – vítima de 33 processos, tendo quase todos os seus filmes proibidos, sendo finalmente assassinado –, há um abismo intransponível.

Glauber tentou transpor esse abismo pela imaginação paranoica, identificando-se com as vítimas oprimidas da sociedade burguesa. Contudo, sua autovitimização imaginária não excluía compromissos políticos com ditadores de esquerda e de direita em busca de financiamentos e proteção. Essa imaginação paranoica conduziu Glauber a uma identificação alucinada com uma visão homofóbica e protofascista do mundo. É por essa visão que ele admirava *Salò*, ao mesmo tempo que acusava Pasolini de ser fascista, projetando no cineasta italiano suas próprias fantasias. Glauber via em Pasolini o mal encarnado: numa folha encontrada nos esboços de *America Nuestra*, ele

---

166 Pasolini e o Cinema Novo, *Veja*, n. 35, p. 167.
167 Ana Marcelina Rocha, morta em 1952; e a atriz Anecy Rocha, vítima de circunstâncias trágicas quando, ao travar o elevador com sua bolsa para voltar ao apartamento em busca de algo esquecido, ao abrir em seguida a porta travada e entrando rapidamente, não percebeu que o chão não estava mais ali, caindo no abismo do poço. O acidente afetou seriamente a mente já confusa de Glauber que acusou o cunhado Walter Lima de uma conspiração, cujo fim era seu próprio assassinato. Ver S. Pierre, *Glauber Rocha*, p. 71-72.

desenhou Pasolini como um demônio, a língua bifurcada como seta, e a legenda: "Pasolini, Asolini, Pasolini".*

Essa obsessão só pode ser explicada por um recalque profundo. Glauber parecia *invejar* Pasolini por ser este capaz de uma desterritorialização sem reterritorialização. Mantendo-se no campo da esquerda, Pasolini rompera as correntes e, sem compromissos com qualquer poder, criticava as mazelas da direita e da esquerda; acima de tudo, Pasolini assumia sem culpa uma homossexualidade exclusiva. Seu cinema era apenas aparentemente tosco como o de Glauber, mas muito mais sofisticado: subversivo e hermético sem deixar de ser divertido e popular. Enquanto Glauber vivia atormentado por problemas financeiros, produzindo "venenos de bilheteria" sem se importar em conhecer o seu público, Pasolini realizava filmes tão ou mais pessoais e difíceis, e ganhava muito dinheiro, a ponto de poder adquirir uma torre medieval – a Torre de Chia, onde se isolava do mundo para escrever, pintar e meditar.

Enquanto os filmes "uterinos" de Glauber só atraíam frequentadores de festivais de cinema, ou seja, outros cineastas e críticos, os filmes "anais" de Pasolini eram exibidos em todo o mundo, alguns deles tornando-se sucessos de bilheteria, como a *Trilogia da Vida*, com formato de grande produção e locações luxuosas em diversos países. E que Pasolini, depois de assassinado, tivesse imediatamente se transformado no maior mito do cinema contemporâneo, isso Glauber não podia suportar, sobretudo depois do fracasso de *A Idade da Terra*.

Edipiano autoconsciente e radical, Glauber não hesitava em afirmar: "povo precisa de chefe". Movendo-se em uma dialética desgastante de desterritorialização-reterritorialização, o cineasta tentou recriar a língua brasileira antes de dominá-la: suas invenções linguísticas provavelmente ligavam-se ao esquecimento do português em sua vida errante. Da mesma forma, sua gesticulação histérica, com máscaras e objetos sobre o rosto no programa *Abertura*, mais que a invenção de uma nova linguagem televisiva, seria uma forma de atenuar, nos *closes*, a visão desagradável de sua má dentição.

* A imagem da página manuscrita pode ser vista no site *Tempo Glauber*, em: <http://www.tempoglauber.com.br/ma_anotacoes.html>.

Quanto mais isolado, contudo, mais poderoso Glauber parecia sentir-se, afirmando, por exemplo: "sou o profeta da anistia"; "O Cinema Novo não morreu, o Cinema Novo sou eu!"[168]; "a Embrafilme foi construída sobre o mito Glauber Rocha"[169]. A propaganda funcionou. A obra de Glauber, "esse vulcão", não é enorme, se a compararmos, por exemplo, com a do verdadeiro vulcão Fassbinder, que legou ao mundo 44 filmes, 47 roteiros e dezenas de peças ao morrer aos 36 anos de idade. Vivendo 42 anos, Glauber deixou quinze filmes, um número indefinido de roteiros e peças, dois livros de ensaio e dois romances (*Riverão Sussuarana* e o inédito *Adamastor*). O maior trunfo de Glauber – que tinha o hábito de receber visitas pelado – era sua oralidade carismática.

Os homens dotados de oralidade carismática sempre se tornam líderes, dispensando a coerência intelectual e o esforço da razão, aproximando-se, devido à submissão alheia, das posições de poder. A eles, tudo é permitido. É o caso de Lula, por exemplo. O risco que eles correm, e ao qual geralmente sucumbem, é o da progressiva perda de contato com a realidade. Glauber também se aproximava dos poderosos para sentir-se seguro propagando o ideal da revolução. Podia ameaçar seus críticos com a "espada da Justiça", imprecar contra os "Kyneasnuz" e fazer medo aos que não pensavam como ele, pois era amigo do governador Sarney, do ditador Fidel Castro, dos generais Geisel, Figueiredo e Golbery.

O cinema de Glauber era destituído de erotismo, e nisto ele difere completamente do de Pasolini, com a exceção relativa de *Salò*, sintomaticamente o filme de Pasolini que Glauber preferia acima de todos. Bentes notou que o cinema de Glauber era muito pessoal, mas frio. Os cenários naturais escolhidos para a locação de seus filmes eram tristes e feios: paisagens de areias pedregosas e terras secas, cobertas por vegetação rala e rochas calcinadas, onde um céu branco prolongava-se ao infinito. Mesmo o espaço urbano de *Terra em Transe* parecia abandonado, todos ali transitando à maneira de turistas numa cidade fantasma.

Como Antônio das Mortes, que pretendia "limpar o mundo das ilusões da sensualidade e da liberdade sem freios", Glauber errava entre a Europa e o Terceiro Mundo, sonhando limpar as

---

168 Apud J.C.T. Gomes, *Glauber Rocha, Esse Vulcão*, p. 315, 149
169 Apud I. Bentes, Introdução, em I. Bentes (org.), op. cit., p. 71.

telas do cinema de entretenimento: considerava tanto *Emmanuelle* (1974), quanto *Ultimo tango a Parigi*, "filmes pornográficos", sem distinguir entre Just Jaeckin e Bernardo Bertolucci; pregava que a Embrafilme deveria financiar apenas "filmes educativos" e jamais "filmes que dessem lucro aos produtores"[170]. Em algum lugar, Xavier comparou Glauber a São Jorge e a D. Quixote: "Glauber vagava pelo mundo atrás de quem lhe desse armas para se contrapor ao *dragão hollywoodiano*". Nessa nobre imagem do santo cineasta guerreiro contra o dragão do imperialismo malvado, o termo "armas" deve ser traduzido por outro mais cru e verdadeiro: "dinheiro". O que era a guerra santa de Glauber, cineasta sem mercado, senão a busca por financiamento para filmes não lucrativos?

Com sua "Eztetyka da Fome" a provocar sentimentos de culpa nos "colonizados" latinos e nos "colonizadores" europeus, Glauber conquistou os acadêmicos locais e a crítica europeia, sob a poderosa influência dos Partidos Comunistas. Essa influência chegou até Martin Scorsese, que financiou a restauração de alguns de seus filmes. Contudo, a despeito de seu inegável talento, Glauber não obteve um único sucesso de bilheteria. Sua produção estrambótica permaneceu sem interesse para o grande público. Glauber viveu o paradoxo de todo artista populista: se ele se afastasse da causa para agradar o povo – em nome do qual discursava – contribuiria para afundá-lo na sua "alienação". Seus filmes não poderiam ter retorno comercial. Era preciso fracassar sempre, e cada vez mais. Rejeitando a narrativa "burguesa", restava a Glauber "desmistificar o êxtase estético pela análise racional".

A principal referência cinematográfica de Glauber era Eisenstein: embora vivesse num momento histórico sem comparação com o que esse cineasta vivera na Rússia leninista e stalinista, o cineasta baiano sonhava, anacronicamente, com um cinema de salvação nacional definido como "épico e didático", na vanguarda de uma revolução inexistente. Ao contrário de Eisenstein, Glauber não produzia sob a ditadura de uma revolução proletária, e sim sob a ditadura militar que impedira as "reformas de base", programa de fundo socialista que a administração João Goulart pretendia implantar e que havia dado o tom do cinema novo em seus começos.

---

170   Cf. C. Valentinetti, *Glauber: Um Olhar Europeu*, p. 10.

Dilacerado por conflitos pessoais insolúveis, Glauber assumiu um tom profético e, de modo coerente, elegeu a figura de Prometeu como símbolo de sua visão de mundo, numa retórica de acento trágico. Em 1972, de Paris, escreveu a Diegues: "a solidão é terrível e sinto todas as feridas do país estourando no meu corpo e alma"; comparando-se a Prometeu, "parece até que roubei o fogo"[171]. Logo seu irracionalismo "libertário" serviria à racionalidade do novo regime, de marcada tendência tecnocrática. Contudo, apesar de perseguir o fracasso, ou por isso mesmo, Glauber permaneceu um idealista sem rival no movimento que liderou. Por fim, morreu em crise: sem o apoio do poder, sua ideologia, sua estética, sua linguagem decompunham-se ao contato com a realidade, que ele não conseguia assimilar – se é que algum dia o conseguiu, já que seus textos sempre carregaram mais sintomas que ideias.

O início parecia promissor, com filmes experimentais informados pelas vanguardas, mais inspirados pela fantasia que pelo marxismo. Seu amor ao cinema era sincero: "Cinema para mim é algo sagrado. Eu sei que nem todo mundo pensa assim, mas, para mim, cinema é realmente algo sagrado"[172]. Logo, porém, a culpa infiltrou a paixão, seus filmes tornaram-se manifestos e, ao *Pasquim*, afirmou: "Eu não sou cineasta. Nunca fui. Sou político. Uso o cinema como meio de expressão. Logo, politicamente. Justamente. Exatamente"[173].

Seus manifestos não conquistaram o público nem mudaram o mundo. Mas o artista conseguiu dinheiro para produzi-los; contatos que lhe permitiram circular pelo mundo com desenvoltura; prêmios; fama; muitas e belas mulheres; respeito da crítica especializada; um nome indelével na história do cinema. Não é isto o que o poder confere? A fome continua. Fome de pão e de absoluto: por que uma excluiria a outra? Cada vez mais distante do mundo e consciente de sua situação, Glauber não tinha mais de que reclamar, além da falta de dinheiro: tudo o que havia ganho gastara em viagens, orgias e famílias, até que

---

171 Cf. I. Bentes (org.), op. cit., p. 447.
172 Apud Entrevista, *Manchete*, ago. 1980.
173 A. Silva, A Arte-Política de Glauber Rocha, *Anpuh*. Disponível em: <http://www.encontro2010.rj.anpuh.org/resources/anais/8/1276718858_ARQUIVO_TextoAnpuh_RJ_AlessandraSchimitedaSilva.pdf >. Acesso em: 16 dez. 2011.

se viu mergulhado em dívidas, sem ter como manter o padrão perdulário de sua vida e obrigado a fazer pedidos humilhantes e descarados aos poderosos do momento: "Querido Merquior. Preciso de um favor. Desejo uma Bolsa do Governo [...]. Meu projeto é uma Tese Sobre Dramaturgia de Oscar Wilde [...] preciso de uma *Bolsa* – GORDA, porque tenho mulher e dois filhos"[174]. Ou ainda:

> Meu caro Celso Amorim
> [...]
> Acho que o Ministério deveria tomar conhecimento da situação EMPRESARIAL CULTURAL DE GLAUBER ROCHA, e decidir, segundo seus critérios, o que fazer comigo, porque tem duas soluções:
> A) Ou a EMBRAFILME banca meu Pacote passado, ou o pacote presente, *A Idade da Terra*, e o pacote futuro – o próximo ou os próximos filmes, a rigor tenho 10 ROTEIROS INTERNACIONAIS PRONTOS, o que significa no mínimo 10 milhões de dólares em abertura de co-produções,
> B) ou... tenho de partir para outro país (Estados Unidos, claro, como Goudonov) a fim de financiar meus projetos e salvar os filmes passados[175].

O fracasso de *A Idade da Terra* provou que o mundo havia mudado e que Glauber não havia dado conta dessa mudança. Acreditando ter feito um filme genial ("é o meu melhor filme"), esperava um estouro de bilheteria ("fiz um filme para as massas") que o tirasse da lama ou, pelo menos, trouxesse ovações, louros, prêmios. Abismou-se com a fria recepção do filme nos festivais europeus e as críticas negativas até daqueles que antes o haviam incensado. Depois de queimar todas as pontes, não tinha mais como chegar a uma nova margem. A fria e dura realidade pegou-o de surpresa, sem recursos, enfraquecido. Deveria ter sabido, antes de se aventurar pelo mundo, que o poder é um entorpecente eficaz.

---

174 Em I. Bentes (org.), op. cit., p. 645.
175 Idem, p. 650.

Bibliografia

REFERÊNCIAS BIBLIOGRÁFICAS

AAVV. *Israeli Cinema*. Jerusalem: Kinneret Press/The Israeli Film Archive/Jerusalem Cinematheque/The Israeli Film Institute, 1994.

ADRIANO, Carlos. Na Proa da História do Cinema. *Folha de S. Paulo*, São Paulo, 2 fev. 1997.

AITKEN, Ian. *Alberto Cavalcanti: Realism, Surrealism and National Cinemas*. London: Flicks Books, 2000.

ALBERTO Cavalcanti. BFI *Screen On Line*. Disponível em: <http://www.screenonline.org.uk/people/id/446878/credits.html>. Acesso em: 24 abr. 2011.

ALMEIDA, Jane de. O Amigo de Glauber [e Godard]. *Folha de S. Paulo*, São Paulo, 20 jun. 2004, Ilustrada.

ALMEIDA, Paulo Ricardo de. O Capitão Fracasso (1929). *Revista de Cinema Contracampo*, Niterói, n. 71. Disponível em: <http://www.contracampo.com.br/71/capitaofracasso.htm>.

APRESENTAÇÃO do Filme O Leão de Sete Cabeças, jul. 1970, XVIII Festival Internacional de Cine de San Sebástian.

ARAÚJO, Luciana Corrêa. http://www.contracampo.com.br/71/70/trocandoasbolas.htmO Canto do Mar (1953). *Revista de Cinema Contracampo*, Niterói, n. 71. Disponível em: <http://www.contracampo.com.br/71/cantodomar.htm>.

AS SEIS Horas do Diário de David Perlov. *Folha de S. Paulo*, São Paulo, 28 maio 1985, Ilustrada.

AUMONT, Jacques. *As Teorias dos Cineastas*. Campinas: Papirus, 2004.

AVELLAR, José Carlos. Rascunho de Pássaro. *Revista Cult*, São Paulo, n. 67, 12 mar. 2010. Disponível em: <http://revistacult.uol.com.br/home/2010/03/rascunho-de-passaro>.

_____. *Glauber Rocha*. Madri: Cátedra, 2002.

_____. (org.). *Alex Viany: O Processo do Cinema Novo*. Rio de Janeiro: Aeroplano, 1999.

_____. *A Ponte Clandestina: Birri, Glauber, Solanas, García Espinosa, Sanjinés, Alea: Teorias de Cinema na América Latina*. São Paulo/Rio de Janeiro: Edusp/Editora 34, 1995.

_____. *Deus e o Diabo na Terra do Sol: A Linha Reta, o Melaço de Cana e o Retrato do Artista Quando Jovem*. Rio de Janeiro: Rocco, 1995.

_____. O Cinema na Boca do Vulcão. *Folha de S. Paulo*, São Paulo, 24 dez. 1995, Mais!

_____. (org.). *Glauber Rocha: Um Leão ao Meio Dia*. Rio de Janeiro: Centro Cultural Banco do Brasil, 1994.

_____. Entrevista. *Jornal do Brasil*. Rio de Janeiro. Disponível em: <http://jbonline.terra.com.br/destaques/glauber/glaub_entrev_avellar.html>.

AZOURY, Philippe. Perlov Story. *Libération*, Paris, 21 mar. 2007, Cinéma/DVD.

BEAUVOIR, Simone. *Cahiers de jeunesse, 1926-1930*. Texto estabelecido, editado e apresentado por Silvie le Bon de Beauvoir. Paris: Gallimard, 2008.

BÉGHIN, Cyril. Un Herbier de vie. *Cahiers du Cinéma*, Paris, maio 2007. Disponível em: <http://www.davidperlov.com/text/cahiers-de-cinema.jpg>. Acesso em 24 abr. 2011.

BENTES, Ivana. Apocalipse Estético: Ameryka da Fome, do Sonho e do Transe. *Revista Cult*, São Paulo, n. 67, 12 mar. 2010. Disponível em: <http://revistacult.uol.com.br/home/2010/03/conceitos-da-obra-de-glauber-rocha>.

_____. (org.). *Glauber Rocha: Cartas ao Mundo*. São Paulo: Companhia das Letras, 1997.

_____. Documentos São Ontologia do Brasil. *Folha de S. Paulo*, São Paulo, 5 maio 1996, Mais!

BERGWERK, Freida Simis. A Glauber Rocha. *O Hebreu*.

BERNARDET, Jean-Claude. *Brasil em Tempo de Cinema: Ensaio Sobre o Cinema Brasileiro de 1958 a 1966*. São Paulo: Companhia das Letras, 2009.

_____. *Cinema Brasileiro: Propostas Para uma História*. São Paulo: Companhia das Letras, 2009.

_____. *O Que é Cinema*. São Paulo: Brasiliense, 2004.

BESSA, Anderson Jorge Pereira. *Por um Cinema Político "Tricontinental": A Guerrilha Imagética de Glauber Rocha Contra o Leão das Sete Cabeças Imperiais*. Dissertação de mestrado, Rio de Janeiro: Faculdade de História da Universidade do Estado do Rio de Janeiro, 2008.

BILESKY-COHEN, Rachel; BLICH, Baruch. David Perlov: Réflexions sur son travail. Extraits de propos recueillis en 1996. Traduit de l'hébreu par Ariel Schweitzer. *Cahiers du Cinéma*, Paris, n. 605, out. 2005.

BILLARD, Claude. Cinéma e philosophie de l'histoire. *Revue d'Histoire du Cinéma: Institut de recherche et d'animation sur l'histoire du cinéma*. Perpignan: Association Les Cahiers de la Cinémathèque, automne 1982.

BLOCH, Yaron. The Perlovian Code: David Perlov's Diary, Chapter 3, 1981-1982. *Sratim 7*: Cinema Department of Tel Aviv University periodical for cinema and television, Tel Aviv, n. 1, summer 1985.

BLUHER, Dominique. Perlov, Mekas, Morder, Lehman et les autres: à la recherche d'imprédictibles frémissements du quotidien. CHORODOV, Pip; PERLOV, Mira (eds.). *David Perlov's Diary*. Livreto do Box de DVD. Paris: Re: Voir Video, 2006.

BÖKER, Carlos. A Film about Marc Chagall. *Joris Ivens, Film-maker: Facing Reality*. Michigan: UMI Research Press/University of Iowa Press, 1973.

BONNEVAY, Marguerite. *Tante chinoise et les autres*. Édition établie par Nathalie Jungerman. Inclui DVD do filme de Perlov. Paris: La Table Ronde, 2009.

BORBA FILHO, Hermilo. Uma Vida. In: PELLIZZARI, Lorenzo, VALENTINETTI, Claudio. *Alberto Cavalcanti*. São Paulo: Instituto Lina Bo e P.M. Bardi/Cinemateca do MAM, São Paulo, 1995.

BRAZIL Leader Watched Pirate DVD. *BBC News*, 10 nov. 2005. Disponível em: <http://news.bbc.co.uk/1/hi/world/americas/4424634.stm>.

BUENO, Alexei. *Glauber Rocha. Mais Fortes São os Poderes do Povo!* Rio de Janeiro: Manati, 2003.

BURSZTYN, Igal. Perlov: A Film Maker of Desire. *Moznaim*. New York: Association of Hebrew Writers, literary monthly, n. 1, v. 74, out. 1999.

CABRERA INFANTE, Guillermo. *Mea Cuba*. Tradução de Josely Vianna Baptista. São Paulo: Companhia das Letras, 1996.

CAETANO, Maria do Rosário. *Cineastas Latino-Americanos: Entrevistas e Filmes*. São Paulo: Estação Liberdade, 1997.

CAIRNS, David. Cruzando a Fronteira (os Filmes Ingleses de Cavalcanti). *Revista de Cinema Contracampo*, Niterói, n. 71. Disponível em: <http://www.contracampo.com.br/71/cruzandoafronteira.htm>.

CALDIERI, Sergio. *Alberto Cavalcanti: O Cineasta do Mundo*. Rio de Janeiro: Teatral Dezesseis, 2005.

CALIL, Carlos Augusto; MACHADO, Maria Teresa. (orgs.). *Paulo Emílio, um Intelectual na Linha de Frente*. São Paulo: Brasiliense/Embrafilme/Ministério da Cultura, 1986.

CANBY, Vincent. Ed Pincus Makes "Diaries" of his Own Life. *The New York Times*, New York, 17 nov. 1982. Disponível em: <http://www.nytimes.com/1982/11/17/movies/film-ed-pincus-makes-diaries-of-his-own-life.html>.

CANCINO, Cristian. Cinema sem Fronteiras. Disponível em: <http://www.ondeestaaamericalatina.com.br>

CANNITO, Newton. Obra do Maior Representante do Cinema Novo Volta ao Debate. *Revista de Cinema*, São Paulo, n. 5, set. 2000.

CANUTO, Roberta (org.). *Rogério Sganzerla: Encontros*. Rio de Janeiro: Beco do Azougue, 2007.

CAPELATO, Maria Helena (org.). *História e Cinema*. São Paulo: Alameda, 2007.

CARNEIRO, Glauco Moreira. *O Tropicalismo: Cultura de Massa na Década Que Nunca Acabou*. Dissertação de mestrado, Rio de Janeiro: Faculdade de História da Universidade do Estado do Rio de Janeiro, 2000.

CASTIEL, Élie. Diary – Journal d'un Méteque. *L'Incontournable: le mensuel du cinéma et de la vídeo*, n. 3, dez. 1989/n. 4, jan. 1990.

CAVALCANTI, Alberto. *Filme e Realidade*. São Paulo: Livraria Martins, 1953.

_____. Entrevista. *Écran*, n. 30, Paris, nov. 1974. In: PELLIZZARI, Lorenzo; VALENTINETTI, Claudio. *Alberto Cavalcanti*. São Paulo: Instituto Lina Bo e P.M. Bardi/Cinemateca do MAM, São Paulo, 1995.

CHAGALL. *European Foundation Joris Ivens*. Disponível em: <http://www.ivens.nl/NL/film1962chagallNL.htm>.

CHAUÍ, Marilena. *Cultura e Democracia: O Discurso Competente e Outras Falas*. São Paulo: Cortez, 2005.

CHORODOV, Pip; PERLOV, Mira (eds.). *David Perlov's Diary*. Paris: Re: Voir Vídeo, 2006.

CINEMATECA Brasileira. Disponível em: <http://www.cinemateca.gov.br>. Acesso em: 24 abr. 2011.

COELHO, Alexandra Lucas. Mira Perlov: Da Fuga ao Holocausto a um Amor Pelo Cinema Que Já Não Há. *Público*, Lisboa, 8 jan. 2008. Na Primeira Pessoa.

COHEN, Boaz. The Magician's Son. *Iediot Akhronot*, 5 fev. 1999 (7 Nights, weekly supplement.)

CORDEIRO, Hélio Daniel. Entrevista à Rádio CBN – Central Brasileira de Notícia. *Judaica*, n. 11, mar. 1998. Disponível em: <http://www.judaica.com.br/materias/011_15e16.htm>. Acesso em: 24 abr. 2011.

_____. Judaizantes Ilustres nos 500 Anos de Brasil. *Texto Pesquisa 13*, n. 35, mar. 2000.

_____. Ecos da Cultura Judaico-Ibérica. *Judaica*, n. 51, nov. 2001. Disponível em: <http://www.judaica.com.br/materias/051_06a08.htm>. Acesso em: 24 abr. 2011.

COSTA, Cláudio da. *Cinema Brasileiro (Anos 60-70): Dissimetria, Oscilação e Simulacro*. Rio de Janeiro: 7 Letras, 2000.

COSTA, Flávio Moreira da. Introdução. In: _____ (org). *Cinema Moderno, Cinema Novo*. Rio de Janeiro: José Álvaro, 1966.

COURI, Norma. *O Estrangeiro Alberto Cavalcanti e a Ficção do Brasil*. Tese de doutorado, São Paulo: FFLCH-USP, 2004.

DAVID Perlov. Disponível em: <http://www.davidperlov.com>. Acesso em: 24 abr. 2011.

DAHL, Gustavo. Mercado é Cultura. *Cultura*, Brasília, v. 6, n. 24, jan./mar. 1977.

DELEUZE, Gilles; GUATTARI, Félix. *O Anti-Édipo: Capitalismo e Esquizofrenia 1*. São Paulo: Editora 34, 2010.

DEUTSCHES Bundesarchiv. Disponível em: <http://www.bild.bundesarchiv.de>.

d'HORTA, Vera. Memória: Lasar Segall. *Teoria e Debate*, São Paulo, n. 29, jun./jul./ago. 1995. Disponível em : <http://www.fpabramo.org.br/node/1748>.

DINES, Alberto. O Retorno do Poeta. *Catálogo do Festival Internacional de Cinema do Rio de Janeiro*, 2006.

DOIN, Enid Almeida Pires de Mello. *Pensamento e Ação em Glauber Rocha*. Tese de doutorado, São Paulo: Faculdade de Sociologia da Universidade Estadual Paulista Júlio de Mesquita Filho, 2007.

DORIA, Francisco Antonio. Sempre a Inquisição. PORTUGAL-L Archives Disponível em: <http://searches2.rootsweb.ancestry.com/th/read/PORTUGAL/2002-01/1011036554>. Acesso em: 24 abr. 2011.

DREIFUSS, René Armand. *1964: A Conquista do Estado*. Rio de Janeiro: Vozes, 1981.

ESCOREL, Eduardo. *Adivinhadores de Água: Pensando no Cinema Brasileiro*. São Paulo: Cosac & Naify, 2005.

ESPINOSA, Julio García. Instrucciones para Hacer un Film en un País Subdesarrollado. *Hojas de Cine, Testimonios y Documentos del Nuevo Cine Lationamericano*, v. 3. México: Secretaria de Educação Pública, Universidad Autónoma Metropolitana/Fundación Mexicana de Cineastas, 1988.

_____. Por un Cine Imperfecto, *Rua*, São Carlos. Disponível em: <http://www.ufscar.br/rua/site/?p=3065>.

EXPOSIÇÃO Portinari em Israel no Centro da Cultura Judaica. *Vila Mundo*, São Paulo, 29 maio 2010. Disponível em: <http://vilamundo.org.br/2010/05/exposicao-portinari-em-israel-no-centro-da-cultura-judaica>.

FAINARU, Edna; FAINARU, Dan. The Way the Impressionists Worked: David Perlov Talks about the Essence of the Documentary Film. *Cinemathèque*, Tel Aviv, n. 70, nov./dez. 1993.

FALCON, Francisco José Calazans. *A História Cultural*. Rio de Janeiro: PUC-RIO, 1991.

FARIAS, Roberto. Política Cultural para la Integración. Discurso no II Encuentro Brasil Argentina. Política Cultural para la Integración. Buenos Aires, 2 jun. 1999. Disponível em: <http://www.cinemabrasil.org.br/rffarias/embrafil.html>.

FAUSTO, Bóris. *História Geral da Civilização Brasileira: O Brasil Republicano*. Sociedade e Política (1930-1964). São Paulo: Difel, 1986.

FELDMAN, Ilana. *David Perlov: Epifanias do Cotidiano*. Catálogo da Mostra. São Paulo, 2011.

FELDMAN, Ilana; EDUARDO, Cléber. Paisagens Afetivas – Diários de David Perlov. *Cinética*, Rio de Janeiro, out. 2006. Disponível em: <http://www.revistacinetica.com.br/diariosperlov.htm>. Versão em inglês: Affective Sceneries – Diaries of David Perlov. Disponível em: <http://www.davidperlov.com/text/Affective_Sceneries.pdf>.

FERRO, Marc. *Cinema e História*. Rio de Janeiro: Paz e Terra, 1992.

FIGUEIRÔA, Alexandre. *Cinema Novo: A Onda do Jovem Cinema e Sua Recepção na França*. Campinas: Papirus, 2004.

FLIBO. Começa como Semente Plantada na Véspera do Dia de São José. *Feira Literária de Boqueirão – FLIBO 2010*, 23 mar. 2010. Disponível em: <http://flibo2010.blogspot.com/>.

FURHAMMAR, Leif; ISAKSSON, Folke. *Cinema e Política*. Tradução de Júlio Cezar Montenegro. Rio de Janeiro: Paz e Terra, 1976.

GALVÃO, Maria Rita. *Burguesia e Cinema: O Caso Vera Cruz*. Rio de Janeiro: Civilização Brasileira/Embrafilme, 1981.

GALVÃO, Maria Rita; BERNARDET, Jean-Claude. *O Nacional e o Popular na Cultura Brasileira*. São Paulo: Brasiliense/Embrafilme, 1983.

GALVÃO, Maria Rita; SOUZA, Carlos Roberto de. Cinema Brasileiro: 1930-1964. In FAUSTO, Boris (org.). *História Geral da Civilização Brasileira, v. 3: O Brasil Republicano*. Tomo 4. São Paulo: Difel, 1986.

GARCIA, Adriana. Governo Quer Ver Paisagens do Brasil nos Cinemas da Índia. *Uol*, 26 jan. 2004.

GARDNIER, Ruy. Pett and Pott (1934). *Revista de Cinema Contracampo*, Niterói, n. 71. Disponível em: <http://www.contracampo.com.br/71/pettandpott.htm>.

_____. Um ou Vários Cavalcantis? *Revista de Cinema Contracampo*, Niterói, n. 71. Disponível em: <http://www.contracampo.com.br/71/umouvarioscavalcantis.htm>.

GATTI, José. *Barravento: A Estréia de Glauber*. Florianópolis: Editora da UFSC, 1987.

GELBATZ, Tamar. Pictures from the Editing Table. *Hadashot*, Jerusalém, 19 maio 1989.

GERBER, Raquel. Glauber Rocha e a Experiência Inacabada do Cinema Novo. In: GERBER, Raquel et al. *Glauber Rocha*. Rio de Janeiro: Paz e Terra, 1977.

_____. *O Mito da Civilização Atlântica: Glauber Rocha, Cinema, Política e a Estética do Inconsciente*. Petrópolis/São Paulo: Vozes/Secretaria do Estado da Cultura, 1982.

_____. Entrevista Especial. *SNC*. Disponível em: <http://www.sncweb.ch/portugues/entrevistas-p/raquel%20gerber.htm>. Entrevista a Arlete Kaufmann.

_____. Glauber Rocha e Pasolini: Quando o Primeiro e o Terceiro Mundo se Confundem no Cinema. *Rua*, São Carlos, UFSCAR. Disponível em: <http://www.ufscar.br/rua/site/?p=1101>.

GLAUBER Rocha. Uma Vida Dada ao Cinema! *Ibahia*, Salvador. Disponível em: <http://ibahia.globo.com/sosevenabahia/glauber.asp>.

GLOTMAN, Shuka. (ed.). Photograph Others as If You Were Taking Your own Picture. On David Perlov, The Photographer Who Took His Own Picture. *Israeli Photographers Reflecting Their Own Image*. Genia Schreiber Tel Aviv University Art Gallery, 1º maio 2005. Disponível em: <http://www.davidperlov.com/text/Photograph_others-EN.pdf>. Acesso em: 24 abr. 2011.

_____. (ed). *David Perlov: Color Photographs 2000-2003*. The Eli Lamberger Israeli Museum of Photography, Tel-Hai Industrial Park, 2003.

_____. David Perlov: a Photographic Diary (Selection). *DocAviv*. Catálogo do Festival Internacional do Filme Documentário. Tel Aviv: Cinemathèque de Tel Aviv, 2001.

GOMES, João Carlos Teixeira. *Glauber Rocha, Esse Vulcão*. Rio de Janeiro: Nova Fronteira, 1997.

GOMES, Paulo Emilio Sales et al. *Glauber Rocha*. Rio de Janeiro: Paz e Terra, 1977.

GOMES, Paulo Emílio Salles. *Vigo, Vulgo Almereyda*. São Paulo: Edusp/Companhia das Letras, 1991.

_____. *Jean Vigo*. São Paulo: Paz e Terra, 1984.

_____. *Crítica de Cinema no Suplemento Literário*. Rio de Janeiro: Paz e Terra/Embrafilme, 1981, v. 1.

_____. *Cinema: Trajetória no Subdesenvolvimento*. Rio de Janeiro: Paz e Terra, 1980.

GREENBERG, David. Israeli Directors: David Perlov. *Omanut Ha-Kolnoa*, n. 22, out. 1960.

GROSS, Nathan; GROSS, Yacov. *The Hebrew Film: Chapters in the History of Motion Pictures and Cinema in Israel*. Published by the authors, 1991.

GUERINI, Elaine. O Universo Particular de David Perlov. *Valor*, São Paulo, 29, 30 set. e 1º out. 2006, Cinema. Disponível em: < http://www.davidperlov.com/text/Valor.jpg >. Acesso em: 11 abr. 2011.

GUERRA, Flávia. Perlov e Sua "Epopéia do Cotidiano". *O Estado de S. Paulo*, São Paulo, 23 out. 2006, Caderno 2.

GUIMARÃES, Josué. Sobre um Homem. *Folha de S. Paulo*, São Paulo, 21 ago. 1977, Folhetim.

GUTIÉRREZ, Gregorio Martin. (ed.). *Cineastas Frente al Espejo*. Madrid: T & B Editores, 2008.

HABLEMOS del Cine, n. 55-56, Lima, set./dez. 1970.

HALKIN, Talya. The Diary of David Perlov. *Jerusalem Post*, 23 out. 2003, Arts/A Sense of Place. Retomado em: CHORODOV, Pip; PERLOV, Mira (eds.). *David Perlov's Diary*. Paris: Re: Voir Vídeo, 2006. Disponível em: <http://www.davidperlov.com/text/The_Diary_of_David_Perlov.pdf>. Acesso em: 24 abr. 2011.

HENNEBELLE, Guy. *Os Cinemas Nacionais contra Hollywood*. Rio de Janeiro: Paz e Terra, 1978.

HOPEWELL, Jon. Midas Hits Gold with Pics. *Variety*, 17 fev. 2010. Disponível em: <http://www.variety.com/article/VR1118015364.html?categoryid=1061&cs=1>.

HORAK, Christopher. O Cinema Mudo: Um Pioneiro no Estado de Israel. *A Hebraica*, São Paulo, jul. 2000.

IGNEZ, Helena. Atriz Errante Pensa o Seu Momento, Hoje, Ontem e Amanhã. *Confraria*, Rio de Janeiro. Disponível em: <http://www.confrariadovento.com/revista/numero11/ensaio03.htm>.

INGBAR, Nachman. A Director in Search of Meaning – *Diary*, directed by David Perlov. *Iediot Akhronot*, 24 maio 1989.

INTERNET Movie Data Base. Disponível em: <http://www.imdb.com>. Acesso em: 25 abr. 2011.

ISAKSSON, Folke; FUHRAMMAR, Leif. Cinema Novo: Brasil Antes da Revolução. In: _____. *Cinema & Política*. Rio de Janeiro: Paz e Terra, 1976.

ISRAEL, Yael. From the Reminiscences of a Senior Diarist. *Hotam*, 5 ago. 1994.

KAPRA, Michal. Tel Aviv Stories: Is It a Movie or just a Student Exercise? *Yedioth Ahronoth*, Tel Aviv, 17 abr. 2003.

KATSIRI, Leora; ZINI, Levi. Politics in Cinema. Entrevista com David Perlov. *Proza*, n. 51-53, fev. 1982.

KLEIN, Irma. El Ha'Zipor. Commemorating 30 days after David Perlov passed away. *Ha'Aretz*, Tel Aviv, 16 jan. 2004.

KLEIN, Irma; KLEIN, Uri. Un Entretien avec David Perlov. *Cinéma*, L'Institut Cinématographique d'Israel et la Maison d'Édition Kibboutz Hameuhad, summer 1981.

KLEIN, Uri. Only Superlatives. *Ha'Aretz*, Tel Aviv, , 12 maio 1989.

_____. Wooden Plow. Entrevista com David Perlov. *Studio*, Tel Aviv, n. 3-4, set. 1989.

_____. In Jerusalem: Interview with David Perlov. *Ha'Aretz*, Tel Aviv, 29 set. 1993. Disponível em: <http://www.davidperlov.com/text/In_jerusalem.pdf>.

_____. The Camera as Pen and Paint-Brush. *Ha'Aretz*, Tel Aviv, 28 jan. 1999, *Gallery*. Retomado em: The Camera as Pen and Brush. *Ha'Aretz Magazine*, Tel Aviv, 5 fev. 1999.

_____. Everyday Love. *Ha'Aretz*, Tel Aviv, 31 mar. 1999, *Gallery*.

_____. A Streetcar Named Memory. *Ha'Aretz*, Tel Aviv, 23 mar. 2001.

_____. A Preface to Conversations with David Perlov 1981. *Kolnoa*, Sarajevo, summer 1981, Israeli Film Institute, Ka-Kibbutz Ha-Meuchad Press. Retomado em: CHORODOV, Pip; PERLOV, Mira (eds.). *David Perlov's Diary*. Paris: Re:Voir Vídeo, 2006.

_____. Quatre ans après. Interview with David Perlov. *Ha'Aretz*, Tel Aviv, 29 set. 1993. Retomado em: CHORODOV, Pip; PERLOV, Mira (eds.). *David Perlov's Diary*. Paris: Re: Voir Vídeo, 2006.

_____. The View From Perlov. *Ha'Aretz*, Tel Aviv, 19 dez. 2003. Disponível em: <http://www.davidperlov.com/text/The_view_from_perlov.pdf. Publicado como: La Passion du quotidien. *Cahiers du Cinéma*, Paris, n. 605, out. 2005. Republicado como: L'Oeil de Perlov. CHORODOV, Pip; PERLOV, Mira. (ed.). *David Perlov's Diary*. Paris: Re: Voir Vídeo, 2006.

_____. Not a Myth. *Ha'Aretz*, 22 fev. 2007. Disponível em: <http://www.haaretz.co.il/hasite/spages/828359.html>. Tradução de Markin Tuder.

KRONISH, Amy; SAFIRMAN, Costel. *Israeli Film: A Reference Guide*. Westport/London: Preager Publishers, 2003.

KUSTOW, Michael. Obituary: David Perlov. *The Guardian*, London, 5 jan. 2004. Disponível em: <http://www.guardian.co.uk/news/2004/jan/05/guardianobituaries>.

LABAKI, Amir. Quem Tem Medo de Alberto Cavalcanti? *Folha de S. Paulo*, São Paulo, 2 fev. 1997.

LAHAV, Shosh. David Perlov: A Mark of Appreciation for a Lifetime's Work. *The World of Photography and Video*, n. 87, 1997.

LAHUD, Michel. *A Vida Clara: Linguagens e Realidades Segundo Pasolini*. São Paulo: Companhia das Letras, 1993.

LEITE, Maurício Gomes. É Verdade Glauber. *Estado de Minas*, Belo Horizonte, ago. 1981.

LISBOA, Fátima Sebastiana Gomes. *Un Artiste intellectuel: Glauber Rocha et l'Utopie du Cinema Novo (1955-1971)*. Tese de Doutorado, Lille: ANRT, 2003.

_____. A Arte Revolucionária Recusa a Mistificação da Revolução: a Contribuição de Glauber Rocha Para a Discussão Sobre a Relação Cinema e História. *Anais Eletrônicos do VII Encontro Internacional da ANPHLAC*, Campinas, 2006.

LULA, o Metalúrgico. *Playboy*, São Paulo, n. 48, jul 1979.

MACINTYRE, F. Gwynplaine. Beggar thy Neighbour. *Internet Movie Database*. Disponível em: <http://www.imdb.com/title/tt0329742>.

MAINARDI, Diogo. Pasolini e o Cinema Novo. *Veja*, São Paulo, a. 33, n. 45, 8 nov. 2000.

MALAFAIA, Wolney Vianna. Cinema Novo: Religiosidade e Messianismo. *Primeiros Escritos*, Rio de Janeiro, n. 5. Disponível em: <http://www.historia.uff.br/primeirosescritos/sites/www.historia.uff.br.primeirosescritos/files/pe05-2.pdf>. Acesso em: 23 abr. 2011.

MANDELBAUM, Jacques. Le Journal d'un exil du cinéaste David Perlov. *Le Monde*, Paris, Culture, 23 fev. 2007.

MARCUSE, Herbert. *Eros e Civilização*. Rio de Janeiro: Zahar, 1981.

_____. *A Ideologia da Sociedade Industrial*. Rio de Janeiro: Zahar, 1982.

MATTOS, Carlos Alberto. A Baiana Ultrajante Está de Volta. *O Estado de S. Paulo*, São Paulo, 6 jan. 2008. Disponível em: <http://www.criticos.com.br/new/artigos/critica_interna.asp?artigo=1453>.

_____. Um Diálogo Constante com a Vida e a Memória. *O Globo*, Rio de Janeiro, out. 2006. Disponível em: <http://www.davidperlov.com/text/o_globo.jpg>. Acesso em: 26 abr. 2011.

MEDEIROS, Jotabê. Indefinição Sobre Ancinav Trava as Ambições do MinC. *O Estado de S. Paulo*, São Paulo, 21 dez. 2003, Caderno 2.

MELTZER, Gilad. When I Finish Photographing, The Walls Turn Dead. *Yedioth Ahronoth*, Tel Aviv, 14 abr. 2000. 7 Nights, weekly supplement.

MERINO, Imma. La Vida y Nada Más. *La Vanguardia*, Barcelona, 28 mar. 2007, Pantallas, Cultura. Disponível em: <http://www.davidperlov.com/text/La_vida.jpg>. Acesso em: 26 abr. 2011.

MERTEN, Luiz Carlos. Perlov Faz Arte Para Juntar o Público e o Privado. *O Estado de S. Paulo*, São Paulo, 30 nov. 2003.

MILLARCH, Aramis. O Editor-Documentário. *Tablóide digital*, Curitiba. Disponível em: <http://www.millarch.org/artigo/o-editor-documentario-i>. Acesso em: 26 abr. 2011.

MONZANI, Josette Maria Alves de Souza. *Gênese de "Deus e o Diabo na Terra do Sol"*. São Paulo: Annablume/Fapesp. Salvador: Fundação Gregório de Mattos/UFBA, 2005.

MOTTA, Regina. *A Épica Eletrônica de Glauber: Um Estudo Sobre Cinema e TV*. Belo Horizonte: Editora da UFMG, 2001.

MOURÃO, Maria Dora; LABAKI, Amir (orgs.). *O Cinema do Real*. São Paulo: Cosac & Naify, 2005.

MUNIZ, Paula. Globo Repórter: Os Cineastas na Televisão. *Aruanda. Mnemocine*, São Paulo. Disponível em: <http://www.mnemocine.com.br/aruanda/paulogil1.htm>. Acesso em: 25 abr. 2011.

NASCIMENTO, Lyslei; NAZARIO, Luiz. *Estudos Judaicos: Brasil*. Belo Horizonte: Núcleo de Estudos Judaicos/Faculdade de Letras da UFMG, 2007.

NATHAN, Moshe. David Perlov: The Most Promising Director? *Ba-Mahane*, Tel Aviv, n. 19, v. 43 (897), 29 jun. 1965.

_____. Conversations with David Perlov. *Keshet*, Boston, autumn, 1968, Cinema 41.

NAZARIO, Luiz. Bobinho. *Leia Livros*, São Paulo, 1981.

_____. Um Discurso da Irracionalidade. *Folhetim*, n. 292, São Paulo, 22 ago. 1982.

_____. Glauber Rocha Acorrentado. In: _____. *À Margem do Cinema*. São Paulo: Nova Stella, 1986.

_____. O Que Aconteceu a Helena Ignez. In: _____. *À Margem do Cinema*. São Paulo: Nova Stella, 1986.

_____. Razões de Mercado, Razões de Estado. In: _____. *À Margem do Cinema*. São Paulo: Nova Stella, 1986.

_____. Pela Liberação do Filme Di-Glauber. *Revista Cultura Vozes*, Petrópolis, n. 1, a. 91, v. 91, jan./fev. 1997.

_____. *Da Natureza dos Monstros*. São Paulo: Arte & Ciência, 1998.

_____. Populismo x Criatividade. *Reserva Cultural*, n. 0, mar./abr./maio 2007; reeditado em *Reserva Cultural*, n. 1, [s.d.].

_____. *Todos os Corpos de Pasolini*. São Paulo: Perspectiva, 2007. (Col. Perspectivas).

_____. Alberto Cavalcanti, o Brasileiro Errante. In: NASCIMENTO, Lyslei; NAZARIO, Luiz. *Estudos Judaicos: Brasil*. Belo horizonte: Núcleo de Estudos Judaicos/Faculdade de Letras da UFMG, 2007.

_____. A Literatura de Resistência de Jean-Paul Sartre. In: BURNS, Tom; CORNELSEN, Elcio. (orgs.). *Literatura e Guerra*. Belo Horizonte: Editora da UFMG, 2010.

NE'EMAN, Judd. The Death Mask of the Moderns: A Genealogy of New Sensibility Cinema in Israel. *Israel Studies*. Baltimore, v. 4, 1, Project Muse, Spring, 1999.

NE'EMAN, Rachel. David Perlov: "Diary". *Kolnoa*, Sarajevo, n. 2, dez. 1978.

NE'EMAN, Yehuda; SCHWARTZ, Ronit (eds.). *An Introduction to Israeli Cinema*. Tel Aviv: Film and Television Department – Tel Aviv University, 1988.

NEMER, Sylvia. *A Função Intertextual do Cordel no Cinema de Glauber Rocha*. Tese de doutorado, Rio de Janeiro: Faculdade de Comunicação, Universidade Federal do Rio de Janeiro, 2005.

NONATO, Roberto. A Odisseia dos Marranos. Entrevista com Hélio Daniel Cordeiro. Revista Judaica, n. 11, mar. 1998. Disponível em: <http://www.judaica.com.br/materiais/011_15e16.htm>.

NOY, Menashe. Eulogy on David Perlov, 14 dez. 2003. Disponível em: <http://www.davidperlov.com/text/Menashe_Noy.pdf>. Acesso em: 26 abr. 2011.

OCHOVSKY, Gal. Perlov's Diaries. *Ha-Ir*, 27 dez. 1985.

O DIÁRIO Filmado de Perlov. *O Estado de S. Paulo*, São Paulo, 16 abr. 1985.

OLIVEIRA, Bernardo. Depois da Polêmica, uma Justificativa. *Revista de Cinema Contracampo*, Niterói, n. 1-10. Disponível em: http://www.contracampo.com.br/01-10/depoisdapolemica.html.

OLIVEIRA, Franklin de. *Revolução e Contra-revolução no Brasil*. Rio de Janeiro: Civilização Brasileira, 1962. (Cadernos do Povo Brasileiro, Extra).

OLIVEIRA, Luís Miguel. Este é o Holofote do Cinema Israelita. *Público*, Lisboa, nov. 1007. Disponível em: <http://www.davidperlov.com/text/perlov.pdf. Acesso em: 26 abr. 2011.

OREN, Rachel. The Pill and the Aunt from Venezuela. *Davar Ha-Shavua*, n. 37, 15 set. 1967.

PAIVA, Marcelo Rubens. A Aventura de Glauber na Guerrilha Brasileira. *Folha de S. Paulo*, 5 maio 1996, Mais!

PAPIRBLATT, Shlomo. Perlov's Diary. *Yediot Ahronot*, Tel Aviv, n. 1319, 12 mai. 1989. Weekly supplement.

PELLIZZARI, Lorenzo; VALENTINETTI, Claudio. *Alberto Cavalcanti*. São Paulo: Instituto Lina Bo e P.M. Bardi/Festival International du Film de Locarno, 1995.

PERLOV, David. *Old Aunt Chine/Tante chinoise et les autres*. O Estado de S. Paulo, São Paulo, 10 nov. 1956, Suplemento Literário.

_____. *Nill* (1966). Roteiro em colaboração com Yizhak Ben-Ner, com o apoio do Culture and Arts Council, de Jerusalém. Datilografado.

_____. *After the Holidays* (1971). Roteiro baseado em livro de Yehoshua Knaz. Datilografado.

_____. *Uri* (1974). Roteiro em colaboração com Haim Lapid. Datilografado.

_____. "They Changed My Life": David Perlov Introduces His 8 Cultural Stations. *Ma'ariv*, 3 nov. 1995. Disponível em: <http://www.davidperlov.com/text/They_Changed_My_Life.pdf. Trad. Nancy Rozenchan. *Caderno Cultural*. São Paulo: Naamat-Pioneiras, 1996.

_____. A Conversation in Two Parts with David Perlov. BILSKY-COHEN, Rachel; BLICH, Baruch (eds.). *The Medium in 20th Century Arts*. Jerusalem: Or-Am Tel Aviv/The Van Leer Jerusalem Institute, 1996. Disponível em: <http://www.davidperlov.com/text/My_Diaries.pdf>.

_____. Entrevista. *Ha-Ir*, 18 dez. 2003.

PERLOV, Mira. Le Journal de David Perlov. Diary, 1973-1983. Entretien avec Mira Perlov. *Florilettres: Lettre d'Information Culturelle de la Fondation La Poste*, Paris, n. 75, 7 jul. 2006.

_____. Da Fuga ao Holocausto a um Amor Pelo Cinema Que Já Não Há. *Público*, Lisboa, jan. 2008. Disponível em: <http://www.davidperlov.com/text/P2L08.PDF>; <http://www.davidperlov.com/text/P2L09.PDF>. Acesso em: 26 abr. 2011.

PERLOV, Yael. Introduction to TJFF's Screening of Her Father's Landmark Film, in Jerusalem. *Beyond the Toronto Jewish Film Festival*, 30 abr. 2009. Disponível em:<http://tjff09.blogspot.com/2009/04/yael-pelovs-introduction--to-her-fathers.html>. Acesso em: 26 abr. 2011.

PERNAMBUCANA Estuda Legado do Diretor Alberto Cavalcanti. *Jornal do Commercio*, Recife, 4 mar. 2001. JC On Line. Disponível em: <http://www2.uol.com.br/JC/_2001/0403/cc0403_2.htm>.

PESSOA, Ana (org.). *David Neves: Muito Prazer*. Rio de Janeiro: Centro Cultural Banco do Brasil, 2003.

PIERRE, Sylvie. *Glauber Rocha, cinéaste*. Paris: Cahiers du Cinéma, 1987.

PINTO, Goel. A Special Prize for a Special Artist. *Ha'Aretz*, 1º abr. 2001.

PIZZINI, Joel (org.). *O Cinema Segundo Glauber e Pasolini*. São Paulo: Centro Cultural Banco do Brasil São Paulo, 2005.

POMAR, Wladimir. *Quase lá, Lula e o Susto das Elites*. São Paulo: Brasil Urgente, 1990

PONTES, Ipojuca. Ancinav: Dupla Coerção. *Blog Ipojuca Pontes*. Disponível em: <http://www.wscom.com.br/blog/ipojuca/post/post/Ancinav%3A+dupla+coer5C3%A7%C3%A30-4473>.

PREMINGER, Aner. Starting Cinema from the Beginning. *Karnaim*, Tel Aviv, n. 2, set. 2000. New Fund for Cinema and Television.

PULMAN, Ari. Perlov is Sitting at Home and Expecting a Telephone Call. *Ha-Ir*, 29 set. 1993.

RAMOS, Fernão; MIRANDA, Luiz Felipe (orgs.). *Enciclopédia do Cinema Brasileiro*. São Paulo: Senac, 2000.

RAPPAPORT, Miron. The Man Has Seen Everything. *Yedioth Ahronoth*, Tel Aviv, 30 mar. 2001, 7 Days, weekly supplement.

RAVEH, Yair. Dear Diary. *Ha-ir*, 29 mar. 2001.

REISZ, Karel; MILLAR Gavin. *A Técnica da Montagem Cinematográfica*. Tradução de Marcos Margulies. Rio de Janeiro: Civilização Brasileira/Embrafilme, 1978.

RELATÓRIO do Ministério da Aeronáutica sobre Glauber Rocha e Cinema Político, 1º fev. 1974. *Memória da Censura no Cinema Brasileiro 1964-1988*. Disponível em: http://www.memoriacinebr.com.br/VerDetalheTexto.asp?arquivo=0070000D00201. Acesso em: 26 abr. 2011.

REZENDE, Sidney. *Ideário de Glauber Rocha*. Rio de Janeiro: Philobiblion Livros de Arte, 1986.

RIDENTI, Marcelo. *O Fantasma da Revolução Brasileira*. São Paulo: Editora da Unesp, 1993.

RIGBY, Jonathan. *English Gothic: A Century of Horror Cinema*. London: Reynolds and Hearn Ltd, 2000.

RIZZO, Sérgio. Caixão de Surpresas. *Folha de S. Paulo*, São Paulo, 14 out. 2007, Mais!

ROCHA, Ava; GAITÁN, Paula (org.). *Glauber Rocha – del Hambre al Sueño: Obra, Política y Pensamiento*. Buenos Ayres: Malba Colección Constantini, 2004.

ROCHA, Glauber. *O Século do Cinema*. São Paulo: Cosac & Naify, 2006.

_____. *Revolução do Cinema Novo*. São Paulo: Cosac & Naify, 2004.

_____. América Nuestra. *Folha de S. Paulo*, São Paulo, 24 dez. 1995. Mais!

_____. Entrevista a Jaime Saruski. *Prensa Latina*, La Habana, 1972. (trad. A Última Entrevista de Glauber em Cuba. *Folha de S. Paulo*, 12 fev. 1985). In: AVELLAR, José Carlos. *A Ponte Clandestina. Teorias de Cinema na América Latina*. São Paulo: Edusp/Editora 34, 1995.

_____. Roteiro do Terceyro Mundo. In: SENNA, Orlando (org.). *Glauber Rocha: Roteito do Terceyro Mundo*. Rio de Janeiro: Alambra/Embrafilme, 1985.

_____. Cahiers du Cinéma: 30 anos. *Revista Careta*, Rio de Janeiro, n. 2733, 4 ago. 1981.

_____. Entrevista. *Manchete*, ago. 1980.

_____. Entrevista. *Folha de S. Paulo*, 2 fev. 1967.

_____. *Deus e o Diabo na Terra do Sol*. Rio de Janeiro: Civilização Brasileira, 1965.

_____. A Retreta na Praça. In: MAIA, Vasconcelos; ARAÚJO, Nelson de (orgs.). *Panorama do Conto Baiano*. Salvador: Livraria Progresso, 1959.

RUA. Disponível em: <http://www.ufscar.br/rua>. Acesso em: 25 abr. 2011.

SANTIAGO, Carlos Henrique. Revolução no Cinema Novo. *Estado de Minas*, Belo Horizonte, 27 abr. 1982.

SANTOS, Julia Nascimento. Candido Portinari em Israel: a Arte e a diversidade. *Jornal Letras*, Belo Horizonte, a. 3, n. 27, dez. 2008.

SARMIENTO, Guilherme. O Homoerotismo segundo Glauber. *Cine Cachoeira*, Seção "Alguém Viu?", Cacoeira, a. 1, n. 2, 28 jun. 2011. Disponível em: <http://www.ufrb.edu.br/cinecachoeira/2011/06/cruz-na-praca,> Acesso em: 08 set. 2011.

SARNO, Geraldo. *Glauber Rocha e o Cinema Latino-Americano*. Rio de Janeiro: Ciec/ Rio Filme /UFRJ/Secretaria Municipal de Cultura do Rio de Janeiro, 1995.

SARTRE, Jean-Paul. *Théâtre Complet*. Paris: Gallimard, 2005. (Bibliothèque de la Pléiade.)

SCHNAIDERMAN, Boris. Filme, Mito, Realidade. *Folha de S. Paulo*, São Paulo, 4 set. 1983, Folhetim.

SCHULMANN, Clara. David Perlov (1930-2003): Chronique persistante. *Geste*, nov. 2006. Disponível em: <http://www.davidperlov.com/text/Perlov_geste.pdf>.

_____. David Perlov, Journal (Diary). *Particules*, n. 11, out./nov. 2005. Disponível em: <http://www.davidperlov.com/text/Perlov_Am_I.pdf>.

SCHWEITZER, Ariel. David Perlov: La Passion du quotidien. *Cahiers du Cinéma*, Paris, n. 605, out. 2005. Retomado em: CHORODOV, Pip; PERLOV, Mira (eds.). *David Perlov's Diary*. Paris: Re: Voir Vídeo, 2006.

SILVA, Alessandra Schimite da. A Arte-Política de Glauber Rocha: O Cinema Como Instrumento de Conscientização Social. *Anpuh*, Rio de Janeiro, 2010. Disponível em: <http://www.encontro2010.rj.anpuh.org/resources/anais/8/1276718858_ ARQUIVO_TextoAnpuh_rj_AlessandraSchimitedaSilva.pdf>.

SILVA JR., Gilberto. Alberto Cavalcanti nos Estúdios Ealing: Quatro Filmes. *Revista de Cinema Contracampo*, Niterói, n. 71. Disponível em: <http://www.contracampo.com.br/71/cavalcantiealing.htm>.

SOLANAS, Fernando E.; GETINO, Octavio. Hacia un Tecer Cine. *Cine Cubano*, n. 55-56, Havana, mar. 1969. Disponível em: < http://www.ufscar.br/rua/site/?p=3055>.

SONTAG, Susan. *Diários, 1947-1963*. Organização e prefácio de David Rieff. São Paulo: Companhia das Letras, 2009.

SOUZA, José Eufrauzino de. Boletim do Departamento de Ingresso Padronizado da Embrafilme, DIP, 1980.

STEIMATSKY, Noa. In Memoriam David Perlov. *Ha'Aretz*, Tel Aviv, 31 dez. 2004. Disponível em: <http://www.davidperlov.com/text/Perlov_in_memoriam.pdf>.

_____. David Perlov: A Dialogue with Steimatsky. *Studio*, Tel Aviv, n. 15, out. 1990.

STRAUMANN, Patrick. Le Flâneur du 14e étage: Notes sur Le Journal de David Perlov. *Traffic: Revue de Cinema*, Paris, n. 60, hiver 2006. Sous la direction de Raymond Bellour.

SWEET, Matthew. *Shepperton Babylon*. London: Faber and Faber, 2005.

TEMPO Glauber. Disponível em: <http://www.tempoglauber.com.br>. Acesso em: 26 abr. 2011.

THE SPECIALIST: Portrait of a Modern Criminal (1999). *The TFI Reframe Collection*, New York. Disponível em: <http://reframecollection.org/films/film?Id=1203>. Acesso em: 24 abr. 2011.

TRUFFAUT, François; SCOTT, Helen. *Hitchcock/Truffaut: Entrevistas*. Edição Definitiva. Tradução: Rosa Freira d'Aguiar. São Paulo: Brasiliense, 1986.

TRYSTER, Hillel. *Israel before Israel: Silent Cinema in the Holy Land*. Steven Spielberg Jewish Film Archive of the Avraham Harman Institute of

Contemporary Jewry/The Hebrew University of Jerusalem and the Central Zionist Archives/Jewish National and University Library, 1995.

VALENTINETTI, Claudio. *Glauber: Um Olhar Europeu*. São Paulo: Instituto Lina Bo e P.M. Bardi/Prefeitura do Rio, 2002.

_____. *Um Canto, um Judeu e Algumas Cartas: Uma Pequena Homenagem e Duas Grandes Obras "Malditas" de Alberto Cavalcanti*. São Paulo: Instituto Lina Bo Bardi e P.M. Bardi/Cinemateca do MAM, 1997.

VALLADARES, Clarival do Prado. Uma Nota sobre "A Cruz na Praça", *Jornal do Brasil*, Rio de Janeiro, 22 ago. 1959. Suplemento Dominical. Disponível em: <http://news.google.com/newspapers?nid=0qx8s2k1IRWC&dat=19590822&printsec=frontpage&hl=pt-BR>.

VENTURA, Mauro. Sganzerla. *O Globo Online*, Rio de Janeiro. 18 jan. 2004.

VILLAÇA, Mariana Martins. América Nuestra – Glauber Rocha e o Cinema Cubano. *Revista Brasileira de História*, São Paulo, v. 22, n. 44, 2002. Disponível em: <http://www.scielo.br/scielo.php?pid=s0102-01882002000200011&script=sci_arttext>. Acesso em: 22 abr. 2011.

VIRILIO, Paul. *Guerra e Cinema*. São Paulo: Boitempo, 2005.

WALTER, Richard. *Screenwriting. The Art, the Craft and Business of Film and Television Writing*. New York: Penguin, 1988.

WARTH, Danny. I Became My Own Slave. *Al Ha-Mishmar*, 16 jan. 1984.

WEINBERG, Nira. The Absurd World of the Magician's Son. *La-Isha*, n. 1224, 21 set. 1970.

WIKIMEDIA *Commons* por Deutsches Bundesarchiv (Arquivo Federal da Alemanha). Disponível em: <http://commons.wikimedia.org/wiki>. Acesso em: 26 abr. 2011.

WINSTON, Brian. A Maldição do "Jornalístico" na era Digital. In: MOURÃO, Maria Dora; LABAKI, Amir (org.). *O Cinema do Real*. São Paulo: Cosac & Naify, 2005.

WOLF, Sergio. Focus: David Perlov. BAFICI – International Film Festival, Buenos Aires, april 2008. Disponível em: <http://www.davidperlov.com/text/326_331_Foco_David_Perlov.pdf>. Acesso em: 26 abr. 2011.

XAVIER, Ismail. *Sertão Mar: Glauber Rocha e a Estética da Fome*. São Paulo: Cosac & Naify: 2007.

_____. *Cinema Brasileiro Moderno*. São Paulo: Paz e Terra, 2001.

_____. *Alegorias do Subdesenvolvimento: Cinema Novo, Tropicalismo, Cinema Marginal*. São Paulo: Brasiliense, 1993.

_____. Glauber Rocha: Le Désir de l'histoire. In: PARANAGUA, Paulo Antonio. (ed.). *Le Cinéma brésilien*. Paris: Centre Georges Pompidou, 1987.

ZIMMERMAN, Moshe. A Survival Genre. *Ha-Ir*, 19 ago. 1988.

Arquivo Mira Perlov

PERLOV, David. Entrevista Inédita a Alberto Dines. Gravada na casa de Chaim Kuperman por Nair Kremer. Responsável pela transcrição: Walk. Inédita.

_____. Narração de David Perlov nos seus *Diários*. Tradução de Leonardo Ferreira pelo Festival do Rio em forma de subtítulos. Legendagem: 4ESTAÇÕES. Inédito.

_____. Original datilografado, sem título. Inédito. [1989].
_____. Thank You, 2003. Datilografado.
PERLOV, Yael. Esboço da Palestra Antes da Apresentação do *Diário* e *Em Jerusalém* no Torino Film Festival, 2006. Datilografado. Inédito.
RAVEH, Yair. Summary Conversation. A Personnal Interview with David. Datilografado. Inédito.

Escola de Belas Artes da UFMG – Acervo de Películas

FICHA n. 034, notação n. 252.
FICHA n. 035, notação n. 254.
FICHA n. 079, notação n. 249.
FICHA n. 083, notação n. 241.
FICHA n. 084, notação n. 240.
FICHA n. 085, notação n. 239.
FICHA n. 086, notação n. 246.
FICHA n. 087, notação n. 247.
FICHA n. 102, notação n. 243.

FICHAS TÉCNICAS DOS FILMES
Alberto Cavalcanti

Direção

Le Train sans yeux. França, 1926, p&b. Roteiro: Alberto Cavalcanti, baseado no romance de Louis Delluc. Fotografia: Jimmy Rogers. Com Gina Manès. Rodado em Berlim, Paris e Côte d'Azur.
Rien que les heures. França, 1926, p&b, 36 minutos. Produção: Neofilm. Com Nathalie Lissenko, Catherine Hesseling.
En rade. França, 1927, p&b, mudo, 50 minutos. Roteiro: Alberto Cavalcanti. Produção: Neofilm. Com Catherine Hessling.
Yvette. França, 1928, p&b, mudo. Com Catherine Hessling. Baseado no conto homônimo de Guy de Maupassant. Rodado nos estúdios Billancourt.
Le Capitaine Fracasse. França, 1929, p&b, mudo. Roteiro: Alberto Cavalcanti. Com René Bergeron, Lien Deyers, Charles Boyer, Pierre Blanchar, Henry Wulschlegez.
La Jalousie du barbouillé. França, 1929, p&b. Roteiro: Alberto Cavalcanti, baseado em peça de Molière. Com Jean Aymé, Jeanne Helbling, Philippe Hériat, Fred Pasquali.
La P'tite Lilie. França, 1929, p&b, mudo, 15 minutos. Com Catherine Hessling, Jean Renoir.
Le Petit chaperon rouge. França, 1929, p&b, mudo. Com Catherine Hessling, Jean Renoir.
Vouz verrez la semaine prochaine. França, 1929, p&b.

Toute sa vie. França, 1930, p&b, 90 minutos. Produção: Paramount. Com Marcelle Chantal (Suzanne Valmond), Fernand Fabre (Jim Grey), Elmire Vautier (Mrs. Asmore), Paul Guidé (Mr. Asmore), Pierre Richard-Willm (Stanley Vanning), Jean Mercanton (Bobby).

A Canção do Berço. Portugal, 1931, p&b, 82 minutos. Produção: Paramount. Com Raul de Carvalho, Corina Freire, Alexandre de Azevedo, Ester Leão, Alves da Costa.

Dans une île perdue. França, 1931, p&b.

Les Vacances du diable. França, EUA, 1931, p&b.

À mi-chemin du ciel. França, 1931, p&b.

Le Truc du Brésilien. França, 1932, p&b.

En lisant le journal. França, 1932, p&b.

Le Jour du frotteur. França, 1932, p&b.

Nous ne ferons jamais le cinéma. França, 1932.

Revue montmartroise. França, 1932, p&b.

Tour de chant. França, 1932, p&b.

Coralie et cie. França, 1933, p&b.

Le Mari garçon. França, 1933, p&b.

Plaisirs défendus. França, 1933, p&b.

Pett and Pott: A Fairy Story of the Suburbs. Inglaterra, 1934, p&b, 33 minutos. Roteiro (não creditado), Som (não creditado), Supervisão (não creditado), Edição (não creditado): Alberto Cavalcanti. Produção: GPO Film Unit. Com Alberto Cavalcanti (J. Leviticus).

SOS Radio Service. Inglaterra, 1934, p&b. Produção: GPO Film Unit.

The Glorious Sixth of June/New Rates (Inglaterra, 1934, p&b, documentário, curta-metragem). Produção: GPO Film Unit.

Coal Face. Cara de Carvão, Inglaterra, 1935, p&b, 12 minutos. Direção (não creditado) e Roteiro (não creditado): Alberto Cavalcanti. Produção: GPO Film Unit. Texto: W.H. Auden.

BBC: *The Voice of Britain*. Inglaterra, 1935, p&b, 56 minutos. Direção e Roteiro: Stuart Legg. Produção: John Grierson, Stuart Legg, Alberto Cavalcanti (não creditado)/GPO Film Unit. Fotografia: George Noble, J.D. Davidson, W. Shenton. Com Stanley Baldwin, Ramsay MacDonald, George Lansbury, David Low, George Bernard Shaw, G.K. Chesterton, H.G. Wells, J.B. Priestley e muitos outros.

Message from Geneva. Inglaterra, 1936, p&b. Som: Alberto Cavalcanti. Produção: GPO Film Unit.

Line to Tschierva Hut. Inglaterra, 1937, p&b. Direção: Alberto Cavalcanti (não creditado). Produção: GPO Film Unit.

We Live in Two Worlds: A Film Talk by J.B. Priestley. Inglaterra/Suíça, 1937, p&b, 15 minutos. Roteiro: J.B. Priestley. Narração: J.B. Priestley. Produção: GPO Film Unit.

Who Writes to Switzerland. Inglaterra, 1937, p&b. Produção: GPO Film Unit.

Four Barriers. Inglaterra, 1938, p&b. Direção: Alberto Cavalcanti (não creditado). Produção: GPO Film Unit.

Mony a Pickle. Inglaterra, 1938, p&b. Produção: Alberto Cavalcanti/GPO Film Unit.

Happy in the Morning: A Film Fantasy. Inglaterra, 1938, p&b. Roteiro: Alberto Cavalcanti. Produção: Alberto Cavalcanti/GPO Film Unit.

A Midsummer Day's Work/Mid-Summer Day's Work. Inglaterra, 1939, p&b, 13 minutos. Produção: GPO Film Unit.
The Chiltern Country. Inglaterra, 1939, p&b. Produção: GPO Film Unit.
Men of the Alps. Inglaterra/Suíça, 1939, p&b. Direção: Alberto Cavalcanti (não creditado). Produção: GPO Film Unit.
Factory Front. Inglaterra, 1940. Produção: GPO Film Unit.
French communiqué. Inglaterra, 1940. Produção: GPO Film Unit.
La Cause commune. Inglaterra, 1940. Produção: GPO Film Unit.
Mastery of the Sea. Inglaterra, 1940. Produção: GPO Film Unit.
Young Veteran. Inglaterra, 1940. Produção: Alberto Cavalcanti.
Yellow Caesar. Inglaterra, 1941, p&b, 24 minutos. Roteiro: Michael Foot, Frank Owen. Diálogos: Adrian Brunel. Comentário: Michael Frank. Com Douglas Byng (Simpatizante Inglês), Marcel King (Voz de Benito Mussolini), Sam Lee (Voz de Benito Mussolini), Lito Masconas (Locutor de Rádio Italiano), Max Spiro (Voz de Benito Mussolini), Feliks Topolski (Cartunista), Jack Warrock (Voz de Benito Mussolini). Edição: Charles Crichton. Som: Eric Williams. Cenas Adicionais: Adrian Brunel. Produção: Michael Balcon, John Croydon/Ealing Studios.
Went the Day Well?/48 hours. Inglaterra, 1942, p&b, 93 minutos. Produção: Ealing Studios. Com Leslie Banks, Marie Lhor, Basil Sydney, Elizabeth Allan, Michael Balcon.
Alice in Switzerland. Suíça, 1942, cor. Realizado em 1938, o filme só estreou em 1942.
Film and Reality. Inglaterra, 1942, p&b, 100 minutos. Produção: Alberto Cavalcanti/GPO Film Unit.
Waterlight. Inglaterra, 1943, p&b. Produção: Ealing Studios.
Trois chansons de la résistance/Soup Before Sunrise. França, 1943.
Champagne Charlie. Inglaterra, 1944, p&b, 105 minutos. Produção: Ealing Studios.
Dead of Night. Inglaterra, 1945, p&b, 102 minutos. Filme composto de seis segmentos. Direção: Basil Dearden (*The Linking Story* e *The Hearse Driver*); Robert Hamer (*The Haunted Mirror*); Charles Crichton (*The Golfing Story*); Alberto Cavalcanti (*Christmas Party* e *The Ventriloquist's Dummy*). Produção: Ealing Studios.
The Sky's the Limit. Inglaterra, 1945. Produção: Ealing Studios.
Nicholas Nickleby/The Life and Adventures of Nicholas Nickleby. Inglaterra, 1947, p&b, 107 minutos. Produção: Ealing Studios. Com Cedric Hardwicke, Derek Bond, Stanley Holloway, Mary Merrall.
They Made Me a Fugitive/I Became a Criminal/They Made me a Criminal. Inglaterra, 1947, p&b, 96 ou 103 minutos. Roteiro: Jackson Budd e Noel Langley, com base no romance *A Convict has escaped*, de Jackson Budd. Com Sally Gray (Sally), Trevor Howard (Clem Morgan), Griffith Jones (Narcy), René Ray (Cora), Mary Merrall (Aggie), Michael Brennan (Jim), Jack McNaughton (Soapy), Cyril Smith (Bert), John Penrose (Shawney), Eve Ashley (Ellen), Phyllis Robins (Olga), Bill O'Connor (Bill), Maurice Denham (Mr.Fenshaw), Vida Hope (Mrs.Fenshaw).
The First Gentleman/Affairs of a Rogue. Inglaterra, 1947. Produção: Ealing Studios.
For them that Trespass. 1949). Produção: Ealing Studios.
Simão, o Caolho. Brasil, São Paulo, 1952, p&b, 95 minutos. Produção: Alfredo Palácios/Cinematográfica Maristela. Montagem: José Cañizares. Com

Mesquitinha, Raquel Martins, Carlos Araújo, Nair Belo, Cláudio Tovar, Maurício de Barros. Co-produção: Johnny Waterhouse. Assistência de produção: Cláudio Barsotti; Caio Scheiby. Distribuição: União Cinematográfica Brasileira (UCB). Roteiro: Alberto Cavalcanti; Adaptação: Miroel Silveira, Oswaldo Moles com base em personagens de crônicas de Galeão Coutinho. Assistência de direção: Roberto Perchiavalli, Oswaldo Katalian, Osvaldo Piltcher. Continuidade: Alberto Rosas. Direção de fotografia: Francisco Fekete (Ferenc). Assistência de fotografia: Adolfo Paz Gonzáles. Câmera: Guelfo Martini. Assistência de câmera: Juan Carlos Landini. Fotografia de cena: Alfredo Vladas. Direção de som: Jacques Lesgards. Assistente de som: Tommy Olenewa. Montagem: José Canizares. Cenografia: Ricardo Sievers. Assistência de cenografia: Francisco Balduíno. Decoração: Franco Ceni, Música: Souza Lima. Regente: Eduardo Guarnieri. Com Mesquitinha (Simão), Yara Aguiar (Conceta), Carlos Araújo (Santo), Sônia Coelho (Moreninha), Raquel Martins (Marcolina). Prêmios: Associação Brasileira de Cronistas Cinematográficos 1952 (Rio de Janeiro) de Melhor Diretor. Saci 1952 (São Paulo) de Melhor Diretor para Cavalcanti; de Melhor Ator Secundário para Barsotti; de Melhor Adaptação para Silveira e Moles.

O Canto do Mar. Brasil, São Paulo, 1953, p&b, 80 ou 83 minutos. Produção: Alberto Cavalcanti. Roteiro: Cavalcanti e José Mauro de Vasconcelos. Direção de Fotografia: Cyril Arapoff, Humberto Franceschi. Câmera: Paolo La Vale Reale. Direção de Som: Hilario Marcelino, Sergio Alvarez. Edição: José Cañizares. Cenografia: Ricardo Sievers. Com Rui Saraiva, Alfredo de Oliveira, Aurora Duarte, Margarida Cardoso, Cacilda Lanuza. Prêmios: Primeiro Prêmio no VIII Festival de Karlovy-Vary 1955 (Tchecoslováquia). Prêmio de Melhor Filme da Associação Brasileira de Cronistas Cinematográficos 1953 (Rio de Janeiro). Prêmio Governador do Estado 1953 (São Paulo) de Melhor Produção (Cavalcanti), Melhor Montagem (José Canizares) e Melhor Música (Guerra Peixe).

Mulher de Verdade. Brasil, 1954, p&b, 88 minutos. Produção e Roteiro: Alberto Cavalcanti. Direção de fotografia: Edgar Brazil. Som: Sérgio Alvarez. Edição: José Cañizares. Cenografia: Francisco Balduino. Direção musical: Cláudio Santoro. Canções: "Catarina do Barulho", de Nilsa Gomes e David Raw; "O Mundo é uma Bola", de Paulo Vanzolini; "No Carandiru", de Paulo Vanzolini; "Os Amigos no Inferno", de Paulo Vanzolini; "A Sanfona do Jumento", de Caco Velho e Vera Porto; "Amélia", de Ataulfo Alves e Mário Lago; "Fume um Cigarro", de David Raw e Victor Simon; "Férias em Bicas", de Honorato; "Maria José", de Claudio Santoro e Oswaldo Moles. Intérprete: Agostinho dos Santos. Com Colé, Inezita Barroso, Carla Nell, Caco Velho, Carlos Araujo, Dirce Pires, Nestório Lips, Gessy Fonseca, Zé Bacuráu, Adoniran Barbosa, Valdo Wanderley. Prêmios: Prêmio Saci 1955 (São Paulo) de Melhor Atriz (Inesita Barroso). Prêmio Governador do Estado 1955 (São Paulo) de Melhor Atriz (Inesita Barroso).

Herr Puntila und sein Knecht Matti. Áustria, 1955, cor, 105 ou 97 minutos. Roteiro: Bertolt Brecht, Alberto Cavalcanti, Vladimir Pozner, Ruth Wieden, baseado num conto de Hella Wuoljok. Produção: Heinrich Bauer, Herbert Kollmann. Música: Hanns Eisler. Fotografia: André Bac. Edição: Josef Juvancic. Direção de Arte: Erik Aaes, Hans Zehetner. Figurino: Hill Reihs-Gromes. Produção Executiva: Gerald Martell, Jakob Palle.

Assistência de Direção: Max Friedmann. Som: Alfred Norkus, Hans Riedl. Com Curt Bois (Johannes Puntila), Heinz Engelmann (Matti Altonen), Maria Emo (Eva Puntila), Erika Pelikowsky (Sandra), Yelena Polevitskaya (Sandra Klinckmann), Inge Holzleitner (Fina), Dorothea Neff (Pröbstin), Elfriede Irrall (Lisu), Edith Prager (Manda), Erland Erlandsen (O Attaché), Karl Skraup (Josef, o farmacêutico), Otto Schmöle (Juiz), Otto Wögerer (Bibelius), Max Brod (Advogado), Fritz Heller (Ministro).

Die Windrose. RDA, 1954-1957. Produzido para o Congresso da Federação Internacional das Mulheres Democráticas. Supervisão, Edição e Direção do Prólogo: Alberto Cavalcanti.

La Prima notte/Les Noces venitiennes. Itália/França, 1958, cor.

The Monster of Highgate Ponds. Inglaterra, 1960.

How to be a Hostess. Inglaterra, 1961.

Herzl/Story of Israel/Thus spoke Theodore Herzl/Ainsi parlait Theodor Herzl. Israel, 1967, cor, 51 minutos. Roteiro: Alberto Cavalcanti. Produção: Yigal Efrati. Narração: Haim Yavin, Ester Sofer. Voz de Theodor Herzl: Izhak Michael Sheila. Fotografia principal: Marco Yacov. Fotografia secundária: George Passis, James Rogers. Edição: Ana Langotski. Edição de som: Jaco Achrlich. Auxiliar de roteiro: Sara Novick. Pesquisa: Natan Kleinman. Música: Yossef Mar-Haim. Gravação: Avraham Yafe, Zalman Nastigal, Yoram Podgor. Atores de *Altneuland*: Ilan Dar, Margalit Stander. Consultoria: Yossef Vankrat. Equipe de produção: Moshe Rivlin, Dan Avini, Dr. Alex Bein. Assistente de direção e produção: Oded Bari. Agradecimentos: Zim El-Al, Museu de Israel, Arquivo Central Hatsioni, Hahistadrut Hatsionit, Beit Hasefarim Haleumi, Yad Vashem, Teatro Municipal de Haifa, Hahistadrut Medicina Hadassa e a todos os órgãos públicos que ajudaram a produzir o filme. Laboratório: Ulpanei Hasrata Leisrael, Nordisk Film Technic Denmark. Realização: Departamento de Filmes do Gabinete do Primeiro Ministro, Ministério do Exterior, Agência Judaica de Israel. Versão americana: *Story of Israel.* Narração: Stanley Broza e Anita Davies./Versão inglesa: *Thus Spoke Theodore Herzl.* Narração: Leo Genn./Versão francesa: *Ainsi parlait Theodor Herzl.* Narração: Yves Robert.

Les Empaillés. França, 1969, TV, cor. Roteiro: Jeannine Worms. Produção: Office de Radiodiffusion Télévision Française (ORTF), Canal 2. Com André Bellec, Georges Bellec, François Soubeyran e Paul Tourenne (Les Empaillés/Les Frères Jacques), Dora Doll (Gerente), Denise Gence (Cliente), Denise Benoît (Cliente), Ginette Leclerc (Cliente), Philippe Ogouz (Hector), Cécile Vassort (Delphine).

La Visite de la vieille dame. França, 1971, TV, cor. Direção: Alberto Cavalcanti. Roteiro: Jean-Pierre Porret, adaptado da peça de Friedrich Dürrenmatt. Com Mary Marquet (Clara), Louis Arbessier (Alfred III), Pierre Asso (Boby), Jean Tissier (Koby), Paul Demange (Loby), Sacha Briquet (Marido de Clara), Pierre Duncan (Roby), Jacques Andriot (Toby), Marie Lavollée (Camareira), Fanny Robiane (Mathilde), Albert Médina (Prefeito), Odette Laure (Annette, esposa do Prefeito).

Le Voyageur du silence. França, 1976, TV, cor.

Um Homem e o Cinema. Brasil, 1977, cor e p&b, 160 minutos.

Projetos Inacabados

Doutor Vital Brasil. Brasil, 1952. Produção: Alberto Cavalcanti/Kino Filmes.
Anchieta. Brasil, 1953. Produção: Alberto Cavalcanti/Kino Filmes.
As Cartas. Brasil, 1953. Roteiro: Alberto Cavalcanti, Isaac Gondim Filho. Produção: Alberto Cavalcanti/Kino Filmes.
As Doutoras. Brasil, 1953. Produção: Alberto Cavalcanti/Kino Filmes.
Nega Fulô. Brasil, 1953. Produção: Alberto Cavalcanti/Kino Filmes. O projeto foi aproveitado em um teleteatro da TV Record, em 1954.
A Retirada da Laguna. Brasil, 1953. Produção: Alberto Cavalcanti/Kino Filmes.

Funções Diversas

El Dorado. França, 1921, p&b, 100 minutos, mudo. Figurino: Alberto Cavalcanti.
Réssurrection. França, 1923, p&b, mudo, inacabado. Direção: Marcel L'Herbier. Direção de Arte: Alberto Cavalcanti.
L'Inondation. França, 1923, p&b, 77 minutos, mudo. Direção: Louis Delluc. Direção de Arte: Alberto Cavalcanti.
L'Inhumaine. (A Inumana). França, 1923, 135 minutos, p&b, mudo. Direção: Marcel L'Herbier. Direção de Arte: Alberto Cavalcanti.
La Galerie des monstres/La Barraca de los Monstruos. França/Espanha, 1924, p&b, mudo). Direção: Jaque-Catelain. Direção de Arte: Marcel L'Herbier. Assistência de Direção: Alberto Cavalcanti.
The Little People. 1926, p&b, mudo. Direção: George Pearson. Direção de Arte: Alberto Cavalcanti.
Feu Mathias Pascal. França, 1926, 170 minutos, p&b, mudo. Direção: Marcel L'Herbier. Direção de Arte: Erik Aaes, Alberto Cavalcanti, Lazare Meerson. Assistência de Direção: Alberto Cavalcanti.
Voyage au Congo. França, 1926, p&b, 100 minutos, mudo. Direção: Marc Allégret. Edição: Alberto Cavalcanti.
Tire-au-flanc. França, 1928, p&b, 120 minutos, mudo. Direção: Jean Renoir. Roteiro: Jean Renoir, André Cerf, Alberto Cavalcanti, Claude Heymann, a partir da peça de André Sylvane e André Mouézy-Éon.
Au Pays du scalp. França, 1931, 75 minutos. Direção: Marquis de Wavrin. Edição: Carl Himn, Alberto Cavalcanti (não creditado).
Windmill in Barbados. 1933. Som: Alberto Cavalcanti (não creditado).
Granton Trawler. Inglaterra, 1934, 11 minutos. Direção: Edgar Anstey e John Grierson. Som: E.A. Pawley (gravador), Alberto Cavalcanti (engenheiro de som, não creditado).
The Song of Ceylon. Inglaterra, 1934, p&b, 38 minutos. Direção: Basil Wright. Som: Alberto Cavalcanti (engenheiro de som, não creditado).
The King's Stamp. Inglaterra, 1935, p&b e cor, 20 minutos. Produção: Alberto Cavalcanti (não creditado)/GPO Film Unit. Direção: William Coldstream.
Rainbow Dance. Inglaterra, 1936, 4 minutos, cor. Direção: Len Lye. Produção: Alberto Cavalcanti/GPO Film Unit.
Night Mail. Inglaterra, 1936, p&b, 25 minutos. Direção, Produção: Basil Wright e Harry Watt. Produção: John Grierson. Som: Alberto Cavalcanti. Poema:

W.H. Auden. Comentário: John Grierson, Stuart Legg. Condutor Ferroviário: Robert Rae. Música: Benjamin Britten. Fotografia: H.E. Fowle (Chick Fowle), Jonah Jones. Edição: Basil Wright, R.Q. McNaughton. Supervisão: John Grierson. Som: W.H. Auden, Benjamin Britten, Alberto Cavalcanti (diretores de som), E.A. Pawley, Sullivan (gravadores). Assistente de Produção: Pat Jackson.

The Saving of Bill Blewitt. Inglaterra, 1936, p&b, 26 minutos. Direção: Harry Watt. Produção: Alberto Cavalcanti, John Grierson/GPO Film Unit. Assistência de Direção (não creditado): Pat Jackson. Câmeras: Jones, Onions. Trilha: Benjamin Britten. Com Bill Blewitt (não creditado), aldeões de Mousehole, Cornuália.

Big Money. Inglaterra, 1937, p&b, 14 minutos. Direção: Harry Watt. Produção: Alberto Cavalcanti/GPO Film Unit.

Book Bargain. Inglaterra, 1937, 8 minutos, p&b. Direção: Norman McLaren. Produção: Alberto Cavalcanti/GPO Film Unit.

Daily Round. Inglaterra, 1937, p&b. Direção: Richard Massingham e Karl Urbahn. Produção: Alberto Cavalcanti/GPO Film Unit.

North of the Border. Inglaterra, 1937, p&b. Produção: Alberto Cavalcanti/GPO Film Unit.

The Tocher. Inglaterra, 1937, p&b, 5 minutos. Direção: Lotte Reiniger. Produção: Alberto Cavalcanti/GPO Film Unit.

At The Third Stroke. Inglaterra, 1938, p&b. Produção: Alberto Cavalcanti (não creditada)/GPO Film Unit.

Men in Danger. Inglaterra, 1938, p&b. Produção: Alberto Cavalcanti/GPO Film Unit (não creditada).

N or NW. Inglaterra, 1938, p&b, 8 minutos. Direção: Len Lye. Supervisão: Alberto Cavalcanti/GPO Film Unit.

North Sea. (Mar do Norte), Inglaterra, 1938, p&b, 32 minutos. Direção: Harry Watt. Produção: Alberto Cavalcanti/GPO Film Unit.

Speaking from America. Inglaterra, 1938, p&b. Produção: Alberto Cavalcanti (não creditado)/ GPO Film Unit.

Love on the Wing. Inglaterra/Canadá, 1939, p&b, 5 minutos. Direção: Norman MacLaren. Produção: Alberto Cavalcanti/GPO Film Unit.

Health for the Nation. Inglaterra, 1939, p&b. Produção: Alberto Cavalcanti/ GPO Film Unit.

Spare Time/British Workers. Inglaterra, 1939, p&b, 15 minutos. Direção: Humphrey Jennings. Produção: Alberto Cavalcanti/GPO Film Unit.

The City: A Film Talk by Sir Charles Bressey. Inglaterra, 1939, p&b. Produção: Alberto Cavalcanti/GPO Film Unit.

The First Days. Inglaterra, 1939, p&b, 23 minutos. Direção: Pat Jackson, Humphrey Jennings, Harry Watt. Produção: Alberto Cavalcanti/GPO Film Unit.

The HPO/Heavenly Post Office. Inglaterra, 1939, p&b, 4 minutos. Direção: Lotte Reiniger. Produção: Alberto Cavalcanti/GPO Film Unit.

Forty Million People. Inglaterra, 1939, p&b, 25 minutos. Direção John Monck. Produção: Alberto Cavalcanti/Crown Film Unit.

Squadron 992. Inglaterra, 1939, p&b, 26 minutos. Direção: Harry Watt. Produção: Alberto Cavalcanti/GPO Film Unit.

Men of the Lightship. Inglaterra, 1940, p&b, 25 minutos (versão americana), 10 minutos (versão inglesa). Direção: David MacDonald. Produção: Alberto Cavalcanti/Crown Film Unit/Ministry of Information

Salvage with a Smile. Inglaterra, 1940, p&b. Direção: Adrian Brunel. Produção: Michael Balcon, Alberto Cavalcanti/Ealing Studios.
Sea Fort. Inglaterra, 1940. Produção: Alberto Cavalcanti/Crown Film Unit.
Spring Offensive. Inglaterra, 1940, p&b, 20 minutos. Direção: Humphrey Jennings. Produção: Alberto Cavalcanti/Crown Film Unit.
The Ghost of St. Michael's. Inglaterra, 1941, p&b, 82 minutos. Direção: Marcel Varnel. Direção de Arte: Alberto Cavalcanti/Ealing Studios.
Turned Out Nice Again. Inglaterra, p&b, 81 minutos. Direção de Arte: Alberto Cavalcanti (não creditado)/Wilfred Shingleton/Ealing Studios.
Find, Fix and Strike. Inglaterra, 1942, p&b. Produção: Alberto Cavalcanti/Ealing Studios. Direção: Marcel Varnel.
Greek Testament. Inglaterra, 1942, p&b, 45 minutos. Produção: Alberto Cavalcanti/Ealing Studios.
The Big Blockade. Inglaterra, 1942, p&b, 73 minutos. Direção: Charles Frend. Produção: Michael Balcon, Alberto Cavalcanti/Ealing Studios.
The Foreman Went to France/Somewhere in France. (Querer é Poder), Inglaterra, 1942, p&b, 87 minutos. Direção: Charles Frend. Produção: Michael Balcon, Alberto Cavalcanti, Ealing Studios.
The Halfway House. Inglaterra, 1944, p&b, 95 minutos. Produção: Michael Balcon, Alberto Cavalcanti, Ealing Studios.
The Captive Heart. Inglaterra, 1946, p&b, 104 minutos. Direção: Basil Dearden. Produção: Michael Balcon, Michael Relph, Alberto Cavalcanti (não creditado), Ealing Studios.
Caiçara. Brasil, São Paulo, 1950, p&b, 100 minutos. Direção: Adolfo Celi. Produção: Alberto Cavalcanti/Companhia Cinematográfica Vera Cruz. Roteiro: Adolfo Celi, Alberto Cavalcanti, Ruggero Jacobbi. Prêmio Governador do Estado de São Paulo 1952 de Melhor Produtor (Alberto Cavalcanti).
Terra é Sempre Terra. Brasil, São Paulo, 1951, p&b, 85 minutos. Direção: Tom Payne. Produção: Alberto Cavalcanti/Companhia Cinematográfica Vera Cruz. Roteiro: Alberto Cavalcanti, Guilherme de Almeida, Abílio Pereira de Almeida. Prêmio Saci 1951 de Melhor Produtor (Alberto Cavalcanti).
Ângela. Brasil, 1951, p&b, 95 minutos. Direção: Tom Payne e Abílio Pereira de Almeida. Roteiro: Alberto Cavalcanti, Nery Dutra, Aníbal Machado.
Painel. Brasil, 1951, p&b, 16 ou 20 minutos. Direção: Victor Lima Barreto. Produção: Alberto Cavalcanti/Vera Cruz.
Santuário. Brasil, 1952, p&b, 18 ou 25 minutos. Direção: Victor Lima Barreto. Produção: Alberto Cavalcanti/Vera Cruz.
Volta Redonda. Brasil, São Paulo, 1952, p&b, 24 minutos. Direção: John Waterhouse. Produção: Alberto Cavalcanti/Kino Filmes.
São Paulo em Festa. Brasil, 1954, p&b, 52 minutos. Direção: Victor Lima Barreto. Produção: Alberto Cavalcanti/Kino Filmes.
Die Windrose (RDA, 1954-1957). Direção: Serge Guérassimov (Rússia), Wu Kuo--Yin (China), Bellon (França), Gillo Pontecorvo (Itália), Alex Viany (Brasil). Supervisão, Edição, Direção do Prólogo: Alberto Cavalcanti. Episódio brasileiro: *Ana*. Brasil, Cocorobó/BA, 1957, cor, 25 minutos. Direção: Alex Viany. Roteiro: Jorge Amado, Alberto Cavalcanti, Trigueirinho Neto.

Sobre Alberto Cavalcanti

Film and Reality. Inglaterra, 1942, p&b, 100 minutos.
Ciclo da Vera Cruz. Brasil, 1968, p&b, 20 minutos. Direção: Alfredo Sternheim e Ruy Pereira da Silva. Sobre a fundação da Companhia Cinematográfica Vera Cruz e suas produções.
Panorama do Cinema Brasileiro. Brasil, 1968, p&b, 40 minutos. Direção: Jurandir Passos de Noronha. Sobre a experiência da Companhia Cinematográfica Vera Cruz.
Cinéastes de notre temps: La Première vague. França, 1968, TV. Produção: ORTF. Depoimento: Alberto Cavalcanti.
Letters from Stalingrad. França, 1969, p&b. Direção: Gilles Katz. Fotografia: Gérard Brisseau. Com Alberto Cavalcanti (Astrônomo), James Cellier (Soldado), Paul Crauchet (Pianista), Gilles Katz (Capitão SS), Frederic Muninger (Filho), Patricia Saint-Georges (Mulher), Gilles Ségal (Paul), Pierre Tabard (Capitão).
A Batalha dos Sete Anos. Brasil, 1969, p&b, 18 minutos. Direção: Alfredo Sternheim.
Alberto Cavalcanti. Brasil, 1970, p&b, 18 minutos. Direção: Alfredo Sternheim.
Grierson. Inglaterra, 1973. Depoimento: Alberto Cavalcanti.
Histoire du cinéma français par ceux qui l'ont fait. França, 1974, TV. Depoimento: Alberto Cavalcanti.
Um Homem e o Cinema. Brasil, 1977. Depoimento: Alberto Cavalcanti.
Arena: Cinema BBC. Inglaterra, 1977. Depoimento: Alberto Cavalcanti.
He Stands in the Desert Counting the Seconds of His Life. EUA, 1986, 124 minutos. Direção: Jonas Mekas. Com Kenneth Anger, Robert Breer, Alberto Cavalcanti, Richard Foreman, Hollis Frampton, Allen Ginsberg, Marcel Hanoun, Jacqueline Kennedy, John F. Kennedy, Peter Kubelka, Henri Langlois, John Lennon, George Maciunas, Yoko Ono, Hans Richter, Roberto Rossellini, Willard Van Dyke, Andy Warhol. Colagem de fragmentos de *home movies* feitos por Mekas nas décadas de 1970-1980.

David Perlov

Direção

Tante chinoise et les autres. (França, 1957, 17 minutos, 16 mm, cor, ficção).
Cinematic Monthly (Israel, 1959-1960, 15 minutos, 35mm, p&b, documentário).
Shoemakers' Alley in Jaffa (Israel, 1959, 35mm, p&b, documentário, curta-metragem).
Fishermen in Jaffa (Israel, 1960, 11 minutos, p&b, documentário).
Malben/Old Men's Home/Old Age Home (Israel, 1962, 13 minutos, p&b, 35mm, documentário). Produção: CJF Films. Fotografia: Marco Yacovlevitch. Edição: I. Bem Dor. Narração: R. Morgan.
High Voltage (Israel, 1961, 13 minutos, p&b, 35mm, documentário).
The Bedbug (Israel, 1961, 40 minutos, p&b, 35mm, Cinemascope).
In Thy Blood Live (Israel, 1962, 17 minutos, p&b, documentário).

BIBLIOGRAFIA

In Jerusalem/À Jérusalem (Em Jerusalém, Israel, 1963, 33 minutos, cor, documentário, 35 mm). Música: Oeden Partos, conduzida por Gary Bertini.
Tel Aviv (Israel, 1964, 13 minutos, p&b, documentário). Texto: Nathan Zach.
Tel Katzir (Israel, 1964, 13 minutos, p&b, documentário). Narração: Hayim Topol.
National Water Carrier (Israel, 1964-1966, 3 versões: 60, 25 e 13 minutos, cor, documentário).
New Lines (Israel, 1965, 13 minutos, p&b, documentário). Texto: Yehoshua Knaz. Menção honrosa no Festival do Filme de Praga.
Theater in Israel – 1967 (Israel, 1967, 26 minutos, cor, documentário).
Oil Pipe Line (Israel, 1968-1969, 13 minutos, cor, documentário). Reportagem sobre o projeto de oleoduto de Eilat-Ashkelon.
Israeli Theater/Theater in Israel (Israel, 1967, cor, documentário, 35mm); *Bedek Aircraft* (Israel, 1969, 25 minutos, cor, filmes publicitários).
Navy (Israel, 1970, 11 minutos, cor, documentário). Desenhos originais: Yigael Tumarkin. Introdução: Ron Bem-Yishai.
Each and Every Immigrant (Israel, 1971, 10 minutos, p&b, documentário). Direção: David Perlov, Ygal Burstyn, Avraham Heffner e David Kedem.
42:6/The Life of David Ben-Gurion, 42:6 (Suíça/Israel, 1969, 100 minutos, 35mm, ficção, cor, Eastmancolor). Produção: Abraham Rad, Melville Mark. Roteiro: Eric Palce (ou Arik Paice). Música: Wilfred Josephs. Direção Musical: Phillip Martell. Direção de Fotografia: Adam Grinberg. Dublagem: John Gurr. Versão Francesa: Alain Gaier. Edição de Som: Chris Lysaght. Som: Paul Carr. Efeitos Gráficos: Michael Graham-Smith (designer), Brian Beardmore. Câmera: Brian Loftus. Voz de Ben-Gurion: Leonard Rossiter. Com Israel Gurion.
Ha-Glula/The Pill/La Pilule (1967-1972, ficção). Roteiro: Nissim Aloni. Com Idit Astruck, Yossi Banai, Shraga Friedman, Zaharira Harifai, Avner Hizkiyahu, Hilda Anat Shapira, Gideon Singer, Germaine Unikovsky. Produção: Joseph Hershenzon. Trilha: Yohanan Zaray. Fotografia: Adam Greenberg. Edição: Dov Hoenig, Jean-Claude Zarbiv. Som: Eli Yarkoni.
Navy (Israel, 1970, documentário).
Settlement 3 (Israel, 1973, 17 minutos, documentário, cor, 16mm).
A Letter to México (Israel, 1973, 12 minutos, documentário, cor).
25 Years Ago (Israel, 1973, TV). Filme com seis episódios, realizado por diversos diretores, incluindo um episódio dirigido por David Perlov.
The Delegation (Israel, 1974, 60 minutos, cor, documentário, 16mm).
Isaac Stern (Israel, 1976, 25 minutos, documentário, cor, 16mm).
Biba (Israel, 1977, 58 minutos, cor, documentário, 16mm). Música: Oeden Partos. Vocal: Mira Zakai.
Pillar of Fire (Israel, 1978, 40 minutos, cor, 16mm). Minissérie de TV. David Perlov dirigiu um dos episódios.
Memories of the Eichmann Trial (Israel, 1979, 60 minutos, p&b, documentário, 16mm).
Yoman – 1/Diary – 1/Journal – 1/(Israel, 1973-1977, 52 minutos, cor & p&b, documentário). Fotografia: David Perlov, Gadi Danzig, Y. Sicherman, Yahin Hirsch. Montagem: Yael Perlov, Jacques Erlich, Noga Darevski, Y. Greenfeld, L. Ziny, S. Vainess, B. Leon, D. Arav. Música: Shem Tov Lev. Produção: Mira Perlov. Produtora: Channel 4.
Yoman – 2/Diary – 2/Journal – 2 (Israel, 1978-1980, 52 minutos, cor & p&b, documentário). Fotografia: David Perlov, Gadi Danzig, Y. Sicherman,

Yahin Hirsch. Montagem: Yael Perlov, Jacques Erlich, Noga Darevski, Y. Greenfeld, L. Ziny, S. Vainess, B. Leon, D. Arav. Música: Shem Tov Lev. Produção: Mira Perlov. Produtora: Channel 4.

Yoman – 3/Diary – 3/Journal – 3 (Israel, 1981-1982, 52 minutos, cor & p&b, documentário). Fotografia: David Perlov, Gadi Danzig, Y. Sicherman, Yahin Hirsch. Montagem: Yael Perlov, Jacques Erlich, Noga Darevski, Y. Greenfeld, L. Ziny, S. Vainess, B. Leon, D. Arav. Música: Shem Tov Lev. Produção: Mira Perlov. Produtora: Channel 4.

Yoman – 4/ Diary – 4/Journal – 4/(Israel, 1982-1983, 52 minutos, cor & p&b, documentário). Fotografia: David Perlov, Gadi Danzig, Y. Sicherman, Yahin Hirsch. Montagem: Yael Perlov, Jacques Erlich, Noga Darevski, Y. Greenfeld, L. Ziny, S. Vainess, B. Leon, D. Arav. Música: Shem Tov Lev. Produção: Mira Perlov. Produtora: Channel 4.

Yoman – 5/Diary – 5/Journal – 5/(Israel, 1983, 52 minutos, 35 mm, cor & p&b, documentário). Roteiro: David Perlov. Fotografia: David Perlov, Gadi Danzig, Y. Sicherman, Yahin Hirsch. Montagem: Yael Perlov, Jacques Erlich, Noga Darevski, Y. Greenfeld, L. Ziny, S. Vainess, B. Leon, D. Arav. Música: Shem Tov Lev. Produção: Mira Perlov. Produtora: Channel 4.

Yoman – 6/Diary – 6/Journal – 6/(Israel, 1983, 52 minutos, 35 mm, cor & p&b, documentário). Roteiro: David Perlov. Fotografia: David Perlov, Gadi Danzig, Y. Sicherman, Yahin Hirsch. Montagem: Yael Perlov, Jacques Erlich, Noga Darevski, Y. Greenfeld, L. Ziny, S. Vainess, B. Leon, D. Arav. Música: Shem Tov Lev. Produção: Mira Perlov. Produtora: Channel 4.

In Search of Ladino (Israel, 1985, 60 minutos, documentário, TV). Direção: David Perlov. Reportagem sobre o dialeto dos judeus espanhóis sefarditas para a TV israelense.

Tel Katzir '93 (Israel, 1993, 50 minutos, cor, vídeo, documentário).

Purim Every Day (Israel, 1993, 14 minutos, cor, vídeo, documentário). Para o canal 2 da TV israelense.

Shlomi (Israel, 1994, 22 minutos, cor, 16mm, documentário). Para o canal 1 da TV israelense.

Yavne Street (Israel, 1994, 25 minutos, cor, 16mm, documentário). Para o canal 2 da TV israelense.

A New Opera (Israel, 1995, 60 minutos, cor, 16mm, documentário). Para o canal 1 da TV israelense.

Silver Train (Israel, 1995, 26 minutos, cor, vídeo, documentário). Texto: Y.H. Brenner e S. Izhar. Música: Shem Tov Levi. Fotografia: Y. Hirsh.

Meetings With Nathan Zach (1996, 60 minutos, cor, vídeo, documentário). Fotografia: Itzik Portal, Reuven Hacker (ou Hecker). Edição: Bat-Sheva Yanko (ou Yancu). Som: Tuli (ou Tulli) Chen. Mix: Alex Claude. On-line: Aviran Aldema. Produção: Ravid Boger. Tradução dos poemas: Gabriel Levin, Peter Lole, Peter Everwine, John Silkin. Canções: "From a Single Place", por Habibi, de Yuval Dor & Ami Mendelman; "When I as yours", por Ofra Hasa, de Nisim Nissimov; "Second Bird", por Sussan & Fren, de Misha Segal. Tradução: Tamar Vital. Produção: D.P./Nisam Beekin/Telemedia.

Anemones (Israel, 2000, 17 minutos, cor, vídeo, curta-metragem). Direção: David Perlov e alunos do Departamento de Cinema e Televisão da Universidade de Tel Aviv.

Revised Diary 1990-1999 (Israel, 2001, 180 minutos, cor, documentário), com três segmentos temáticos: *Updated Diary Part 1: Sheltered Childhood* (Israel, 1990-1999, 60 minutos, cor, vídeo, documentário); *Updated Diary Part 2: Day to Day and Rituals* (Israel, 1990-1999, 60 minutos, cor, vídeo, documentário); *Updated Diary Part 3: Back to Brazil* (2000, 60 minutos, cor, vídeo, documentário). Produção: David Perlov, Reuven Hacker/JCS Productions/Keshet Broadcasting. Fotografia: David Perlov, Reuven Hacker, Tulli Chen. Edição: Bat Sheva, Yancu, Daniel Shik. Gravações: Tulli Chen.

Mabatim Israel, 2002 (2002, Israel, 2003, 56 minutos, cor, documentário, comédia, animação, drama, guerra). David Perlov dirigiu "From Now to Now, 'At Yosi's'/From this Moment to the Next" um dos dezessete episódios realizados por cineastas. Produção: Rabinovich Tel Aviv Foundation/Belfilms Productions/Gravity Studios.

My Stills: 1952-2002/Mes Photos: 1952-2002 (Israel, 2003, 58 minutos, vídeo, cor, documentário). Produção para Canal 8: Liran Atzmor/Supervisão de Produção: Dan Muggia/Michal Avrahm, Dana Gobi/Israel Film Service/Belfims/Photogen/Gravity Post Production/Noga Communications. Edição: Tâmara Pilz-Hunter. Conselheiro Artístico: Shuka Glotman. Fotógrafos de Vídeo dos *Stills*: Joachin Hirsch, Ruth Walk, Liviu Carmely. Assistentes de Câmera: Gil Ezrahi, Yariv Mozer. Som: Tully Chen. Assistente de Produção: Ilana Ben Ari. Equipamentos: On Air. Serviços de Pós-Produção: Gravity Post Production. Fotografia: Dan Schneor. Canal 1: Billy Segal. Mix: Sharon Shama/Foundhouse. On Line: Aviran Aldema. *Stills* Suplementares: Émile Zola, David Seymour "Chim", Jacques-Henri Lartigue, Henryk Ross. Música: Robert Schumann, Yair Dalal, Farid AL-Atrash, Aznavour ("Ave Maria"/Macias). Dedicado à memória do astronauta Ilan Ramon. Inclui cenas de *Memories of Eichmann Trial*, de David Perlov.

Sobre David Perlov

Bokito (Israel, 1978). Direção: Shalev Weines, Ruven Hacker. Filme dedicado a David Perlov.

David Perlov's Diary/One Day on a Diary (Israel, 1989, 60 minutos, documentário). Direção: Asher Telalim. Produção: Israel Television/Channel 1.

Conversations with Filmmakers – Perlov (Bélgica, 1999, 30 minutos). Direção: Boris Lehman. Entrevista com David Perlov.

Perlov's Room (Israel, 1999, documentário, TV). Direção: Liran Atzmor. Produção: Belshir Productions/Tel-Ad Broadcasting/Channel 2. Documentário sobre David Perlov.

Funções Diversas

Chagall. França, 1958-1962, cor, 90 minutos. Direção: Henri Langlois. Edição: Joris Ivens. Assistência de Edição: David Perlov, Tinto Brass. Desaparecido.

What a Gang (Israel, 1963, 80 minutos, p&b). Direção: ZeevHavatzelet. Assistência de Direção: David Perlov

Glauber Rocha

Direção

O Pátio (Brasil, Salvador, 1959, 11 minutos, p&b, ficção). Roteiro: Glauber Rocha. Com Solon Barreto, Helena Ignez. Fotografia: José Ribamar Almeida, Luiz Paulino Dos Santos.

A Cruz na Praça (Brasil, Salvador, 1959, p&b, curta-metragem, ficção). Produção, Roteiro, Montagem: Glauber Rocha. Fotografia: Waldemar Lima. Com Luís Carlos Maciel e Anatólio de Oliveira.

Barravento (Brasil, Salvador, 1961, 78 minutos, p&b, drama). Roteiro: Luiz Paulino Dos Santos, Glauber Rocha, José Teles. Produção: Braga Netto, Roberto Pires, Rex Schindler, David Singer. Trilha: Canjiquinha. Fotografia: Tony Rabatoni. Edição: Nelson Pereira dos Santos. Desenho de Produção: Elio Moreno Lima. Figurinos: Lúcia Rocha. Produção Executiva: José Teles. Assistência de Direção: Alvaro Guimarães, Waldemar Lima. Som: Geraldo José, Oscar Santana. Com Antonio Pitanga (Firmino), Luiza Maranhão (Cota), Lucy de Carvalho (Naína), Aldo Teixeira (Aruá), Lidio Silva (Mestre).

Deus e o Diabo na Terra do Sol (Brasil, 1964, 125 minutos, p&b, drama). Produção: Jarbas Barbosa, Luiz Augusto Mendes, Glauber Rocha, Luiz Paulino dos Santos. Roteiro: Walter Lima Jr, Glauber Rocha, Paulo Gil Soares. Com Geraldo Del Rey, Yoná Magalhães, Othon Bastos, Maurício do Valle, Lidio Silva, Sonia dos Humildes, João Gama, Antônio Pinto, Milton Rosa, Roque Santos, Billy Davis, Mário Gusmão, Marrom, Maria Olívia Rebouças, Regina Rosenburgo, Moradores de Monte Santo. Câmera: Roque Araujo Assis, Eufrásio. Direção de Arte: Paulo Gil Soares. Trilha Sonora: Sérgio Ricardo. Figurino: Paulo Gil Soares. Montagem: Rafael Justo Valverde. Edição de Som: Carlos Diegues, Geraldo José, Walter Lima Jr., Aloísio Viana, Agnaldo Azevedo. Apoio: Banco Nacional de Minas Gerais.

Amazonas Amazonas (Brasil, 1965, cor, documentário, curta-metragem).

Maranhão 66 (Brasil, 1966, 11 minutos, p&b, documentário). Produção: Luiz Carlos Barreto e Zelito Vianna. Fotografia: Fernando Duarte. Som: Eduardo Escorel. Montagem: João Ramiro Melo. Com José Sarney.

Terra em Transe (Brasil, 1967, 115 ou 106 minutos, p&b, drama). Roteiro: Glauber Rocha. Produção: Luiz Carlos Barreto, Carlos Diegues, Raymundo Wanderley Reis, Glauber Rocha, Zelito Viana. Fotografia: Luiz Carlos Barreto. Edição: Eduardo Escorel. Direção de Arte: Paulo Gil Soares. Figurinos: Clóvis Bornay, Guilherme Guimarães, Paulo Gil Soares. Produção Executiva: Agnaldo Azevedo, Tácito Quintana. Assistência de Direção: Antônio Calmon, Moises Kendler. Som: Aloisio Viana. Com Jardel Filho (Paulo Martins), Paulo Autran (Porfirio Diaz), José Lewgoy (Felipe Vieira), Glauce Rocha (Sara), Paulo Gracindo (Don Julio Fuentes), Hugo Carvana (Álvaro), Danuza Leão (Silvia), Joffre Soares (Pade Gil), Modesto de Souza (Senador), Mário Lago (Capitão), Flávio Migliaccio (Homem do Povo), Emmanuel Cavalcanti (Felício), Telma Reston (Mulher de Felício), José Marinho (Jerônimo), Francisco Milani (Aldo), Paulo César Peréio (Estudante), Zózimo Bulbul (Repórter), Antônio Câmera (Índio),

Maurício do Valle (Segurança), Ivan de Souza (Atirador), Clóvis Bornay (Conquistador Português), Darlene Glória, Irma Alvarez.

O Dragão da Maldade contra o Santo Guerreiro/Antonio das Mortes (França/Brasil/Alemanha Federal, 1969, 100 minutos, cor, drama). Com Maurício do Valle (Antônio das Mortes), Odete Lara (Laura), Othon Bastos (Professor), Hugo Carvana (Delegado Mattos), Joffre Soares (Coronel Horácio), Lorival Pariz (Coirana), Rosa Maria Penna (Santa Barbara), Emmanuel Cavalcanti (Padre), Vinícius Salvatori (Mata Vaca), Mário Gusmão (Antão), Santi Scaldaferri (Batista), Conceição Senna, Paulo Lima.

Cabezas Cortadas (Espanha/Brasil, 1970, 94 minutos, cor, drama). Produção: Pere I. Fages, Ricardo Muñoz Suay, Juan Palomeras, Zelito Viana. Fotografia: Jaime Deu Casas. Edição: Eduardo Escorel. Desenho de Produção, Figurinos: Fabià Puigserver. Cenografia: José Rovira, Manuel Rubio Junior, Andrés Vallvé. Som: Jorge Sangenís. Roteiro: Glauber Rocha, Augusto Martínez Torres, Josefa Pruna Diálogos em espanhol: Ricardo Mufioz Suay, Com Francisco Rabal (Díaz II), Marta May (Soledad), Rosa Maria Penna (Dulcinéa), Emma Cohen (Dançarina Cigana), Luis Ciges (Mendigo Cego), Pierre Clémenti (Pastor), Víctor Israel (Doutor).

Der leone have sept cabeças (Brasil/Itália /França, 1971, 95 ou 103 minutos, cor, drama). Produção: Claude Antoine. Roteiro: Glauber Rocha, Gianni Amico. Produção: Gianni Barcelloni, Claude-Antoine. Trilha: Baden Powell. Fotografia: Guido Cosulich. Edição: Eduardo Escorel, Glauber Rocha. Desenho de Produção: Congo Brazzaville. Produção Executiva: Marco Ferreri, Giancarlo Santi. Assistência de Direção: André Gouveia. Som: José Antonio Ventura. Com Baiack (Zumbi), Aldo Bixio (Mercenário), Giulio Brogi (Pablo), Hugo Carvana (Português), Segolo Dia Manungu, Reinhard Kolldehoff (Governador), Jean-Pierre Léaud (Padre), Miguel (Samba), Pascal N'Zonzi, Rosa Maria Penna, Rada Rassimov (Marlene), Andre Segolo (Xobu), Gabriele Tinti (Agente Americano).

Câncer (Brasil, 1968-1972, p&b). Com Odete Lara, Hugo Carvana, Antônio Pitanga, Eduardo Coutinho, Hélio Oiticica, Zelito Vianna.

História do Brazyl (Cuba/Itália, 1973, 166 minutos, p&b, documentário). Roteiro: Marcos Medeiros, Glauber Rocha, a partir de um projeto de Medeiros.

Mossa (Itália, 1971, cor, super-8). *Home movie* de longa-metragem rodado na Itália.

Super Paloma (Itália, 1972, cor, super-8). *Home movie* de longa-metragem rodado na Itália.

Viagem com Juliet Berto (Itália, 1974, cor, super-8). *Home movie* de longa--metragem rodado na Itália.

Claro (Itália, 1975, 111 minutos, cor, drama). Produção: Gianni Barcelloni, Juliet Berto, Giacomo Lovatelli, Alberto Marucchi, Glauber Rocha, Marco Tamburella. Fotografia: Mario Gianni. Edição: Cristiana Tullio-Altan. Direção de Arte: Gianni Barcelloni. Figurinos: Metka Kosak. Assistência de Direção: Anna Carini. Som: Davide Magara, Manlio Magara. Com Juliet Berto, Tony Scott, Jirges Ristum, Luis Waldon, Bettina Best, Yvone Taylor, Francesco Serrão, Anna Carini, Jarine Janet, Luciana Liquori, Peter Adarire, Glauber Rocha, Carmelo Bene, Mackay, Luis Maria Olmedo, El Cachorro, Yvon Taylor, o povo de Roma. Juliet Berto

Di/Di Glauber/Di Cavalcanti (Brasil, 1977, cor, documentário, curta-metragem). Com Joel Barcellos, Marina Montini, Antonio Pitanga, Glauber Rocha. Fotografia: Mário Carneiro, Nonato Estrela. Edição: Roberto Pires. Produção: Ricardo Moreira. Trilha: *Lamento*, de Pixinguinha e Vinicius de Moraes; *A Floresta do Amazonas*, de Heitor Villa-Lobos; *O Teu Cabelo Não Nega*, de Lamartine Babo e Irmãos Valença; *Umbabaraúma – Homem Gol*, de Jorge Ben, interpretado pelo mesmo.

Programa Abertura – TV Tupi (1978-1979). Direção: Fernando Barbosa Lima. Com Glauber Rocha.

Jorjamado no Cinema/Jorge Amado no Cinema (Brasil, 1979, 50 minutos, cor, documentário, curta-metragem). Com Jorge Amado, Zélia Gattai.

A Idade da Terra (Brasil, 1980, 160 minutos, cor). Com Maurício do Valle, Jece Valadão, Antonio Pitanga, Norma Benguell, Tarcísio Meira, Geraldo Del Rey, Ana Maria Magalhães, Carlos Petrovicho, Mário Gusmão, Danuza Leão, Norma Bengel, Mário Gusmão, Glória X, Laura Y, Paloma Rocha. Assistência de Direção, Direção de Produção: Tizuka Yamasaki. Continuidade: Paloma Rocha.

Sobre Glauber Rocha

Bahia por Exemplo (Brasil, 1970, 82 minutos, cor, documentário). Direção, Roteiro: Rex Schindler. Produção: Braga Netto. Fotografia: Giorgio Attili, Alonso Rodrigues. Edição: Roberto Pires. Som: Walter Goulart. Com Jorge Amado, Jenner Augusto, Hansen Bahia, Carlos Bastos, Caribe, Dorival Caymmi, Gal Costa, Mário Cravo, Genaro de Carvalho, Mestre Didi, Olga do Alaketo, Gilberto Gil, Glauber Rocha, Caetano Veloso.

Le Vent d'Est (Itália, 1970, 100 minutos, cor, faroeste). Direção: *Grupo Dziga Vertov* (Jean-Pierre Gorin e Jean-Luc Godard). Produção: Artur Brauner. Fotografia: Mario Vulpiani. Edição: Jean-Luc Godard, Jean-Pierre Gorin. Figurinos: Lina Nerli Taviani. Assistência de Direção: Gianni Amico. Roteiro: Jean-Luc Godard, Sergio Bazzini, Daniel Cohn-Bendit. Com Gian Maria Volonté (O Rancheiro), Anne Wiazemsky (A Revolucionária), Cristiana Tullio-Altan (A Jovem Burguesa), Allen Midgette (O Índio), José Valéra (O Guia), Paolo Pozzesi (Delegado Revisionista), Götz George (Soldado), Glauber Rocha (O Sinal), Fabio Garriba, Vincenzo Porcelli, Milvia Deanna Frosini, Mario Jannilli, Federico Boido, Aldo Bixio, Daniel Cohn-Bendit, Marco Ferreri, Jean-Luc Godard.

As Armas e o Povo (Portugal, 1975). Direção: Alberto Seixas Santos. Com Glauber Rocha.

Cinemateca Brasileira (Brasil, TV, p&b). Direção: Vera Roquette Pinto.

Glauber Rocha-Morto/Vivo (Brasil, TV Globo, 1981, cor e p&b). Direção: Paulo Gil Soares. Reportagem sobre Glauber Rocha.

Glauber na TV (Brasil, TV Bandeirantes, 1981, cor e p&b). Reportagem com trechos do programa *Abertura* com Glauber Rocha.

À Meia Noite com Glauber (Brasil, 1997, documentário). Direção: Ivan Cardoso. Com Glauber Rocha.

Rocha Que Voa (Brasil, 2002, 94 minutos, cor e p&b, documentário), de Eryk Rocha. Com Glauber Rocha.

Glauber, o Filme – Labirinto do Brasil (Brasil, 2003, documentário). Direção: Silvio Tendler. Com Glauber Rocha.

Retrato da Terra (2004, Brasil, 51 minutos, cor). Direção: Joel Pizzini e Paloma Rocha. Diretor Assistente: Felipe Rodrigues. Edição: Danylo Furlani. Produção: Canal Brasil. Realização: TV Eldorado. Apoio: Athelier e Pólofilme.

De Glauber para Jirges (Brasil, 2005, 16 minutos, cor). Direção, Roteiro: André Ristum. Com Milhem Cortaz (Glauber), Nicola Siri (Jirges).

Anabazys (Brasil, 2007, 142 minutos, cor, documentário) Direção: Joel Pizzini e Paloma Rocha. Com Norma Bengell, Glauber Rocha, Orlando Senna.

Diário de Sintra (Brasil, 2008, 90 minutos, cor & p&b, documentário). Direção: Paula Gaitán. Com Glauber Rocha, Paula Gaitán.

Este livro foi impresso em São Paulo,
nas oficinas da Mark Press Brasil, em abril de 2013,
para a Editora Perspectiva.